Manuel Merz, Stefan Rhein

Wahlkampf im Internet

D1694930

Public Affairs und Politikmanagement

herausgegeben vom

Deutschen Institut für Public Affairs
(Berlin)

Band 9

LIT

Manuel Merz, Stefan Rhein

Wahlkampf im Internet

Handbuch für die politische Online-Kampagne

3. Auflage

LIT

Projektleitung: Manuel Merz
Umschlagfoto: Edyta Pawlowska

http://www.wahlkampf-im-internet.de

Bibliografische Information der Deutschen Nationalbibliothek
Die Deutsche Nationalbibliothek verzeichnet diese Publikation in der
Deutschen Nationalbibliografie; detaillierte bibliografische Daten sind
im Internet über http://dnb.d-nb.de abrufbar.

3. Auflage 2012

ISBN 978-3-643-11545-4

© LIT VERLAG Dr. W. Hopf Berlin 2012
Verlagskontakt:
Fresnostr. 2   D-48159 Münster
Tel. +49 (0) 2 51-620 320   Fax +49 (0) 2 51-23 19 72
e-Mail: lit@lit-verlag.de   http://www.lit-verlag.de

Auslieferung:
Deutschland: LIT Verlag Fresnostr. 2, D-48159 Münster
Tel. +49 (0) 2 51-620 32 22, Fax +49 (0) 2 51-922 60 99, e-Mail: vertrieb@lit-verlag.de
Österreich: Medienlogistik Pichler-ÖBZ, e-Mail: mlo@medien-logistik.at
Schweiz: B + M Buch- und Medienvertrieb, e-Mail: order@buch-medien.ch

Überblick

Inhaltsverzeichnis

Danksagung

Manuel Merz, Stefan Rhein und Julia Vetter

Wir bedanken uns bei allen, die an der Entstehung dieses Buches beteiligt waren, allen voran bei Prof. Dr. Gerhard Vowe (Heinrich-Heine-Universität Düsseldorf) und bei Prof. Dr. Jens Wolling (Ludwig-Maximilians-Universität München). Besonderer Dank geht auch an Dr. Martin Emmer (Technische Universität Ilmenau), der uns Daten aus seinem Dissertationsprojekt zur „Politischen Mobilisierung durch das Internet" (Emmer 2005) zur Sekundärauswertung zur Verfügung gestellt hat. Besonders möchten wir uns auch bei unseren Interviewpartnern bedanken: Larry Biddle, Beth Wolfram und Karin Roland als Berater der Kampagne Betty Castor for US Senate, Timothy W. Coleman von der Kampagne Mel Martinez for Senate, Jonah Seiger als Partner von Connections Media in Washington DC und Jeff Mascott als Berater bei Rightclick Strategies, ebenfalls Washington DC. Für sehr interessante und hilfreiche Diskussionen danken wir Julie Barko Germany, Carol C. Darr, Joseph Graf, Lanny Cardow und Gautam Raghavan vom Washingtoner Institute for Politics, Democracy, and the Internet. Jim Drinkard von der Tageszeitung USA Today sprach mit uns über die für Journalisten relevanten Aspekte des Onlinewahlkampfes. Ebenfalls möchten wir uns für aufschlussreiche Gespräche bei Caroline König bedanken, die im Auftrag der Heinrich-Böll-Stiftung den US-Wahlkampf vor Ort beobachtete, und bei Caroline Kanter von der Konrad-Adenauer-Stiftung in Washington DC. Für die Förderung dieses Projekts geht nicht zuletzt ein herzlicher Dank an Dr. Marco Althaus vom Deutschen Institut für Public Affairs, an Dominik Meier von der Deutschen Gesellschaft für Politikberatung und an den Verein zur Förderung von Forschung und Lehre im Bereich Medien an der Technischen Universität Ilmenau.

Zu diesem Buch

Manuel Merz

Das Internet ist zu einem festen Bestandteil der modernen Kommunikations- und Unterhaltungswelt geworden. Von der E-Mail-Korrespondenz und gezielten Online-recherchen bis hin zu Videosharing und sozialen Netzwerken haben sich Internet-anwendungen im Alltag etabliert. Auch innerhalb der Wahlkampagne ist das Internet mittlerweile nicht mehr wegzudenken und seit der ersten Auflage dieses Buchs (Merz/Rhein/Vetter 2006) hat seine Bedeutung für den Wahlkampf noch deutlich zugenommen. Für die Neuauflage wurde das vorliegende Handbuch überarbeitet und erweitert. Damit liefert es jedem, der sich mit dem Wahlkampf im Internet ver-traut machen will, alle nötigen Informationen auf dem neuesten Stand. Als wissen-schaftlich begründetes, aber vor allem praxisorientiertes Handbuch steht es in der Tradition der Studien des Institute for Politics, Democracy, and the Internet in Wa-shington DC (www.ipdi.org/publications) und anderer amerikanischer Ratgeber (z. B. Ireland/Nash 2001; Bimber/Davis 2003).[1] Die Beschreibung möglicher Ziel-

gruppen des Onlinewahlkampfes, der Überblick über besonders erfolgversprechende Internetanwendungen sowie die Sammlung ausführlicher Fallbeispiele werden
eine praxisnahe Arbeitsgrundlage schaffen, gerade wenn es um die Planung einer eigenen Kampagne geht. In diesem Sinne haben wir neben eigenen Recherchen, Beob-
achtungen und Studien auch zahlreiche ausführliche Interviews mit deutschen und
amerikanischen Wahlkampfpraktikern und -beobachtern geführt. Ein Schwerpunkt
war dabei der Wahlkampf zu den US-Präsidentschaftswahlen 2004, der zum Vorbild
für den modernen Internetwahlkampf wurde. Vom Bundestagswahlkampf 2005 bis
zum US-Präsidentschaftswahlkampf 2008 hatten sich seither alle nachfolgenden Internetkampagnen an dessen Innovationen orientiert.

In *Kapitel 1* liefern wir die Grundlagen für einen strategisch ausgerichteten Onlinewahlkampf. Dazu charakterisieren wir zuerst die deutschen Internetnutzer und die
für den Wahlkampf im Internet besonders relevanten Nutzer von Politikerhomepages. Anhand dieser Nutzergruppe entwickeln wir schließlich potenzielle Zielgruppen des Onlinewahlkampfes und zeigen Positionierungsmöglichkeiten auf.

In *Kapitel 2* beschreiben wir die Grundtypen der Kampagnenorganisation und befra-
gen amerikanische Politikberater über ihre Erfahrungen zur Finanzierung und Integration einer Onlinekampagne. Anschließend erläutern wir, was bei der Übertragung von US-Wahlkampfinstrumenten auf Deutschland zu beachten ist.

Einen Überblick über die wichtigsten Internetanwendungen gibt *Kapitel 3*. Neben
der systematischen Beschreibung der Anwendungen stehen hier vor allem für den
Wahlkampf besonders erfolgversprechende Einsatzvarianten im Vordergrund.

Anhand ausführlicher Fallbeispiele aus Deutschland und den USA dokumentieren
wir in *Kapitel 4*, wie Kampagnen das Internet bisher auf vorbildliche Weise im Wahlkampf eingesetzt haben. Dies stärkt das Verständnis der einzelnen Anwendungen im
komplexen Praxiseinsatz und gibt interessante Anregungen für eigene Projekte.

Abschließend beantworten wir in *Kapitel 5* wichtige Fragen zur Planung und Durch-
führung einer eigenen politischen Onlinekampagne.

---

[1] Ausgewählte Publikationen des Institute for Politics, Democracy, and the Internet (IPDI) an der Graduate School
of Political Management der George Washington University in Washington DC: Barko 2005, 2008a, 2008b, Barko/
Churchill 2007, Barko/Parikh 2007, Barko/Wells 2004, Cornfield 2004, Cornfield/Rainie 2003, Cornfield/Seiger
2003, Darr 2006, 2007, Darr/Robinson/Barko 2004, Darr/Graf 2007, Graf 2004, 2006, Graf/Darr 2004a, 2004b,
Graf/Reeher/Malbin/Panagopoulos 2006, May 2002, Wimbush 2008

Kapitel 1
Strategischer Onlinewahlkampf

Manuel Merz

Die Ziele einer Wahlkampagne können ganz unterschiedlich ausfallen. Ein Kandidat wird ebenso wie eine Volkspartei wahrscheinlich eine relative Mehrheit erreichen wollen, um in das Parlament einzuziehen bzw. um die stärkste Fraktion zu stellen. Eine Kleinpartei wird im Gegensatz dazu ganz andere Maßstäbe anlegen, z. B. die 1-Prozent-Hürde zum Zugang zur staatlichen Parteienfinanzierung. Die Online-kampagne als integrierter Bestandteil der Gesamtkampagne steht dabei ganz im Zeichen des übergeordneten Ziels. Innerhalb des Marketingmix kann sie bestimmte Aufgaben besser leisten als andere. Der Selbstselektionsprozess im Internet macht es beispielsweise sehr schwer, Wähler zu erreichen, die an Politik nicht interessiert sind. Während nämlich diese Wähler z. B. einem 30-Sekunden-Fernsehspot nicht ausweichen würden, müssten sie im Internet gezielt die Informationsangebote der Kampagne aufsuchen oder den Newsletter abonnieren. Die Onlinekampagne muss sich also an denjenigen Zielgruppen orientieren, die sie überhaupt erreichen kann.

In diesem Kapitel sollen, im Sinne einer Marketingstrategie nach Kotler (2003), mögliche Zielgruppen des Onlinewahlkampfes ausgelotet werden. In einem ersten Schritt werfen wir dazu einen Blick auf die deutschen Internetnutzer. Diese Gruppe zeigt die Grenze der über das Internet theoretisch erreichbaren Bevölkerung auf. In einem zweiten Schritt schränken wir die Gruppe der Internetnutzer auf die für den Wahlkampf im Internet besonders relevanten Nutzer von Politikerhomepages ein. Anhand dieser Nutzergruppe entwickeln wir schließlich potenzielle Zielgruppen des Onlinewahlkampfes und zeigen Positionierungsmöglichkeiten auf.

1.1 Internetnutzer in Deutschland
Die im Onlinewahlkampf theoretisch erreichbare Bevölkerungsgruppe

Stefan Rhein und Manuel Merz

Die ARD/ZDF-Onlinestudien (van Eimeren/Frees 2008a; Gerhards/Mende 2008) untersuchen die Verbreitung des Internets in Deutschland sowie das Verhalten, die Motive und die Eigenschaften von Onlinern und Offlinern. Diese Studien sind 2008 inzwischen schon zum zwölften Mal durchgeführt worden. Martin Emmer (2005) hat sich vor allem den politischen Aspekten der Onlinekommunikation gewidmet, und auch die Forschungsgruppe Wahlen (2009) hat wichtige Daten zur politischen Dimension des Internets erhoben. Mit Hilfe solcher repräsentativen Quellen lassen sich Nutzer und Nutzung des Internets in Deutschland beschreiben – ein wichtiger Ausgangspunkt für eine Onlinekampagne.

Internetverbreitung

In ihrer aktuellsten Studie fanden van Eimeren und Frees (2008a), dass im Frühjahr 2008 etwa 66 % aller Deutschen älter als 14 Jahre zumindest gelegentlich online waren (siehe Abb. 1). Damit liegen die Zuwachsraten seit 2003 jährlich zwar nur noch im einstelligen Bereich (z. B. 5 % von 2007 auf 2008), das Internet erreicht aber kon-

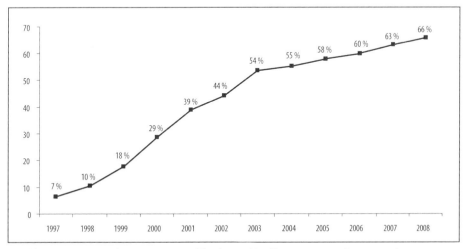

Abbildung 1: Internetverbreitung in Deutschland, in % (Quelle: van Eimeren/Frees 2008a)

tinuierlich weitere Bevölkerungskreise. Lagen beispielsweise 2005 die Frauen mit einer Internetverbreitung von 49 % noch deutlicher hinter den Männern (68 %) zurück, so ist diese Kluft inzwischen etwas geringer geworden (knapp 60 % weibliche gegenüber 72 % männlichen Onlinern). Deutliche Zuwächse gab es auch bei den älteren Deutschen. Der Anteil der Onliner in der Gruppe der 60- bis 79-Jährigen stieg auf 29 %, das bedeutet ein Wachstum um 43 % seit 2005.

Die höchsten Verbreitungsraten fanden sich weiterhin bei den Jüngeren: In der Gruppe der 14- bis 19-Jährigen nutzten fast alle Befragten das Internet (97 %), in der Gruppe der 20- bis 29-Jährigen 95 %, und unter den 30- bis 39-Jährigen waren es noch 88 % (50-59 Jahre: 66 %; 60 Jahre und älter: 26 %).

Die Geschlechterverteilung blieb insgesamt noch unausgeglichen. Während bei den jüngeren Nutzergruppen das Verhältnis von weiblichen und männlichen Internetnutzern noch weitgehend ausgeglichen war (95 % weibliche und 97 % männliche Onliner bei den 14- bis 29-Jährigen), öffnete sich die Schere mit dem Alter. In der Gruppe der ab 50-Jährigen standen 46 % männliche Onliner nur noch 34 % weiblichen Internetnutzern gegenüber.

Nach Berufssituation unterschieden, ergab sich die höchste Internetverbreitung für die Befragten in Ausbildung (97 %) und für die Berufstätigen (80 %), während Rentner und Nichtberufstätige nur zu 32 % online waren. Ergebnisse der Forschungsgruppe Wahlen (2009) zeigen zudem, dass vor allem formal höher Gebildete das Internet nutzen. 91 % der Deutschen mit Hochschulreife waren 2008 online und 78 % der Erwachsenen mit Mittlerer Reife, aber nur 29 % der Deutschen mit Hauptschulabschluss (48 % Hauptschulabsolventen mit abgeschlossener Berufsausbildung).

Im Umkehrschluss waren es vor allem die über 60-Jährigen (74 %), die Rentner bzw. nicht Berufstätigen (67 %) und die Bürger mit einem Hauptschul- oder Volksschulabschluss (53 %), die bisher mehrheitlich noch nicht online waren. Gleichzeitig waren es eher Frauen (61 % der Offliner) und Haushalte mit reduzierter technischer Ausstattung, die auch 2008 offline blieben (van Eimeren/Frees 2008a). Hauptargumente für Ablehnung und Desinteresse der Offliner waren nach Gerhards und Mende (2008) vor allem die Zufriedenheit mit den traditionellen Informations- und Unterhaltungsangeboten (95 %) sowie der Umstand, dass das Internet weder beruflich noch privat benötigt würde (90 %). Für den Wahlkampf bedeutet das, dass es wenig Sinn macht, diese Gruppen mit Hilfe einer Onlinekampagne erreichen zu wollen. Für diese Wählergruppen eignen sich eher traditionelle Medien.

Interessant sind die Veränderungen der Zugangswege. Ging 2005 noch eine große Mehrheit der Nutzerinnen und Nutzer in Deutschland über analoge Modems oder ISDN ins Internet (63 %), so hat inzwischen der Anteil der Nutzer mit Breitbandanschluss 70 % erreicht (van Eimeren/Frees 2008a). Noch größer war der Anteil derjenigen Onliner, die ihre Onlinenutzung mittels Flatrate pauschal abrechneten (86 %). Dies bedeutet, dass inzwischen auch datenintensive Angebote wie Videos und Spiele in einer Kampagne Berücksichtigung finden können.

Internetnutzung

Onliner in Deutschland verbrachten 2008 durchschnittlich 120 Minuten pro Tag im Internet (van Eimeren/Frees 2008a). Dabei waren Suchmaschinen und E-Mails die am weitesten verbreiteten Internetanwendungen (84 % bzw. 82 % mindestens wöchentliche Nutzung). Generell nutzte die Mehrheit der Anwender das Internet eher zur Informationssuche als zur Unterhaltung (62 % gegenüber 19 %). Van Eimeren und Frees weisen jedoch darauf hin, dass sich besonders bei den jüngeren Internetnutzerinnen und -nutzern eine Verschiebung hin zum Unterhaltungsmedium vollzieht. 58 % der 14- bis 19-Jährigen nutzten das Internet überwiegend zur Unterhaltung und immerhin 30 % der 20- bis 29-Jährigen.

Bereitstellung und Konsum von nutzergenerierten Inhalten

Diese Entwicklung ist auch auf Videoportale wie YouTube (www.youtube.com) und Social-Networking-Websites wie StudiVZ (www.studivz.net) zurückzuführen. Wie auch Foto-Communitys, Blogs, Podcasts und Wikis leben diese Angebote überwiegend von Inhalten, die durch die Nutzer selbst produziert worden sind (sog. „usergenerated content"), und von der Interaktion der Nutzer untereinander.

Solche Angebote können für den Wahlkampf besonders interessant sein: Diejenigen, die aktiv an Communitys wie Videoportalen und Social-Networking-Websites partizipieren, können als Mittler eingebunden werden. Sie erreichen durch selbst-produzierte Inhalte gleichgesinnte Onliner und können dabei die Ziele einer Kampagne unterstützen.

Nach Haas, Trump, Gerhards et al. (2007) nutzten 2006 20 % der deutschen Onliner solche Angebote. Besonders interessant waren für diese Gruppe Video-Communitys und Open-Content-Wikis wie die Wikipedia: Diese Angebote wurden von ihr zu jeweils 82 % mehr als zweimal wöchentlich genutzt. Es folgten Blogs mit 58 % und Social-Networking-Websites mit 51 % (Foto-Communitys 40 %; Podcasts 29 %).

Besonders intensiv nutzten jüngere Onliner solche Angebote. 49 % der 14- bis 29-jährigen Onliner steuerten 2008 mindestens wöchentlich Networking-Websites an, 48 % Videoportale und 40 % die Wikipedia (Fisch/Gscheidle 2008). Fisch und Gscheidle stellen allerdings auch fest, dass das Interesse, selbst Inhalte im Netz bereitzustellen, 2008 nur bei 13 % der Internetnutzer ab 14 Jahren bestand. Dabei ist dies eine Grundvoraussetzung für das Funktionieren von solchen Angeboten, die auf nutzergenerierten Inhalten basieren. Eine Ausnahme bildeten aber die 14- bis 19-jährigen Onliner: 57 % dieser Gruppe seien potenziell bereit, selbst Inhalte zu erstellen, so Fisch und Gscheidle.

Politische Einstellung

Emmer (2005) hat in seiner Studie, die für die deutschsprachige Wohnbevölkerung in der Bundesrepublik im Jahre 2003 repräsentativ ist, auch nach den politischen Einstellungen von Internetnutzern gefragt. Er hat herausgefunden, dass unter den Onlinern mehr als doppelt so viele Freiheitsorientierte zu finden waren (32 %) wie bei den Offlinern (14 %). Unter den Offlinern gab es dagegen mehr Sicherheits- und Gleichheitsorientierte sowie Unentschiedene (siehe Abb. 2).

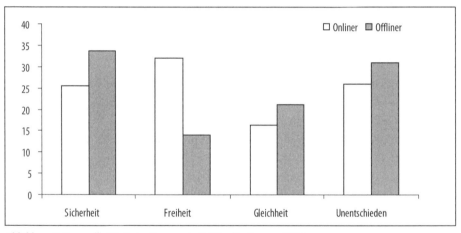

Abbildung 2: Generelle Wertorientierung, in % (Quelle: Emmer 2005)

Dementsprechend ist es sicher keine Überraschung, dass Sympathisanten von Bündnis 90/Die Grünen und FDP eher online waren als die Anhänger von SPD und Unionsparteien: Daten der Forschungsgruppe Wahlen (2009) zeigen, dass 2008 82 % der Grünen- und 76 % der FDP-Wähler online waren, aber nur 61 % der Wähler von CDU und CSU (SPD: 68 %; Linkspartei: 65 %; siehe Abb. 3).
Unterscheiden sich Onliner von Offlinern auch in Bezug auf politische Aktivitäten? Emmer fand, dass sie häufiger an Versammlungen (Onliner: 40 %; Offliner: 32 %), Demonstrationen (Onliner: 12 %; Offliner: 7 %) und Unterschriftenaktionen (Onliner: 49 %; Offliner: 38 %) teilnahmen. Mehr Bereitschaft bestand auch beim Schreiben von Leserbriefen (Onliner: 8 %; Offliner: 7 %), beim Einbringen von Vorschlä-

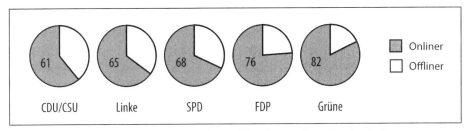

Abbildung 3: Anteil der Internetnutzer unter den Wählern der jeweiligen Parteien, in %
(Quelle: Forschungsgruppe Wahlen 2009)

gen oder Beschwerden bei Behörden (Onliner: 10 %; Offliner: 6 %) und beim Tragen von Buttons bzw. Aufklebern (Onliner: 11 %; Offliner: 8 %). Insgesamt waren sie also aktiver und eher bereit, einen Zweck zu unterstützen – eine gute Voraussetzung, wenn es darum gehen soll, die Nutzer einer Kampagnenwebsite in den Wahlkampf mit einzubeziehen.

1.2 Nutzer von Politikerhomepages
Die im Onlinewahlkampf praktisch erreichbare Bevölkerungsgruppe

Manuel Merz

In Kapitel 1.1 wurde bereits deutlich, dass die Nutzerinnen und Nutzer des Internets einen klar abgrenzbaren Typus bilden. Kann man nun davon ausgehen, dass die Besucher eines Wahlkampfangebotes genau eben diesen Onlinern entsprechen, oder sind diese wiederum eine klar abgrenzbare Untergruppe der Onliner? Erfahrungen aus Onlinemarketing und -forschung legen nahe, dass sich die Nutzer unterschiedlicher Onlineangebote meist merklich unterscheiden (Hinweise auf mögliche Erklärungen liefern beispielsweise Bosnjak/Batinic 1999; Döring 2003b; Hauptmanns/Lander 2003). Potenzielle Nutzerinnen und Nutzer treffen schließlich – bewusst oder unbewusst – selbst die Entscheidung für oder gegen ein Angebot. Wegen der vielschichtigen Wahlmöglichkeiten ist diese Selbstselektion im Internet ein Schlüsselfaktor. Internetnutzer haben die Auswahl aus verschiedenen Internetdiensten (z. B. WWW, E-Mail, Newsgroups) und innerhalb dieser Dienste aus verschiedensten Angeboten. So müssen sie sich stets auf verschiedenen Ebenen für oder gegen bestimmte Angebote entscheiden, abhängig von ihren individuellen Interessen, Restriktionen und anderen Faktoren. Dieses Prinzip der Selbstselektion führt schließlich dazu, dass jedes Medienangebot eine ganz eigene, für das Angebot typische Nutzerschaft erhält. Für den Onlinewahlkampf bedeutet dies sehr wahrscheinlich, dass man über ein politisches Angebot im Internet nur einen bestimmten Typus des politikinteressierten Onliners erreichen kann (vgl. Döring 2003a). Wahlkampf im Internet muss sich auf genau diesen Typus konzentrieren.[2]

Untersuchungsansatz

Die hier vorliegende empirische Untersuchung hat das Ziel, die für den Onlinewahlkampf besonders relevante Bevölkerungsgruppe exemplarisch anhand der Nutzerinnen und Nutzer von Politikerhomepages zu beschreiben (zu Politikerhomepages im Speziellen vgl. Döring 2003a). Dem liegt die Annahme zugrunde, dass sich Besucher von Politikerhomepages nicht nur von der Gesamtbevölkerung, sondern auch von

---

[2] Die folgende Beschreibung des Untersuchungsansatzes und die Zusammenfassung der Ergebnisse sind vergleichsweise abstrakt. Ausschließlich praktisch interessierte Leserinnen und Leser können die Bedeutung für den Onlinewahlkampf ab S. 33 nachlesen.

den anderen Nutzern des WWW deutlich unterscheiden. Um dies zu überprüfen, soll der beschriebene Selektionsprozess anhand einer repräsentativen Bevölkerungsstichprobe auf zwei relevanten Entscheidungsebenen nachvollzogen werden (vgl. Abb. 4).

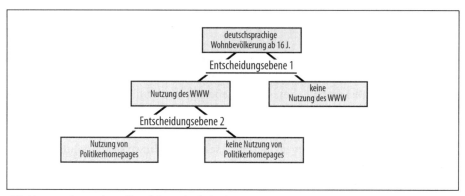

Abbildung 4: Ebenen der Selbstselektion (Politikerhomepages)

Die für diese Auswertung genutzten Befragungsdaten wurden im Rahmen eines mehrjährigen DFG-Projekts (VO 877/1-3) unter der Leitung von Gerhard Vowe mit Martin Emmer am Institut für Medien- und Kommunikationswissenschaft der Technischen Universität Ilmenau erhoben (siehe zu diesem Projekt u. a. Emmer/Kuhlmann/Vowe/Wolling 2002; Emmer/Seifert/Vowe 2006; Emmer/Vowe 2002a, 2002b, 2004; Emmer 2005; Vowe/Emmer/Seifert 2007). Die Daten wurden anhand von Telefonbefragungen gewonnen und sollen für die „deutschsprachige Wohnbevölkerung der Bundesrepublik Deutschland über 16 Jahren" repräsentativ sein (Emmer 2005: 98). Da der Studie ein Paneldesign zu Grunde lag, war es grundsätzlich möglich, auf jährliche Stichproben zurückzugreifen. Deswegen konnte für diese wahlkampfspezifische Sekundärauswertung gezielt auf Daten zur Bundestagswahl 2002 zurückgegriffen werden. Die Stichprobe dieser Auswertung bezieht sich also auf die N = 1.422 Befragten aus der 2. Befragungswelle des Projekts (Befragungszeitraum: 3. Januar 2003 bis 18. Februar 2003).[3]

---

[3] Vor der weiteren Analyse wurde die Stichprobe in vier Zellen nach der Variable „Bildungsstand" entsprechend der Verteilung aus dem Mikrozensus des Statistischen Bundesamtes (2001) gewichtet (siehe Tabelle S. 310; zur Begründung siehe Emmer 2005: 14 ff.). Obwohl auch in der gewichteten Stichprobe beispielsweise die über 65-Jährigen unterrepräsentiert waren (nur 15 % gegenüber tatsächlichen 19 %), erscheint die Stichprobe trotzdem dem Mikrozensus insgesamt sehr ähnlich (für eine genaue Beschreibung der Stichprobe siehe Emmer 2005).

Ergebnisse[4]

Fast die Hälfte der deutschsprachigen Wohnbevölkerung über 16 Jahre nutzte das World Wide Web (45 %; siehe Tabelle 1).[5] Fast ein Drittel dieser Internetnutzer hatte

Nutzergruppen	BRD Gesamt	Internet-nutzer	Pol.-HP-Nutzer
BRD Gesamt	100 %	45 %	14 %
Internetnutzer	n/a	100 %	30 %
Nutzer Politikerhomepages	n/a	n/a	100 %

Tabelle 1: Anteile der Nutzergruppen

schon mindestens einmal die Website einer Politikerin oder eines Politikers besucht (30 %), dies entspricht einem Anteil von 14 % der deutschsprachigen Wohnbevölkerung.[6] Der Umfang der Nutzung wurde in der zugrundeliegenden Studie nicht erfasst.

Mehr als zwei Drittel der Nutzer von Politikerhomepages (70 %) waren Männer, d. h. der relativ kleine Anteil der Frauen an der Gesamtgruppe der Internetnutzer (40 %) war hier noch geringer geworden (vgl. Tabelle 2). Fortgesetzt hatte sich diese Tendenz beim Merkmal Bildungsstand: Während die Abiturienten-Quote in der Gesamtbevölkerung nur 20 % betrug, wuchs der Abiturienten-Anteil bei den Internetnutzern schon auf 33 % und bei den Nutzerinnen und Nutzern von Politikerwebsites sogar auf 41 %. Umgekehrt verhielt es sich bei den Einwohnern mit Haupt- oder Volksschulabschluss (vgl. Tabelle 2).

---

[4] Die statistische Signifikanz der Merkmalsdifferenz zur jeweiligen Komplementärgruppe (d. h. „WWW Nutzer"/ „keine WWW-Nutzer" bzw. „Nutzer von Politikerhomepages"/„keine Nutzer von Politikerhomepages") wurde je nach Skalenniveau beidseitig mit Hilfe von T-Tests, Mann-Whitney-U-Tests oder Chi^2-Tests geprüft. Signifikante Ergebnisse lassen sich in den Tabellen anhand der Sterne ablesen. Drei Sterne bedeuten eine Irrtumswahrscheinlichkeit von ($p<0{,}001$), zwei Sterne von ($p<0{,}01$) und ein Stern von ($p<0{,}05$). Da sich dieser Text in erster Linie an Praktiker wendet, wurde auf die genaue Angabe der Testwerte zu Gunsten einer besseren Lesbarkeit verzichtet.

[5] Als WWW-Nutzer sind in dieser Untersuchung diejenigen Personen definiert, welche im Durchschnitt mindestens eine Stunde pro Woche online waren und dabei schon mindestens einmal im WWW nach Informationen gesucht oder „herumgesurft" haben. Reine E-Mail-Nutzer sind in dieser Gruppe also nicht enthalten. Da von allen N=638 befragten Internetnutzern aber nur 5 nicht gleichzeitig auch das WWW genutzt hatten, ist es durchaus möglich, die Ergebnisse auch auf alle Onliner zu verallgemeinern.

[6] Aus einer Anschlussfrage wurde deutlich, dass von den Befragten nicht nur Politikerhomepages im eigentlichen Sinne (also Websites, auf denen Politiker sich selbst vorstellen), sondern auch Parteienhomepages im Allgemeinen mit gemeint wurden. Auf weitere Operationalisierungen soll hier im Detail nicht eingegangen werden, der vollständige Fragenkatalog und Hinweise zur Operationalisierung können der Studie von Emmer (2005) entnommen werden.

Die Internetnutzer und die Besucher von Politikerwebsites wiesen auch in den Bereichen Alter und Einkommen große Unterschiede gegenüber der Gesamtbevölkerung auf (vgl. Tabelle 2). Zwischen den beiden Gruppen gab es bei Alter und Einkommen jedoch keine bedeutenden Unterschiede. So waren die 16- bis 45-Jährigen bei Onlinern und Besuchern von Politikerhomepages gleichermaßen überdurchschnittlich repräsentiert (BRD Gesamt: 53 %; Onliner: 74 %; Nutzer von Politikerwebsites: 78 %). Monatliche Haushaltseinkommen von über 2.500 Euro waren häufiger als im Bundesdurchschnitt vertreten (BRD Gesamt: 35 %; Onliner: 49 %; Nutzer von Politikerwebsites: 51 %; siehe Tabelle 2).

Merkmal	BRD Gesamt	Internet-nutzer	Pol.-HP-Nutzer
Geschlecht			
weiblich	52 %	40 %	30 %
männlich	48 %	60 %	70 %
		***	**
Bildungsstand			
noch Schüler	5 %	8 %	10 %
Hauptschulabschluss	48 %	28 %	22 %
Realschule/POS 10	28 %	31 %	28 %
Abitur/Fachabitur	20 %	33 %	41 %
		***	*
Alter			
16-25 Jahre	12 %	21 %	25 %
26-45 Jahre	41 %	53 %	54 %
46-65 Jahre	32 %	24 %	20 %
66-99 Jahre	15 %	2 %	1 %
		***	
Einkommen			
bis 1.000 Euro	15 %	8 %	11 %
1.000 bis 2.500 Euro	51 %	43 %	39 %
über 2.500 Euro	35 %	49 %	51 %
		***	

Tabelle 2: Soziodemographie der Nutzergruppen

Erwartungsgemäß gab es besonders große Unterschiede bei den politikrelevanten Fragestellungen (vgl. Tabelle 3). So erwies sich in keiner Gruppe das „politische Interesse" als so ausgeprägt wie bei den Besuchern von Politikerwebsites. Nur 4 % gaben an, ihr Interesse sei „niedrig". Bei den Internetnutzern insgesamt waren dies noch 14 %, bei der Gesamtbevölkerung sogar 19 %. Umgekehrt bekundeten nur 14 % der Gesamtbevölkerung ein „großes" Interesse an Politik. Bei den Onlinern waren dies schon 33 %, bei den Besuchern von Politikerwebsites sogar 48 %. Ähnlich verhielt es sich mit der „eigenen politischen Kompetenzeinschätzung". Der Anteil derjenigen Befragten, die ihre eigene Kompetenz als eher gering einstuften, nahm über die Gruppen hinweg stetig ab (BRD Gesamt: 37 %; Onliner: 27 %; Nutzer von Politikerwebsites: 22 %). Der Anteil derjenigen, die sich als sehr kompetent einschätzten, nahm entsprechend zu (BRD Gesamt: 24 %; Onliner: 33 %; Nutzer von Politikerwebsites: 36 %). Analog war der Anteil aller Onlineaktivitäten, die allgemein dem Bereich Politik zugeordnet werden können, bei den Nutzerinnen und Nutzern von Politikerwebsites besonders hoch. 29 % dieser Gruppe gaben an, mehr als 5 % ihrer Onlinezeit mit Politik zu verbringen, während nur 15 % der durchschnittlichen deutschen Internetnutzer mit diesem Thema beschäftigt waren. Darüber hinaus hatten die Besucher von Politikerwebsites auch insgesamt mehr Zeit online verbracht als die Internetnutzer in ihrer Gesamtheit (plus 27 %).

Merkmal	BRD Gesamt	Internet- nutzer	Pol.-HP- Nutzer
Politisches Interesse			
niedrig	19 %	14 %	4 %
mittel	56 %	53 %	48 %
groß	14 %	33 %	48 %
		***	***
Eigene politische Kompetenzeinschätzung			
niedrig	37 %	27 %	22 %
mittel	39 %	40 %	42 %
groß	24 %	33 %	36 %
		***	
Anteil Politik an Onlinezeit			
< 5 %	n/a	85 %	71 %
5-25 %	n/a	12 %	22 %
> 25 %	n/a	3 %	7 %
			***

Tabelle 3: Politisches Interesse nach Nutzergruppen

Relativ große Unterschiede gab es auch bei der Frage nach der Parteineigung (vgl. Tabelle 4). So bezeichnete sich bei den Nutzerinnen und Nutzern von Politikerwebsites nur etwa ein Drittel als unabhängig (35 % gegenüber 45 % bei den Internetnutzern und 44 % bei der Gesamtbevölkerung). Nur relativ geringe Unterschiede gab es bei der Neigung zu einer der beiden großen Volksparteien. Eine positive Tendenz war hingegen bei den kleineren Parteien Bündnis 90/Die Grünen und FDP zu verzeichnen. Während sich nur 6 % der Gesamtbevölkerung als Grünen-Sympathisanten bezeichneten, taten dies schon 9 % der Internetnutzer und ganze 12 % der Nutzer von Politikerwebsites. In dieser Gruppe fanden sich mit 5 % auch mehr FDP-Anhänger als unter den Onlinern oder der Gesamtbevölkerung (je 2 %).

Merkmal	BRD Gesamt	Internet-nutzer	Pol.-HP-Nutzer
Parteineigung			
Unabhängige	44 %	45 %	35 %
CDU/CSU	23 %	22 %	23 %
SPD	22 %	20 %	23 %
Bündnis 90/Die Grünen	6 %	9 %	12 %
FDP	2 %	2 %	5 %
Andere	2 %	2 %	2 %
		**	**
Generelle Wertorientierung			
Freiheitsorientierte	21 %	31 %	34 %
Gleichheitsorientierte	19 %	17 %	19 %
Sicherheitsorientierte	30 %	26 %	25 %
Unentschiedene	29 %	27 %	23 %
		***	

Tabelle 4: Parteineigung und generelle Wertorientierung nach Nutzergruppen

Mit diesem Ergebnis korrespondiert auch die generelle Wertorientierung der Befragten (vgl. Tabelle 4). 34 % der Besucher von Politikerwebsites waren freiheitsorientiert, während sich im Bundesdurchschnitt nur 21 % Freiheitsorientierte fanden – eine Verschiebung, die zulasten der Sicherheitsorientierten (BRD Gesamt: 30 %; Nutzer von Politikerwebsites: 25 %) und der Unentschiedenen (BRD Gesamt: 23 %; Nutzer von Politikerwebsites: 29 %) ging. Internetnutzer und Besucher von Politikerhomepages waren sich dabei in ihrer generellen Wertorientierung sehr ähnlich. Die Wertorientierung steht also vermutlich eher in Zusammenhang mit der Internetnutzung an sich und nicht etwa mit dem Besuch von Politikerhomepages im Speziellen.

Entwicklungen seit 2003

Auch wenn einiges darauf hindeutet, dass die grundsätzlichen Aussagen dieses Kapitels auch noch in den Jahren nach Erscheinen der vorliegenden neuen Auflage des Buches ihre Gültigkeit behalten werden, so treffen die dargestellten Ergebnisse dennoch genau genommen allein auf Politikerwebsites aus dem Jahre 2002 zu. Seither hat sich im Internet viel getan (siehe auch S. 19 ff.). Um nur zwei wichtige neue Angebote herauszugreifen: Im Mai 2005 wurde die Video-Sharing-Plattform YouTube (www.youtube.com) gegründet und im Oktober 2005 der Social-Network-Service StudiVZ (www.studivz.net). Beide Angebote finden sich in Deutschland inzwischen unter den reichweitenstärksten Webangeboten und haben die Nutzung des Internets in den letzten Jahren stark beeinflusst – insbesondere was die jungen Onliner betrifft (vgl. S. 133 ff. bzw. S. 119 ff.).

Selbstverständlich war nicht nur das Internet selbst, sondern auch die Soziodemographie seiner Nutzerinnen und Nutzer einem steten Wandel unterzogen. Wie zu erwarten stieg der Anteil der Onliner in den letzten Jahren kontinuierlich an: Im Jahr 2008 waren bereits 12 % mehr Deutsche ab 14 Jahren online als 2003 (vgl. van Eimeren/Frees 2008a). Die Internetnutzung nahm dabei über alle Altersstufen hinweg zu (siehe Abb. 5). Dennoch war das Alter auch 2008 noch immer ein sehr wichtiges

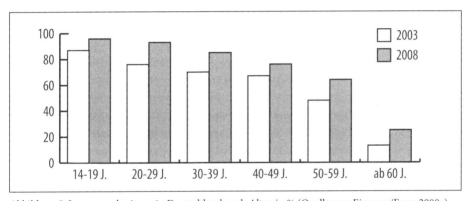

Abbildung 5: Internetverbreitung in Deutschland nach Alter, in % (Quelle: van Eimeren/Frees 2008a)

Merkmal zur Unterscheidung von Onlinern und Offlinern. Auch die Nutzungsmuster der Onliner waren noch immer stark altersabhängig: Während die Jüngeren die Möglichkeiten des Internets in vollem Umfang nutzten, beschränkten sich die älteren Nutzerinnen und Nutzer auf Kommunikation, Onlinebanking und gezielte Informationssuche. Für Onliner ab 60 war das Internet vor allem ein Instrument, das „nur ab und zu für die eine oder andere Information" gebraucht wird (van Eimeren/Frees 2008a: 334). Für unter 30-Jährige war das Netz dagegen inzwischen zum zentralen Unterhaltungsmedium geworden. Die großen Unterschiede in der Internetnutzung zwischen Jung und Alt waren dabei nicht nur auf das Lebensalter, sondern vor allem auch auf die Zugehörigkeit zu unterschiedlichen Kohorten zurückzuführen. Es ist also davon auszugehen, dass insbesondere die private Internetnutzung mit steigendem Alter größtenteils beibehalten wird und nicht etwa altersbedingt reduziert wird.

Deutlicher als die Alterskluft hat sich in den letzten Jahren die „Gender Gap" (van Eimeren/Frees 2008a: 335) zwischen Onlinern und Offlinern verringert. Während im Jahre 2003 bereits 62 % der deutschen Männer ab 14 Jahren das Internet nutzten, traf dies nur auf 42 % der Frauen zu (vgl. van Eimeren/Frees 2003). Im Jahre 2008 waren es bereits 71 % der Männer und 58 % der Frauen (vgl. van Eimeren/Frees 2008a). Die weiblichen Onliner haben in den letzten Jahren also deutlich aufgeholt. Für unter 30-Jährige war die Geschlechtszugehörigkeit sogar schon heute kaum mehr von Bedeutung für den Nutzungsumfang. Jugendliche Männer und Frauen unterschieden sich allerdings in der Art der Nutzung. Junge Männer nutzten häufiger Unterhaltungsangebote als junge Frauen (beispielsweise Videoportale und Podcasts; vgl. Fisch/Gscheidle 2008 und Martens/Amann 2007). Junge Frauen nutzten dagegen etwas häufiger kommunikative Angebote (insbesondere Foren, Newsgroups und Online-Communitys; vgl. van Eimeren/Frees 2008a). Die Geschlechter unterschieden sich auch in der politischen Kommunikation: Bei der Gruppe derer, die sich 2005 in Deutschland hinsichtlich ihrer politischen Kommunikation vor allem über Internetaktivitäten definierten, war der Anteil junger und männlicher Onliner besonders hoch, politisch aktive Frauen nutzten dagegen eher die traditionellen Möglichkeiten der politischen Partizipation (vgl. Emmer/Füting 2007; Füting 2008).

Auf die Nutzerinnen und Nutzer von politischen Internetangeboten übertragen bedeutet dies, dass Altersunterschiede vermutlich auch in den Wahlkämpfen der nächsten Jahre noch eine große Rolle spielen werden. Insbesondere die stark unterschiedlichen Nutzungsmuster zwischen den verschiedenen Altersgruppen müssen im Internetwahlkampf berücksichtigt werden. Erst langfristig dürften die Altersunterschiede mehr und mehr abnehmen. Die Geschlechterunterschiede haben für den Onlinewahlkampf bereits heute deutlich weniger Bedeutung als früher. Sie werden künftig wohl immer weniger bedeutungsvoll sein – so wie beispielsweise bereits jetzt in den USA (vgl. Graf 2007).

Bedeutung für den Onlinewahlkampf

Es hat sich bei der Analyse der Nutzerinnen und Nutzer von Politikerhomepages gezeigt, dass sie sich deutlich von der allgemeinen Wohnbevölkerung und sogar von anderen Internetnutzern unterscheiden. Wollte man die Ergebnisse nun auf die typischen Besucher von Politikerwebsites verkürzen, so ergäbe sich für aktuelle Wahlkämpfe vermutlich folgendes Bild:

> *Durchschnittliche Nutzerinnen und Nutzer von Politikerwebsites sind jünger als 50 Jahre und überdurchschnittlich hoch gebildet. Sie haben ein vergleichsweise hohes Einkommen, sind internetaffin und ziehen die Freiheit der Sicherheit und Gleichheit vor. Ihr Interesse an Politik ist groß und sie schätzen sich als politisch sehr kompetent ein. So haben sie eine Neigung zu einer bestimmten Partei entwickelt und verbringen einen vergleichsweise hohen Anteil ihrer gesamten Onlinezeit mit politischen Aktivitäten.*

Diese Ergebnisse haben praktische Relevanz: Bei der Onlinestrategie sollten die Eigenheiten dieser online im Wahlkampf tatsächlich erreichbaren Nutzerinnen und Nutzer berücksichtigt werden: Beispielsweise könnten Wahlkampfangebote im Erscheinungsbild, in der Themensetzung, in der Sprache und in der Benutzerführung an die jeweilige Besucherstruktur angepasst werden. Auch die politischen Inhalte können im Rahmen des Wahlprogramms geeignet positioniert werden. Anreden und Formulierungen sollten an das relativ niedrige Alter, den höheren Bildungsgrad und das hohe politische Selbstbewusstsein angepasst sein. Nicht zuletzt sollte sich die Benutzerführung an den etablierten Standards orientieren, an welche die Nutzerinnen und Nutzer durch ihre umfangreiche Interneterfahrung bereits gewöhnt sind.
Alle medienspezifischen Anpassungen müssen dabei selbstverständlich auch immer zur Partei passen. So darf sich beispielsweise eine Seniorenpartei auch im Internet nicht nur an junge Besucher wenden, selbst wenn diese unter den Besuchern von Politikerwebsites im Allgemeinen noch eine deutliche Mehrheit bilden.
Insgesamt bieten die hier vorgelegten Ergebnisse bereits eine hinreichende Grundlage für professionellen Wahlkampf im Internet. Es ist jedoch wichtig zu beachten, dass andere Angebote als Politikerhomepages unter Umständen eine deutlich abweichende Nutzerstruktur aufweisen können. Beispielsweise ist bei Videoportalen, sozialen Netzwerken und Blogs eine noch deutlich jüngere Nutzerschaft zu erwarten.[7] Hier gilt es, unbedingt die typischen Besonderheiten des jeweiligen Mediums sowie seiner spezifischen Nutzerstruktur genau zu beachten. Bei der Beschreibung der konkreten Internetanwendungen in Kapitel 3 wird deshalb auf abweichende Nutzerstrukturen

hingewiesen. Soweit möglich, werden die Nutzerstrukturen dabei auch genauer dargestellt. Im nächsten Kapitel sollen die hier vorgelegten Ergebnisse noch verfeinert werden.

---

[7] Eine explorative Studie über Nutzer von politischen Blogs (Abold 2005) deutete beispielsweise darauf hin, dass die hier dargestellten Nutzer von Politikerhomepages und die Nutzer von politischen Blogs im Jahre 2005 zwar sehr ähnliche Eigenschaften aufwiesen, die Nutzer von politischen Blogs jedoch sogar noch jünger waren. Ähnliches gilt, wie in den entsprechenden Kapiteln dargestellt, auch für Videoportale und soziale Netzwerke. Um die Nutzerstruktur eines Angebotes genau zu bestimmen, sollten die hier gewonnenen Anhaltspunkte am besten über Nutzerbefragungen direkt auf der jeweiligen Website ergänzt werden.

1.3 Zielgruppen des Onlinewahlkampfes
Helfer, Spender, Meinungsführer und andere Zielgruppen im Detail

Manuel Merz

Werden im Kampagnenplan (vgl. Block 2004; Faucheux 2004) die in Kapitel 1.2 beschriebenen Besonderheiten der Nutzerinnen und Nutzer von Politikerhomepages berücksichtigt, kann die Strategie für den Wahlkampf im Internet deutlich optimiert werden. Außerdem sollten die daraus entstehenden konkreten Wahlkampfangebote im Rahmen des Kommunikationsplans der Gesamtkampagne auf diese Besuchergruppe zugeschnitten werden. Obwohl damit bereits viel erreicht ist, gilt es darüber hinaus, Angebote auf noch speziellere Zielgruppen auszurichten. Welche Zielgruppen könnten dies sein? Eine Kampagne könnte beispielsweise darauf abzielen, Unentschiedene zu überzeugen oder auch Spenden zu akquirieren. Jede spezifische Zielgruppe weist eigene Besonderheiten auf. Dazu gehört auch, dass manche Zielgruppen über das Internet besser erreicht werden können als über andere Medien. Auch dies sollte bei der Erstellung des Kampagnenplans und bei der Konzeption entsprechender Angebote Berücksichtigung finden. In der Praxis hat es sich bewährt, sich gezielt auf einige wenige strategisch wichtige Gruppen zu konzentrieren (vgl. z. B. Althaus 2002, 2003a).

In diesem Kapitel sollen folgende mögliche Zielgruppen der Onlinekampagne genauer beschrieben werden: Multiplikatoren (Journalisten und Meinungsführer), Wahlberechtigte (unentschiedene Wahlberechtigte, eigene und fremde Sympathisanten sowie Nichtwähler) und Helfer (Freiwillige und Spender). Neben theoretischen Überlegungen werden dazu soweit möglich auch quantitative Anhaltspunkte aus der Auswertung in Kapitel 1.2 herangezogen.[8]

Journalisten

Journalisten sind auf der Suche nach vertrauenswürdigen Informationen und interessanten Nachrichten. Als Journalisten sind hier alle Medienvertreter zu verstehen,

---

[8] Es wurde dabei versucht, verschiedene Zielgruppen anhand pragmatischer Kriterien im Datensatz normativ abzugrenzen und anschließend diese Gruppen zu beschreiben (zu den genauen Kriterien siehe Tabelle S. 311). Die so gewonnenen Gruppen überschneiden sich unter Umständen. Sympathisanten können beispielsweise zugleich auch Meinungsführer und Spender sein. Als noch hilfreicher könnte sich statt dieses Vorgehens eine Segmentierung der Besucher nach Bedürfnissen erweisen (vgl. Kotler 2003: 278 ff.).

die in einem für die Kampagne relevanten Rahmen Bericht erstatten. Dies sind also beispielsweise auch Redakteure bei Lokalzeitungen oder Stadtmagazinen, bei regionalen Fernsehmagazinen und beim Hörfunk. Im weiteren Sinne gehören hierzu auch Blogger (vgl. S. 109 ff.) und ehrenamtliche Wikipedia-Autoren (siehe S. 37).

Eine Kampagne ist, um ihr Wahlkampfziel zu erreichen, in hohem Maße auf die Unterstützung durch Medien angewiesen. Noch stärker als andere haben nämlich Medienvertreter Einfluss auf die Meinungsbildung der Wahlberechtigten. Es ist daher sehr wichtig, auch im Internet gezielt Vertreter traditioneller und neuer Medien anzusprechen und sie mit ausführlichen und verwertbaren Informationen zu versorgen (vgl. Abb. 6). Medienvertreter sind die wichtigsten aller Multiplikatoren, ihr insgesamt geringer Anteil an der Nutzerzahl darf also kein Hinderungsgrund sein, für diese Gruppe eigene Inhalte bereitzustellen (zur Pressearbeit über das Internet siehe beispielsweise Martens 2002; Sauvant 2002; Ruisinger 2007).

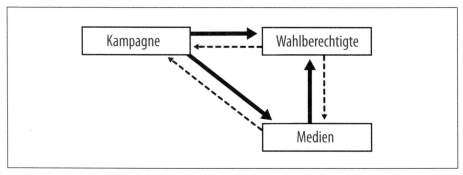

Abbildung 6: Einfaches Modell der externen Kommunikationsströme einer Wahlkampagne

Für den Kontakt zu Journalisten eignen sich online in erster Linie E-Mail-Dienste wie Newsletter (S. 85) oder individuell zusammengestellte E-Mails, die gezielt an eine bestimmte Gruppe von Journalisten gesendet werden. Aktuelle Informationen, die auf diesem Wege übermittelt werden, landen ohne Umwege direkt bei den Fachjournalisten, die sich auch tatsächlich dafür interessieren. Websites eignen sich aus Journalistensicht dagegen eher als Nachschlagearchiv (für Pressemitteilungen, das Wahlkampfprogramm, Rapid-Response-Statements, hochauflösende Fotos und weitere verwertbare Informationen). Aus diesem Grund sollte im Pressebereich einer Website besonders auf eine systematische Aufbereitung der gesammelten Informationen und eine gute Recherchierbarkeit geachtet werden. Selbstverständlich werden sich Journalisten auch die übrigen Inhalte der Website ansehen, um so beispielsweise die Wahlkampfstrategie der Kampagne besser einschätzen zu können. Trotz spezieller

Onlineangebote für Medienvertreter sollte auf keinen Fall darauf verzichtet werden, mit Journalisten vor allem Direktkontakte zu pflegen. Wichtigstes Merkmal für ein gutes Internetangebot für Journalisten sollten also Telefon- und E-Mail-Verzeichnisse, zumindest aber die Kontaktdaten des Pressereferenten sein.

Nutzergenerierte Medien am Beispiel von Wikipedia

Auch nutzergenerierte Medien werden immer wichtiger. Beispielsweise fand sich die freie Enzyklopädie Wikipedia Anfang 2009 auf Platz 5 der in Deutschland reichweitenstärksten Websites.[9] Dazu kommt, dass bereits im Sommer 2006 in einer Studie nur 4 % der befragten deutschen Nachrichtenredaktionen angaben, keinen Gebrauch von Wikipedia zu machen (vgl. Neuberger/Nuernbergk/Rischke 2008). Der Einfluss von Wikipedia und ihrer ehrenamtlichen Autorinnen und Autoren ist damit kaum zu überschätzen. Sollen Pressefotos auch in Wikipedia genutzt werden können, so müssen diese von der Kampagne unter einer freien Lizenz (derzeit der GNU FDL oder einer geeigneten Creative-Commons-Lizenz) veröffentlicht werden. Ähnliches gilt für Lebensläufe, Pressemitteilungen und andere Texte, die für Wikipedia-Autoren direkt nutzbar gemacht werden sollen.[10] Von direkten Manipulationsversuchen durch die Kampagne sollte dagegen unbedingt Abstand genommen werden: Wikipedia funktioniert nach eigenen, von außen kaum durchschaubaren Regeln (vgl. z. B. Stegbauer/Rausch/Bauer 2007). Gezielte Manipulationsversuche von außen sind darum selten wirksam. Das Risiko der öffentlichen Blamage bei Bekanntwerden eines Manipulationsversuchs (vgl. Freiburg/Hengst/Meiritz 2008; Röhl 2008) sollte zusätzlich abschreckend wirken. Wikipedia-Inhalte lassen sich also kaum direkt beeinflussen und normalerweise sollte dies auch nicht nötig sein: Wie bei der Bevölkerung insgesamt gibt es auch unter den ehrenamtlichen Autorinnen und Autoren Wikipedias Sympathisanten der verschiedenen Kampagnen. Diese werden sich jeweils für eine möglichst neutrale Darstellung einsetzen und sich dabei gegenseitig kontrollieren und korrigieren. In der Regel genügt es also aus Kampagnensicht, die relevanten Artikel im Auge zu behalten. Bei falschen oder eindeutig einseitigen Darstellungen kann die Wikipedia-Autorengemeinde auf die entdeckten Missstände hingewiesen werden. Im Zweifelsfall kann auch der Rat von Insidern eingeholt werden. Mit Veröffentlichungen in seriösen Kanälen, die sich in Wikipedia gut zitieren lassen, kann eine Kampagne ihren Anhängern in Wikipedia zusätzlich helfen.

---

[9] Alexa-Traffic-Ranking (www.alexa.com) am 01.02.2009

[10] Die aktuellen Lizenzbedingungen sowie weitere Informationen für Autoren sind beispielsweise über das Wikipedia-Autorenportal (de.wikipedia.org/wiki/Wikipedia:Autorenportal) abrufbar.

Meinungsführer

Meinungsführer suchen nach Informationen und Argumenten, die sie sowohl darin unterstützen, sich zunächst selbst eine qualifizierte Meinung zu bilden, als auch in die Lage versetzen, diese Meinung gegenüber anderen zu vertreten. Meinungsführer sind dabei solche Personen, die einen besonderen Einfluss auf die Meinungsbildung ihrer Bezugspersonen haben. Je nach Bezugsgruppe kann die Ursache solcher Einflussnahmen eine andere sein, die Wirkung ist jedoch immer ähnlich: Die Ansichten der Meinungsführer werden oft von anderen übernommen (zum Meinungsführerkonzept vgl. beispielsweise Katz/Lazarsfeld 1955; Katz 1957; Schenk/Döbler 2002). Der Anteil an Meinungsführern scheint unter den Nutzerinnen und Nutzern von Onlinewahlkampf-Angeboten besonders hoch zu sein. So gab fast die Hälfte (48 %) der Besucher deutscher Politikerwebsites an, sich oft mit Freunden oder Arbeitskollegen über Themen zu unterhalten, die sie für politisch wichtig erachten (vgl. S. 311 f.). Unter den im Internet politisch Aktiven war der Anteil potenzieller Meinungsführer im amerikanischen Präsidentschaftswahlkampf 2004 mit 69 % sogar noch höher (vgl. Graf/Darr 2004b).

Die befragten Meinungsführer unterschieden sich deutlich von anderen Besuchern von Politikerhomepages (siehe Tabelle 5). Zu ihrem Persönlichkeitsprofil passt, dass sie von ihrer politischen Kompetenz sogar noch überzeugter waren als andere Besucher (so schätzten 47 % ihre Kompetenz als groß ein, während die Besucher von Politikerwebsites insgesamt in diesem Segment mit 36 % generell schon einen sehr hohen Wert erreicht hatten). Um sich ihre Meinung zu bilden, investieren politische Meinungsführer Zeit. So war der Anteil von politikrelevanten Inhalten an der gesamten Onlinezeit höher als bei anderen Besuchern (41 % verbrachten mehr als 5 % ihrer gesamten Onlinezeit mit Politik, ein sehr hoher Wert im Vergleich mit den generell schon hohen 29 % bei allen Besuchern von Politikerwebsites). Meinungsführer, die Politikerwebsites nutzen, waren zum größten Teil freiheitsorientiert (44 %). Eine Tendenz, die sich im Vergleich zur Gesamtbevölkerung (21 %), zu den Onlinern (31 %) und den Besuchern von Politikerwebsites insgesamt (34 %) bei den Meinungsführern also noch weiter verstärkt hat.

Meinungsführer sind durch ihre Wirkung auf ihre Bezugsgruppen für jede Kampagne besonders wertvoll. Sie zu gewinnen ist eine sehr wichtige Aufgabe, denn sind sie erst einmal von der Kampagne überzeugt, werden sie wahrscheinlich weitere Wähler für das Kampagnenziel gewinnen (vgl. Abb. 7). Durch ihren großen Anteil an den erreichbaren Internetnutzern sind sie zudem für den Wahlkampf im Internet ganz besonders relevant. Vor allem die bereits entschiedenen Meinungsführer können rich-

Merkmal	Pol.-HP-Nutzer (Gesamt)	Pol.-HP-Nutzer (Meinungsf.)
Alter		
16-25 Jahre	25 %	16 %
26-45 Jahre	54 %	60 %
46-65 Jahre	20 %	22 %
66-99 Jahre	1 %	3 %
		**
Bildungsstand		
noch Schüler	10 %	2 %
Hauptschulabschluss	22 %	20 %
Realschule/POS 10	28 %	30 %
Abitur/Fachabitur	41 %	48 %
		**
Anteil Politik an Onlinezeit		
< 5 %	71 %	59 %
5-25 %	22 %	35 %
> 25 %	7 %	6 %
		**
Eigene politische Kompetenzeinschätzung		
niedrig	22 %	9 %
mittel	42 %	44 %
groß	36 %	47 %
		***
Generelle Wertorientierung		
Freiheitsorientierte	34 %	44 %
Gleichheitsorientierte	19 %	15 %
Sicherheitsorientierte	25 %	17 %
Unentschiedene	23 %	24 %
		*

Tabelle 5: Charakteristika der Meinungsführer (N = 92)

tig angesprochen großen Nutzen für die Kampagne entfalten. Noch unentschiedene Meinungsführer müssen zuerst überzeugt werden und können hierfür als Untergruppe der unentschiedenen Wahlberechtigten (siehe auch S. 41 f.) angesprochen werden.

Das Institute for Politics, Democracy, and the Internet (IPDI) hat sich intensiv mit Meinungsführern im Onlinewahlkampf beschäftigt (vgl. Graf/Darr 2004b; Darr/Robinson/Barko Germany 2004; Darr/Graf 2007). Dabei wurden auch Überlegungen angestellt, wie man Meinungsführer systematisch in den Onlinewahlkampf einbeziehen kann. Beispielsweise können Meinungsführer über aktuelle Informationsangebote und E-Mail-Newsletter mit einschlägigen Nachrichten und Argumenten ver-

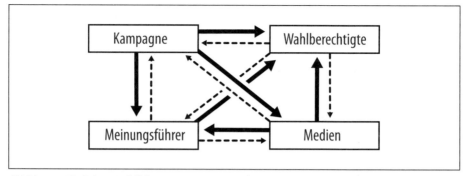

Abbildung 7: Einfaches Modell der externen Kommunikationsströme einer Wahlkampagne unter Berücksichtigung der Meinungsführer

sorgt werden. Besonders nützlich sind für Meinungsführer auch seriöse, griffige Zusammenstellungen von Argumenten, die sie im Bedarfsfall als Argumentationshilfen nutzen können. Um Meinungsführer an die Kampagne zu binden, eignen sich beispielsweise Blogs (S. 109) und Online-Communitys (S. 119). Als Freiwillige sind Meinungsführer sehr kompetente Helfer. Sie eignen sich dabei auch, um andere Freiwillige anzuführen. An dieser Stelle sei auf die im Internet frei verfügbaren Studien des IPDI (www.ipdi.org) zu „Online Influentials" und „Poli-fluentials" verwiesen.

Wahlberechtigte

Zu jedem Zeitpunkt der Kampagne wird es vier Gruppen von Wahlberechtigten geben: die eigenen Sympathisanten, die Unentschiedenen, die fremden Sympathisanten und die Nichtwähler. Um ein ideales Wahlergebnis zu erzielen, müssten alle Gruppen bis auf die eigenen Sympathisanten von den Positionen des Kandidaten oder der Partei überzeugt werden. Die so Konvertierten müssen dann wie die übrigen Sympathisanten über den Verlauf der Kampagne in ihrer Haltung bestärkt und am Wahltag mobilisiert werden (siehe Abb. 8). Um die Ressourcen der Kampagne möglichst effizient einzusetzen, kann man sich in der Praxis auf die „wahrscheinlichen Wähler der eigenen Partei" (Althaus 2003a: 151) bzw. der eigenen Kandidaten konzentrieren.

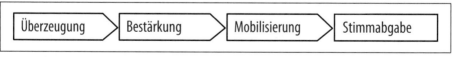

Abbildung 8: Einfaches Modell der Stimmengewinnung

Eigene Sympathisanten

Die eigenen Sympathisanten haben sich bereits für den eigenen Kandidaten oder die eigene Partei entschieden und wollen in dieser Entscheidung bestärkt werden. Der überwiegende Teil der wiederkehrenden Websitebesucher und der Newsletter-Abonnenten wird in diese Kategorie fallen. Während der US-Präsidentschaftswahlen 2000 waren sogar unter den erstmaligen Besuchern der Wahlkampfwebsite von George W. Bush 69 % eigene Sympathisanten (Al Gore: 63 %; Ralph Nader: 48 %; vgl. Bimber/ Davis 2003).

Eigene Sympathisanten sollen mit Hilfe der Onlineangebote in ihrer positiven Haltung gegenüber der Partei oder den Kandidaten bestärkt werden. Eventuell werden sie sich dann sogar als Freiwillige registrieren, um online oder offline aktiv am Erfolg der Kampagne mitzuarbeiten. In der Gruppe der Sympathisanten sollte es auch gelingen, Spenden zu sammeln. Besonders wichtig sind für diese Gruppe Mobilisierungsaktionen vor dem Wahltermin.

Vor allem positive, ermutigende Informationen und das Gefühl dazuzugehören, wie es beispielsweise ein Kampagnenblog (S. 109), Videos (S. 133) und Online-Communitys (S. 119) vermitteln können, sind für diese Gruppe wichtig. Ein Besuch auf der Wahlkampfwebsite sollte dazu genutzt werden, die E-Mail-Adresse von Sympathisanten zu erfragen. So können beispielsweise allen registrierten Sympathisanten vor der Wahl gezielt mobilisierende E-Mails zugesendet werden. Ziel muss es also sein, die Gruppe der eigenen Sympathisanten in ihrer Entscheidung zu bestärken und zur Wahl zu mobilisieren. Ein weiteres Ziel kann es sein, die Meinungsführer, Spender und Helfer unter den eigenen Sympathisanten ausfindig zu machen und für die Kampagne zu gewinnen.

Unentschiedene Wahlberechtigte

Unentschiedene Wahlberechtigte haben noch keine entscheidende Präferenz für einen Kandidaten oder eine Partei entwickelt. Sie sind vor allem auf der Suche nach für sie relevanten Argumenten und Informationen, um eine qualifizierte Wahlentscheidung treffen zu können (vgl. Kaye/Johnson 2002). Während der US-Präsidentschaftswahlen 2000 waren immerhin 21 % der erstmaligen Besucher der Wahlkampfseiten von George W. Bush noch unentschieden (Al Gore: 19 %; Ralph Nader: 48 %; vgl. Bimber/Davis 2003). In Deutschland gaben 2003 sogar 35 % der Nutzer von Politikerwebsites an, keiner Partei zuzuneigen (BRD Gesamt: 43 %; Onliner: 43 %; siehe Tabelle S. 312). Soziodemografisch unterschieden sich unentschiedene Wahlberechtigte von anderen Nutzern der Politikerhomepages nicht, wenn man einmal von dem etwas niedrigeren Einkommen absieht (siehe Tabelle 6).

Merkmal	Pol.-HP-Nutzer (Gesamt)	Pol.-HP-Nutzer (Unentschiedene Wahlberechtigte)
Einkommen		
bis 1.000 Euro	11 %	17 %
1.000 bis 2.500 Euro	39 %	47 %
über 2.500 Euro	51 %	36 %
		*

Tabelle 6: Charakteristika der unentschiedenen Wahlberechtigten (N = 59)

Die unentschiedenen Wahlberechtigten sollen möglichst zu Sympathisanten konvertiert werden. Anschließend können sie wie Sympathisanten angesprochen und zur Wahl mobilisiert werden. Allerdings gilt es als umstritten, ob für unentschiedene Wahlberechtigte spezielle Angebote im Internet sinnvoll sind. So sind auf Politikerhomepages deutlich weniger unentschiedene Wahlberechtigte zu finden als unter den Internetnutzern oder Wahlberechtigten insgesamt (vgl. Bimber/Davis 2003); auch werden Zweifel geäußert, ob die Überzeugungskraft eines Wahlkampfangebots im Internet ausreichend ist, um Unentschiedene für die eigene Seite zu gewinnen (vgl. Cornfield 2003). Diese Einwände lassen sich jedoch entkräften: Denn der in Deutschland vergleichsweise hohe Anteil noch unentschiedener Nutzerinnen und Nutzer von Politikerhomepages (35 %) deutet darauf hin, dass diese Unentschiedenen die Wahlkampfwebsite gezielt aufgerufen haben. Sie sind also möglicherweise gerade auf der Suche nach Orientierung, um eine informierte Wahlentscheidung treffen zu können. Vor allem unter den Unentschiedenen lassen sich wahlentscheidende Prozente gewinnen (vgl. Vowe/Wolling 2000). Es ist in Deutschland also durchaus sinnvoll, diese Zielgruppe auch online zu umwerben.

Dazu sollten gezielt Angebote geschaffen werden, die Unentschiedenen helfen können, schnell eine informierte Entscheidung zu treffen (z. B. Standpunktvergleiche und Argumente-Listen). Um die Unentschiedenen mit den jeweils passenden Angeboten zu versorgen, hat es sich im amerikanischen Präsidentschaftswahlkampf 2004 bewährt, den Selbstselektionsprozess (siehe S. 25 f.) zu nutzen. Dazu wurden für unterschiedliche Berufsgruppen, Interessengruppen und Lebensphasen jeweils besonders relevante Informationen separat zusammengestellt. Die Websitebesucher konnten sich dann selbst für die für sie relevanten Themen entscheiden (siehe S. 220).

Fremde Sympathisanten

Die Gruppe der fremden Sympathisanten hat sich bereits entschieden, für den politischen Gegner zu stimmen. Wenn sie das Angebot der Kampagne aufsuchen, dann vermutlich nur, um in ihrer Wahlentscheidung bestätigt zu werden. Während der Präsidentschaftswahlen 2000 waren zudem nur 10 % der erstmaligen Besucher der Wahlkampfseiten von George W. Bush gegen den Kandidaten eingestellt (Al Gore: 18 %; Ralph Nader: 5 %; vgl. Bimber/Davis 2003). Noch weniger als in der Gesamtkampagne (vgl. Althaus/Hinrichs 2004) hat also die Ansprache von Sympathisanten anderer Parteien in der Onlinekampagne eine praktische Bedeutung. Die Selbstselektionsmechanismen des Internets und die geringere Persuasionsintensität schließen die fremden Sympathisanten als Zielgruppe der Onlinekampagne praktisch aus.

Nichtwähler

Traditionelle Nichtwähler werden mit hoher Wahrscheinlichkeit an der Wahl nicht teilnehmen. Nur vereinzelt werden Mitglieder dieser Gruppe das Angebot der Kampagne überhaupt aufsuchen. Das Ziel ist vermutlich, sich in der Entscheidung, nicht zur Wahl zu gehen, zu bestärken. Wenn auch sicher einzelne wenige aus der Gruppe der Nichtwähler für den Kandidaten gewonnen werden könnten, steht der Aufwand für die Kampagne, sie direkt anzusprechen, dem jedoch entgegen (vgl. Althaus/Hinrichs 2004). In der Praxis wäre die Möglichkeit vorzuziehen, Nichtwähler indirekt über Freiwillige anzusprechen. Diese könnten beispielsweise beauftragt werden, in ihrem Freundeskreis oder ihrer Nachbarschaft Nichtwähler anzusprechen und auf einen Spaziergang zum Wahllokal einzuladen.

Freiwillige

Freiwillige wollen die Kampagne durch ihre Mithilfe unterstützen (siehe z. B. Schatilow 2006). Jeder dritte Besucher von Politikerwebsites (35 %) war bereit, einen Teil seiner Zeit für einen politischen Zweck zu investieren (BRD Gesamt: 19 %; Onliner: 21 %; siehe Tabelle S. 312). Signifikant unterschieden sich die Freiwilligen von anderen Besuchern durch den hohen Anteil, den Politik an ihren Onlineaktivitäten einnahm. Zudem hatten sie wie die Meinungsführer einen sehr hohen Bildungsgrad (siehe Tabelle 7).

Freiwillige sind besonders für finanzschwache Kampagnen ein wichtiger Faktor (vgl. Gerster 2002). Der Einsatz von Ressourcen in die Rekrutierung und Betreuung von Freiwilligen lohnt sich aber in jedem Fall: So wird sich die Bindung der Freiwilligen an die Kampagne sehr positiv auf deren Wahl- und Kommunikationsverhalten auswirken. Sowohl für Helfer mit gutem Willen, aber wenig Zeit, wie auch für Unterstützer mit größerer Einsatzfreude, sollten Angebote zur Beteiligung bereitgestellt werden. Beispielsweise kann schon das einfache Weiterleiten von E-Mails an Freunde von der Kampagne durch Anerkennung belohnt werden. Der hohe Bildungsgrad der

Merkmal	Pol.-HP-Nutzer (Gesamt)	Pol.-HP-Nutzer (Freiwillige)
Bildungsstand		
noch Schüler	10 %	0 %
Hauptschulabschluss	22 %	20 %
Realschule/POS 10	28 %	30 %
Abitur/Fachabitur	41 %	50 %
		*
Anteil Politik an Onlinezeit		
< 5 %	71 %	62 %
5-25 %	22 %	28 %
> 25 %	7 %	10 %
		*

Tabelle 7: Charakteristika der Freiwilligen (N = 64)

Freiwilligen und die vergleichsweise reichlich vorhandene Onlinezeit lassen prinzipiell auch komplexere Aufgaben zu. Mehr Informationen zur Einbeziehung von Freiwilligen über das Internet finden sich ab S. 119 sowie ab S. 298. Gelungene Fallbeispiele aus der Praxis sind in Kapitel 4 beschrieben.

Spender

Für Spender ist der Wahlausgang von besonders großer Bedeutung. Sie versuchen durch ihre Spende den Wahlausgang positiv zu beeinflussen. Von allen hier beschriebenen Gruppen hatten sie das größte politische Interesse (siehe Tabelle 8). Auch in ihrer Bildung unterschieden sie sich von anderen Besuchern von Politikerhomepages. So war der Anteil derjenigen mit Hochschulreife bei den Spendern so hoch wie in keiner anderen Gruppe. Die Spender unterschieden sich zudem beispielsweise auch in ihrer Altersstruktur deutlich von den Nichtspendern. Diese Unterschiede waren wegen der geringen Fallzahl (N = 16) in dieser Auswertung jedoch statistisch nicht signifikant. Insgesamt gaben immerhin 9 % der bereits für einen Kandidaten entschiedenen Besucher von Politikerhomepages an, innerhalb der letzten 12 Monate mindestens einmal für einen politischen Zweck gespendet zu haben (BRD Gesamt: 6 %; Onliner: 6 %; siehe Tabelle S. 312).

Im Internet ist es zudem möglich, bisher unberücksichtigte Spendergruppen zu erschließen: Zum einen haben Onliner ein durchschnittlich höheres Einkommen als Offliner. Zum anderen ist es über Micropayment-Lösungen (S. 145) möglich, auch sehr kleine Spendenbeträge abzuwickeln. Im Bundestagswahlkampf 2002 war die FDP Vorreiter im Sammeln von Onlinespenden. Mit ihrer Spendenkampagne „18/ 2002 Bürgerfonds für Deutschland", die sich über verschiedene Medien erstreckte,

Merkmal	Pol.-HP-Nutzer (Gesamt)	Pol.-HP-Nutzer (Spender)
Alter		
16-25 Jahre	25 %	14 %
26-45 Jahre	54 %	54 %
46-65 Jahre	20 %	24 %
66-99 Jahre	1 %	8 %
Politisches Interesse		
niedrig	4 %	3 %
mittel	48 %	17 %
groß	48 %	80 %
Bildungsstand		
noch Schüler	10 %	0 %
Hauptschulabschluss	22 %	13 %
Realschule/POS 10	28 %	17 %
Abitur/Fachabitur	41 %	71 % *

Tabelle 8: Charakteristika der Spender (N = 16)

konnte sie online von 227 Spendern etwa 21.000 Euro einnehmen (Biesel 2003), wobei damals von Micropayment noch gar kein Gebrauch gemacht wurde.

Bei der Ansprache von Spendern über das Internet sollten zwei Gruppen unterschieden werden: die breite Masse, die bereit ist, kleine Summen zu spenden, und eine kleine Gruppe, die auch größere Beträge geben möchte. Beide Spendergruppen können über das Internet erreicht werden. Besonders macht es jedoch Sinn, das Internet zum Sammeln von kleineren Beträgen zu nutzen, da die Akquisition größerer Spenden zusätzlich von persönlichen Kontakten begleitet werden sollte. Das Sammeln von Spenden erfordert kein eigenes Spendenportal. Vielmehr sollte überall auf den Websites der Kampagne und in deren E-Mails ein Link auf das Onlinespendenformular der Partei gesetzt werden. Zusätzlich können auch Freiwillige eingesetzt werden, um ihre Bekannten auf die Möglichkeit zu spenden aufmerksam zu machen. Inhaltlich sollte man sich das hohe Interesse der Spender an Politik zu Nutze machen. Ein erfolgreicher Spendenaufruf hätte also unbedingt zu erläutern, für welches konkrete Projekt die Spende benötigt wird, und welche unmittelbare Wirkung sie für die Kampagne hat. Dies ist in Deutschland ganz besonders wichtig, weil Spenden für den Wahlkampf hierzulande bisher eher ungewöhnlich sind (vgl. S. 71). Je wichtiger ein konkretes Projekt potenziellen Spendern erscheint, desto größer ist ihre Bereitschaft, tatsächlich eine Spende abzugeben. Mehr Informationen zur Abwicklung von Spenden im Internet finden sich ab S. 145 sowie ab S. 297. Ein gelungenes Beispiel für ein Spendenformular ist ab S. 271 beschrieben.

„Es ist, als hätte man eine Bibliothek"

Jim Drinkard, Redakteur bei der USA Today für Politik, Lobbying und Kampagnen, über die Rolle des Internets für seine Arbeit, über Onlineangebote, die er als Journalist regelmäßig nutzt, und solche, die sich nicht lohnen

Mr. Drinkard, als Journalist sind Sie wichtiges Ziel der Kampagnenaktivitäten. Welche Bedeutung haben politische Inhalte im Internet für Ihre tägliche Arbeit?

Das Internet hat die politische Berichterstattung stark verändert, es hat uns neue und schnellere Möglichkeiten gegeben. Wenn man beispielsweise das Zitat eines Politikers überprüfen will, kann man es sofort mit anderen Sachen vergleichen, die er früher gesagt hat. So lassen sich schnell Inkonsistenzen oder Änderungen feststellen. Und wie Sie wissen, ist es im diesjährigen Wahlkampf ein großes Thema, ob John Kerry seine Meinung zu Dingen verändert hat. So etwas lässt sich sehr schnell herausfinden. Es ist, als hätte man eine Bibliothek. Anstatt seine Zeit mit Suchen zu verbringen, findet man die Daten sofort und kann zusätzlich nachsehen, was sich dahinter verbirgt. Es ist also in gewisser Weise möglich, Berichte mehr in die Tiefe gehen zu lassen.

Was ist Ihre Erfahrung in Bezug auf die Glaubwürdigkeit von Onlineinformationen?

Da gibt es eine riesige Spannweite von null bis hundert Prozent. Was die Websites der Kampagnen angeht: Die Kampagnen haben natürlich ein Interesse daran, dass alles stimmt, was sie veröffentlichen. Eine Möglichkeit zu bewerten, wie glaubwürdig die Informationen einer Website sind, ist die Überlegung, ob die Leute hinter der Website etwas zu verlieren haben. Als politische Kampagne kann man sich nicht erlauben, falsche Informationen zu verbreiten. So etwas würde einen ewig verfolgen. Leitet man eine Zeitung oder ein Unternehmen und legt dabei Wert auf Glaubwürdigkeit, dann muss man ebenfalls beachten, dass alles, was man veröffentlicht, in höchstem Maße glaubwürdig und verlässlich ist und sich an bestimmten Standards messen lassen kann. Es gibt viele Menschen – Blogger, Leute mit privaten Websites – die diesen Normen nicht folgen. Deren Angaben muss man dann selbst nachprüfen. Websites, die ich zum Beispiel bei Finanzfragen nutze, sind unter anderem das „Center for Responsible Politics" (www.opensecrets.org) oder die „Federal Election Commission" (www.fec.gov), eine Behörde, oder das

„Center for Public Integrity" (www.publicintegrity.org). Diese Websites gibt es schon eine ganze Weile und es arbeiten dort Profis. Ich vertraue diesen Angeboten, arbeite schon lange mit ihnen und glaube, dass sie zuverlässig sind. Es ist die Erfahrung, die einem sagt, ob man mit Websites arbeiten und sich darauf verlassen kann oder nicht. Dann gibt es noch andere Websites, die man als Hinweisgeber nutzen kann. Diesen Hinweisen geht man nach und man sucht etwas Handfestes, aber man würde sie niemals einfach so verwenden.

Würden Sie beispielsweise Blogs als solche Hinweisgeber nutzen?

Blogs nutze ich überhaupt nicht als Informationsquelle. Die Sache mit Blogs ist: Der Inhalt ist sehr oft nicht originär. Manche sind eher wie Chats, in denen sich Leute über etwas unterhalten, das ganz woanders entstanden ist. Oder sie veröffentlichen Informationen, die nicht von ihnen sind. Blogs sind also im Normalfall keine primären Informationsquellen.

Wie ist das mit Rapid-Response-Websites. Nutzen Sie diese?

Nicht wirklich. Rapid Response erreicht mich gewöhnlich per E-Mail. Bevor ich etwas nachschaue, kommen die Infos schon zu mir, weil ich auf einer ganzen Menge von politischen E-Mail-Listen stehe. Die Kampagnen wissen, wer die Politikredakteure sind, also bombardieren sie einen mit E-Mails. Die E-Mails sehe ich mir zwar kurz an, aber falls sie nicht interessant für mich sind, dann lösche ich sie einfach. Falls doch, dann lese ich sie. Man kann also sagen, ich muss nicht wirklich aktiv nach den Neuigkeiten suchen, sondern die Neuigkeiten finden mich.

Ziehen Sie E-Mails auch Offline-Media-Relations vor?

Das kommt darauf an. E-Mails sind sehr effizient. Wenn die Informationen relevant sind, dann lese ich sie, wenn nicht, dann nicht. Und es dauert nicht so lang wie ein Telefonat. Zeit ist manchmal unbezahlbar. An einem normalen Arbeitstag bekomme ich dutzende Anrufe und hunderte E-Mails. Wären alle diese E-Mails Anrufe, dann würde ich nicht mehr zum Arbeiten kommen. Es hängt auch von der persönlichen Beziehung ab. Wenn ich Leute kenne und mit ihnen arbeite, dann telefonieren wir auch eher. E-Mails sind unpersönlicher, dafür nicht so zeitraubend. Ich habe sie lieber, weil ich mehr die Kontrolle darüber habe, ob und wann ich sie mir ansehe, während Anrufe immer eine Unterbrechung sind.

Woher beziehen Sie im Allgemeinen Ihre politischen Informationen?

Hauptsächlich durch Lesen und Gespräche, aber auch durch Telefonate mit Leuten, die in meinem Fach eine zentrale Rolle spielen. Hierzu zählen Politiker und Mitarbeiter beider Parteien, Kampagnen, Anwälte und private Organisationen, die sich mit dem Thema beschäftigen. Es gibt da eine ganze Menge von Organisationen, die Informationen für die Öffentlichkeit und für Journalisten zur Verfügung stellen. Die nutze ich sehr oft.

Wie wichtig ist Ihrer Meinung nach eine individualisierte Ansprache von Journalisten?

Das ist sehr wichtig, denn wir unterteilen unsere politische Berichterstattung in verschiedene Schwerpunkte. Wir haben Redakteure, die mit den Kandidaten reisen, die jede Rede anhören und zu jeder Veranstaltung gehen. Dann gibt es Reporter wie mich, die sich die Finanzen ansehen. Die Kampagne weiß, wer diese Redakteure jeweils sind. Wenn es also um Finanzen geht, dann rufen sie mich an. Hat es etwas mit einer Reise oder Rede zu tun, sprechen sie mit anderen Redakteuren. Die wollen genauso an den Richtigen geraten, denn sie wollen ja in die Zeitung.

Kampagnen organisieren manchmal Events auf ihrer Website, zum Beispiel Fundraising-Aktionen oder Chats mit Kandidaten. Was halten Sie davon?

Ich glaube nicht, dass das für Journalisten sehr hilfreich ist. Was Sie da erhalten, ist immer sehr kontrolliert. Das können Sie auch in den Pressemitteilungen nachlesen. Und so ein Chat dauert! Man stellt eine Frage, wartet auf die Antwort. Ich glaube also nicht, dass ein Chat für mich als Reporter wirklich hilfreich ist. Es dauert zu lange, ist nicht sehr produktiv und es treten nicht wirklich neue Informationen zutage.

Würden Sie sich Video- oder Audiodokumente ansehen oder anhören?

Nein, niemals. Das ist das gleiche Problem wie beim Chat. Da gibt es einfach keine neuen Informationen. Es ist nicht effizient, Informationen über eine Rede aus einem Video zu erhalten. Da hätte ich lieber den Text, das geht viel schneller.

Können Sie uns beschreiben, wie es aussieht, wenn Sie ein Kandidatenportal nutzen? In welchem Zusammenhang würden Sie es überhaupt nutzen?

Ich würde es vielleicht als ein Archiv nutzen. Wenn ich mit jemandem von der Kampagne reden wollte, dann würde ich dort nach einer Telefonnummer oder einem Namen suchen. Außerdem würde ich dort nach einer Rede, einem Statement oder einem Positionspapier suchen. Die Portale sind eine Art Abkürzung zu diesen Informationen. Eine andere Möglichkeit ist, anhand der Website festzustellen, was die Strategie der Kampagne sein könnte. Findet man dort eine spanische Version der Website, kann man daraus schließen, dass sie die spanisch sprechende Bevölkerung für eine wichtige Wählergruppe halten. Man kann also vom Inhalt der Website darauf schließen, wen die Kampagne ansprechen und gewinnen will.

Würden Sie Sonderseiten zu Partei-Konventen nutzen?

Ich habe über beide Konvente berichtet und war anwesend, also wahrscheinlich nicht. Diese Websites waren hilfreich für diejenigen, die über den Ablauf berichten sollten. Man konnte sehen, wer reden würde, und auch einige Hintergründe zu den Rednern erhalten. Solches Referenzmaterial ist auf jeden Fall hilfreich. Außerdem findet man da auch die Reden selbst, sobald sie verfügbar sind. Manchmal hilft das, wenn man bestimmte Fristen einhalten muss. Hat man beispielsweise eine 21-Uhr-Deadline, aber die Rede dauert noch an, dann ist es sehr hilfreich, den Text der Rede schon zu haben. Aber so etwas kommt natürlich auch per E-Mail. Man kann sich den Text von der Website holen, aber eine E-Mail springt einem förmlich ins Gesicht und sagt: „Hier bin ich!"

Washington DC, September 2004

50

„Man fühlt sich als Teil des Ganzen"

Politikberater und Wissenschaftler über Freiwillige im Onlinewahlkampf, und welchen Beitrag sie wirklich leisten können

Jonah Seiger, Politikberater, Connections Media, Washington DC: Im Wahlkampf hat der Markt nur an einem Tag geöffnet: Alles läuft darauf hinaus, die Leute am Wahltag zur Stimmabgabe zu bewegen. Das ist das Hauptziel aller Kampagnen. Es gibt daneben aber auch eine Gruppe von Amerikanern, die bereit ist, sich mehr im Wahlkampf zu beteiligen und zu engagieren. Diese Beteiligung beginnt und endet mit dem Ausstellen von Schecks. Ich will nicht zynisch klingen – so ist es einfach – es gibt nur zwei bedeutsame Dinge, die die Menschen wirklich tun können: einen Scheck schreiben und wählen gehen. Sind sie darüber hinaus noch motiviert, können sie versuchen, die Leute im eigenen Umfeld zu eben diesen zwei Dingen zu bewegen. Wenn ich überzeugt bin, dass Wählen und Spenden der beste Weg ist zu helfen, so kann ich auch andere dazu überreden – schon hat sich die Zahl der Spender und Wähler verdoppelt. Blogs, Meetups und das Verschicken von E-Mails an Freunde, das Weiterleiten lustiger E-Mails, all das führt zu diesen zwei Dingen. Der Wert dieser Beteiligung kann aber auch überschätzt werden. Wenn man alles an den beiden Zielen Spenden und Wählen ausrichtet, dann hat jede dieser Taktiken ihren Platz und ihren Wert. Ist das Maß für den Erfolg aber nur die Aktion an sich, so ist das Ganze wertlos. Genau das ist aber die Geschichte von Dean. Er hatte tatsächlich riesigen Erfolg: all diese Leute, die Blogs schreiben, die zu Meetups gehen, und sogar einige, die Schecks ausstellen. Er hat mehr Wahlkampfspenden gesammelt als jemals ein Demokrat in der Geschichte – bis John Kerry dreimal so viel in der Hälfte der Zeit schaffte. Am Ende brachte jedoch diese gesamte Onlineaktivität nichts, weil man versäumt hatte, sie an den grundlegenden Zielen auszurichten: Spenden und Wählen.

Joseph Graf, Forschungsdirektor, Institute for Politics, Democracy, and the Internet, Washington DC: Wir am IPDI sind fest davon überzeugt, dass die Beteiligung im Internet etwas verändern kann. Aber nicht nur wir bauen eine ganze Menge von Annahmen auf den Fakt, dass diese Leute wichtig sind. Die Kampagnen gehen mit all ihren Internetauftritten denselben Weg. Sie glauben also auch, dass die Blogger und Aktivisten vor Ort wichtig sind. Diese Leute sind mehr als nur Wähler, denn sie tun einfach mehr als nur wählen. Sie überzeugen auch ihre Nachbarn zu wählen, sie

51

schmücken ihre Vorgärten mit Wahlplakaten usw. Ich frage mich, ob es genau das ist, was das Internet ermöglicht hat: den Aktivismus zu stärken. Jetzt kann nicht mehr nur die lokale Parteispitze etwas tun, sondern Viele mehr! Ich glaube nicht, dass diese Entwicklung auch all den Leuten, die kein Internet haben, hilft oder sie zum Wählen bewegt. Aber die kleine Gruppe von Onlinebürgern hat es wirklich bestärkt. Diese Leute glauben daran, dass es wichtig ist, was sie im Internet tun.

Jeff Mascott, Politikberater, Rightclick Strategies, Washington DC: Denken Sie an die Dean-Kampagne. Das Internet erlaubt einem, Wähler zu mobilisieren und ihnen etwas zu tun zu geben. Oft sind Freiwillige nicht wirklich hilfreich. Sie kommen ins Wahlkampfbüro, nehmen Platz weg und leisten nicht wirklich einen Beitrag. Mit dem Internet jedoch kann man Leute etwas tun lassen – auch wenn es nicht unbedingt immer hilfreich ist. Zumindest fühlen sie sich als Teil des Ganzen und dadurch hat man ja schon etwas erreicht. Nehmen Sie einen Computerprogrammierer aus Wisconsin, der vom politischen Geschehen begeistert ist, und dann Howard Dean als politisch Linken mit einem Blog, der mit den Ansichten des Programmierers übereinstimmt. Der Programmierer kann sich dieses Blog dreimal täglich ansehen und seine Kommentare publik machen und wird sich als Teil der Kampagne fühlen. Damit wird er viel eher bereit sein, Geld zu spenden und andere Leute um 10 Uhr nachts anzurufen, um sie zum Wählen zu bewegen. Ich bin mir aber nicht sicher, wie hilfreich beispielsweise Houseparties sind. Am ehesten wahrscheinlich, wenn es sich um einen Großspender handelt, der auch seine Gäste zum Spenden animieren kann.

Washington DC, September 2004

Kapitel 2
Organisation
der Onlinekampagne

Manuel Merz

Ebenso wie alle anderen Bereiche einer Kampagne müssen auch die Onlineaktivitäten in das Gesamtkonzept integriert sein. Die Onlinekampagne sollte dabei sehr eng mit anderen Kommunikationsformen wie z. B. Wahlkampfveranstaltungen, Direct Mailings oder TV-Kampagnen verzahnt werden. Dies betrifft u. a. das äußere Erscheinungsbild (Corporate Identity), die angewendeten Strategien und die verwendeten Inhalte. Die Integration einer Onlinekampagne in die Gesamtkampage muss sich auch in der Organisationsstruktur der Kampagne widerspiegeln. So sollten beispielsweise der Presse- und der Onlinebereich eng bei der Erstellung und Publikation von Inhalten zusammenarbeiten. Ebenso sollten die Freiwilligenbetreuung und der Bereich Finanzen mit dem Onlineangebot abgestimmt sein. Als sehr vorteilhaft hat es sich dabei in der Praxis erwiesen, wenn alle Bereiche, die in unmittelbarem Kontakt mit Unterstützern und Wahlberechtigten stehen, eine zentrale Datenbank nutzen. In einer solchen Datenbank können neben den Kontaktdaten auch inhaltliche Profile (vgl. Althaus 2007), Spenden, Teilnahme an Aktionen und sogar der bisherige Kontaktverlauf festgehalten werden. Alle relevanten Informationen zu den Kontakten sollten in die Datenbank eingepflegt und allen betroffenen Bereichen zur Verfügung gestellt werden, wobei unbedingt die gesetzlichen Regelungen zum Datenschutz beachtet werden müssen. Bei größeren Kampagnen bieten sich zu diesem Zweck spezielle Systeme zum Customer-Relationship-Management an, das in diesem Kontext auch Constituent-Relationship-Management genannt wird (siehe hierzu im Detail Barko/Churchill 2007 und Barko 2008a).

Für die Einbeziehung der Basis in die Kampagne haben sich zwei grundsätzliche Ansätze herausgebildet: der Top-down-Ansatz und der Bottom-up-Ansatz. Bei Letzterem fordert die Kampagne ausdrücklich Anregungen aus der Wählerschaft ein und setzt diese um. Im Folgenden werden diese Grundtypen der Kampagnenorganisation genauer beschrieben. Amerikanische Politikberater kommen zu Wort über ihre Erfahrungen bei der Finanzierung und Integration einer Onlinekampagne. Im Kapitel „Unbedingt und ohne Bedingungen?" wird anschließend erläutert, was bei der Übertragung von US-Wahlkampfinstrumenten auf Deutschland zu beachten ist. Beispielsweise muss sich die Auswahl der Instrumente an heimischen Rahmenbedingungen orientieren. Abschließend werden Hinweise gegeben, wie mögliche Anpassungen an den deutschen Markt aussehen könnten.

2.1 Top-down oder Bottom-up?
Grundlegende Ansätze der Kampagnenführung

Manuel Merz

Neben der engen Verzahnung des Onlineteams mit den sonstigen Bereichen einer Kampagne hat sich vielfach auch eine Veränderung der Kampagnenführung bemerkbar gemacht: Einzelne Kampagnen – allen voran „Dean for America" (S. 189) – sind dazu übergegangen, sich von einem traditionellen Top-down-Ansatz zu entfernen und sich stattdessen dem Bottom-up-Ansatz anzunähern. Dabei machten sich die Kampagnen die ausgeprägte Vernetzung der Onliner und die daraus entstehenden Effekte der Selbstregulierung zu Nutze, wobei für unterschiedliche Bereiche der Kampagne auch unterschiedliche Strategien angewendet werden können.

Bottom-up-Ansatz

Die Wirkungsrichtung einer Bottom-up-Kampagne geht von der politischen Basis aus (sog. Graswurzelbewegung). Dieser Ansatz gestattet es Unterstützern also ausdrücklich, sich an der Weiterentwicklung der Kampagne zu beteiligen. Dazu werden ihnen Raum und Zeit zur Verfügung gestellt, um Ideen zu äußern, zu diskutieren und schließlich Konzepte im Dialog mit der Kampagne zu erstellen. Mit Vertrauen in die Selbstregulierung durch die große Anzahl der Nutzer war beispielsweise das Blog der Dean-Kampagne ein freier Raum der Meinungsäußerung (vgl. S. 227 ff.). Auf diese Weise sind viele wertvolle Ideen entstanden. Von Bedeutung war auch das gleichzeitig bei der Nutzergemeinde entstehende Gefühl der Verbundenheit mit dem Kandidaten. Vorsicht ist jedoch geboten, wenn es um Repräsentativität geht: Auf keinen Fall sollte sich die Kampagne dazu verleiten lassen, das Stimmungsbild innerhalb der Bewegung als repräsentativ für alle Wähler zu verstehen. Auch hat es große Nachteile, wenn die Kampagne die Steuerung zu sehr an die Basis abgibt: Es herrscht dann zwar oft reger Aktionismus, aber meist geraten dabei die eigentlichen Ziele aus den Augen. Die Dean-Kampagne ist vermutlich letztlich auch an diesem Umstand gescheitert. Und nicht zuletzt können derlei offene Kampagnen auch gezielt durch Aktivisten des politischen Gegners unterwandert werden, beispielsweise um von innen heraus für Unruhe zu sorgen. Für Wahlkämpfe erscheinen reine Bottom-up-Ansätze insgesamt zu unberechenbar und zu wenig zielführend. Sie sollten dementsprechend nach Möglichkeit gemieden werden.

Top-down-Ansatz

Der traditionelle Top-down-Ansatz scheint für den Wahlkampf im Internet immerhin besser geeignet als ein echter Bottom-up-Ansatz. Hierbei ist es das Ziel einer Kampagne, Strategie und Inhalte weitestgehend zu kontrollieren. Solche Top-down-Kampagnen sind in der Regel zentral koordiniert und finanziert.[11] Durch diesen Ansatz wird erstens sichergestellt, dass innerhalb der eigenen Onlinekampagne keine Aussagen mit kontraproduktiver Wirkung verbreitet werden können. Zweitens wird das Konzept der Kampagne von Spezialisten weiterentwickelt, ohne dabei zu riskieren, das Gesamtkonzept aus den Augen zu verlieren. Die weitreichenden Möglichkeiten, Sympathisanten selbstorganisiert mit einzubinden, bleiben bei diesem Ansatz dafür weitgehend ungenutzt, wertvoller Input aus der Basis bleibt oft unbeachtet. Erfolgreiches Beispiel für eine stark top-down geführte Wahlkampagne ist die Kampagne von Bush/Cheney 2004. Das Internet eröffnet inzwischen immer mehr Möglichkeiten der Partizipation. Reine Top-down-Kampagnen sind deshalb im Internet zunehmend schwerer an Onliner vermittelbar.

Kombinierter Ansatz

Als Königsweg für erfolgreichen Wahlkampf im Internet hat sich eine Kombination aus Top-down- und Bottom-up-Ansatz nach dem Modell der Kampagne von Kerry/Edwards 2004 etabliert. Auch im US-Präsidentschaftswahlkampf 2008 haben sich sowohl Obama/Biden wie auch McCain/Palin dieser Strategie bedient. Erfolgversprechende Innovationen aus Howard Deans Bottom-up-Kampagne wurden von Kerry/Edwards 2004 übernommen, dabei aber streng einer top-down organisierten Kampagnenführung untergeordnet. In diesem Ansatz werden Bottom-up-Komponenten also nur dort innerhalb der Kampagne zugelassen, wo sie sich gut als Werkzeuge zur Umsetzung der top-down-generierten Kampagnenstrategie eignen. Nur innerhalb eines von der Kampagnenführung genau vorgegebenen Rahmens wird gezielt Partizipation zugelassen. Es handelt sich bei diesem Ansatz also genauer um einen Top-down-Ansatz, der mit Bottom-up-Elementen angereichert wird. Partizipation ist in diesem Modell kein Selbstzweck, sondern sie hat immer eine klare Funktion: z. B. Sympathisanten an die Kampagne zu binden, Spenden zu generieren, Wähler zu mobilisieren oder Aktionen durchzuführen. Der Basis sollen dabei möglichst wenige Möglichkeiten gegeben werden, die Kampagnenziele und die Kampagnenplanung direkt zu beeinflussen.

---

[11] Auch Kampagnen, die sich zwar als Graswurzelbewegung ausgeben, in Wirklichkeit aber von einem Auftraggeber finanziert und koordiniert werden (sog. Astroturfing), gehören zu den Top-down-Kampagnen.

Beispielsweise könnte dies bedeuten, dass Kommentare im Kampagnenblog zugelassen werden, um Sympathisanten besser an die Kampagne zu binden, oder dass eine Nutzergemeinde aufgebaut wird, die von der Kampagne klar vorgegebene Ziele in Selbstorganisation umsetzt. Eine basisnähere Strategie könnte z. B. sein, Nutzergemeinden auf ausgelagerten Satelliten-Websites entscheidend mehr Rechte einzuräumen, da diese Angebote von der breiten Öffentlichkeit nicht auf den ersten Blick mit der Kampagne in Verbindung gebracht werden. Ob mehr oder weniger Bottom-up-Elemente zugelassen werden, entscheidet nach diesem Ansatz die Kampagnenführung, wobei die globale Kampagnenstrategie unter Berücksichtigung der online konkret erreichbaren Zielgruppen Entscheidungsgrundlage sein sollte. Beispielsweise hatte im US-Präsidentschaftswahlkampf 2008 die Kampagne Barack Obamas mehr und die Kampagne um John McCain weniger Bottom-up-Elemente zugelassen. Die Kampagne Obamas hatte außerdem stärker das Image betont, eine Graswurzelbewegung zu sein (etwa mit Slogans wie „Yes We Can"). Eine echte Basisbewegung lag bei den Kampagnenaktivitäten zwar ebenfalls nicht vor, die Kampagne Obamas war aber mit Sicherheit näher an der politischen Basis. Nicht zuletzt wurde sie beispielsweise vor allem durch eine Vielzahl von Kleinspenden finanziert (im Gegensatz zu der wesentlich durch Großspendern finanzierten Kampagne McCains). Auch im deutschsprachigen Raum erscheint die kombinierte Strategie aus Top-down-Ansatz mit Bottom-up-Elementen für zukünftige Wahlkämpfe nahezu uneingeschränkt empfehlenswert.

Unabhängige Unterstützerkampagnen

In diesem Kontext ist zu beachten, dass einige Elemente des modernen Internetwahlkampfs von der Kampagne nur schwer kontrollierbar sind: Wahlkampfmaßnahmen von unabhängigen Dritten. Heutzutage ist es für engagierte Aktivisten grundsätzlich leicht möglich, eigene Internetangebote (z. B. Blogs, Negative-Campaigning-Websites oder Videobeiträge) und sogar eigene Plattformen für Freiwillige (beispielsweise in Form eines Wikis) zu erstellen und damit aktiv in das Wahlkampfgeschehen einzugreifen. Solche nutzergenerierten Angebote haben in aktuellen Wahlkämpfen bereits zunehmend an Bedeutung gewonnen. Beispielsweise waren einige der spektakulärsten Elemente des Onlinewahlkampfs zu den US-Präsidentschaftswahlen 2008 von Unabhängigen entwickelt und verantwortet worden (siehe S. 174 ff.). Besonders die Kampagne Barack Obamas hat von zahlreichen kreativen und sehr erfolgreichen Aktionen von freiwilligen Unterstützern profitiert. Da solche Kampagnen keine offiziellen Kampagnenmaßnahmen sind, können sich Kampagnen im Ernstfall leicht von missglückten Aktionen distanzieren. Nutzergenerierte Inhalte bergen aus Kampagnensicht aber dennoch auch Risiken. Die unabhängige Partizipation am Wahlkampf durch engagierte Aktivisten kann sich beispielsweise im schlimmsten Fall auch gegen Entscheidungen der Kandidaten und ihrer offiziellen Kampagnen wenden. Erfährt eine solche Gegenkampagne aus den eigenen Reihen in der Öffentlichkeit genug Zuspruch, so steht die offizielle Kampagne unter Zugzwang. Auch bereits eine relativ geringe Anzahl Freiwilliger kann so unter Umständen strategisch ungünstige Kampagnenentscheidungen erzwingen (vgl. S. 172 ff.). Um derlei Eklats zu vermeiden, gilt es vor allem, ein wirksames Frühwarnsystem aufzubauen. Die aus Gründen der Konkurrenzbeobachtung ohnehin durchzuführende systematische Beobachtung des Internets (sog. Webmonitoring) sollte aus diesem Grund nach Möglichkeit auch relevante freundlich gesinnte Projekte und Aktionen mit einbeziehen.

„Sie nahmen das Risiko auf sich, dass jemand etwas Falsches sagte – und es funktionierte"

Politikberater und Wissenschaftler über die Vor- und Nachteile von Bottom-up- und Top-down-Ansatz

Carol C. Darr, Direktorin, Institute for Politics, Democracy, and the Internet, Washington DC: Deans Kampagnenmanager Trippi war bewusst, dass sie keinen leichten Stand hatten. Zu Beginn hatten sie nicht genug Geld und daher auch gar keine Möglichkeit, die Kampagne von Anfang an zu kontrollieren. Sie brauchten Freiwillige, die Initiative zeigten. Das ist ein Risiko. Aber Dean war eher bereit es einzugehen als beispielsweise etablierte Kandidaten wie John Kerry, Dick Gephardt oder Joe Lieberman. Zweitens: Wenn es in der Vergangenheit vorkam, dass freiwillige Spendensammler etwas Dummes taten, so hieß es immer: „Die gehören nicht zu unserem Team. Wir kennen diese Leute nicht." Man war immer sehr vorsichtig und kontrollierte, wer die Interessen der Kampagne vertreten durfte. Man musste aufpassen, dass man nicht verantwortlich dafür gemacht werden konnte, wenn Leute etwas Dummes getan hatten. Aber als das Internet aufkam mit all den Leuten, die bloggten, den „Stanford Students for Dean" und all den anderen, da nahm man damit auch das Risiko auf sich, dass jemand etwas Falsches sagte. Ein gutes Beispiel wäre: „Mormons for Dean" die sich für Polygamie einsetzten – etwas total Empörendes, etwas, das die Presse normalerweise sofort aufgreifen würde, und schon hieße es: Das ist die Dean-Kampagne. Aber die Presse hat sich als viel verantwortungsbewusster herausgestellt. Sie wusste, dass es hier um ein ganz anderes Modell geht und dass die „Mormons for Dean" nicht wirklich für die Kampagne stehen. Die meisten Kampagnen hatten die Presse in dieser Hinsicht schlichtweg unterschätzt.

Larry Biddle, Stellvertretende Leitung Finanzen, Dean for America, Burlington; anschließend Stellvertretende Kampagnenleitung, Betty Castor for US Senate, Tampa: Man bekommt tatsächlich das Gefühl, dass man manche Dinge nicht mehr kontrollieren kann, das stimmt. Aber unsere Philosophie war, dass wir einfach so transparent wie möglich sein wollten. Also: Ja, die Leute konnten schlechte Dinge über Howard Dean sagen. „He is a terrible machine", oder was auch immer sie im Blog sagen wollten. Es war uns egal, weil es wie bei eBay ist: Bei eBay gibt es auch schlechte Menschen, die Sachen kaufen oder verkaufen. Aber die Anderen merken ziemlich schnell, wer die Betrüger sind, und sie sagen ihnen: „Haut ab!" Und es funktioniert. Mit dieser Transparenz muss man sich wohl fühlen. Das ist so eine Sache, über die sich viele Jüngere hier bei „Betty Castor for US Senate" mehr Sorgen machen als ich. Ich selbst finde es großartig. Man sollte so transparent sein wie möglich. Das ist okay. Wenn man sich unsicher fühlt, liegt das daran, dass man glaubt, man würde die Kampagne besitzen oder die Community. Aber das ist falsch: Die ganze Zeit über hatten wir bei Dean das Gefühl, die Kampagne gehört allen. Also haben wir auch unsere ganze Ausdrucksweise in „wir" und „unsere Kampagne" geändert.

Jeff Mascott, Politikberater, Rightclick Strategies, Washington DC: In der Bottom-up-Strategie liegt immer eine Gefahr. Wenn alles gut geht, wenn also die Leute mitmachen, Feedback geben und eingebunden sind, dann läuft alles gut und sieht gut aus. Aber das kann sich schnell ändern, wenn die Dinge nicht mehr so gut laufen. Um ein Beispiel zu nennen: Als bei Howard Dean noch alles gut lief, war es für die Menschen möglich, anonym in seinem Blog Kommentare abzugeben. Wenn es dabei negative Kommentare gab oder Vorschläge, dann waren sofort die anderen da und verteidigten Dean. Oder sie sagten: „Hey, die Idee ist doch großartig!" Aber sobald es schlechter lief für Dean, sobald er zurückfiel in den Vorwahlen, als alles begann in Iowa, fingen auch diese User an, negative Dinge zu schreiben. Es war derart überwältigend, dass man sich von da an registrieren musste. So was kann also auch auf den Kandidaten zurückfallen. Aber ich weiß nicht, ob es mit der anderen Strategie so viel besser funktionieren würde. Ich würde daher trotzdem grundsätzlich eine Bottom-up-Strategie empfehlen. Damit kann man viel mehr erreichen.

Washington DC/Tampa, September 2004

60

„Eine Kampagne muss verstehen, was ihre Ziele sind, bevor sie in Technik investiert"

Jonah Seiger, Politikberater in Washington DC, über die Finanzierung von US-Onlinekampagnen, über die richtige Ausrüstung und über die Evaluation von Onlineaktivitäten

Wie muss man die traditionelle Organisationsstruktur einer lokalen oder nationalen Kampagne ändern, um den Wahlkampf im Internet in die Kampagne zu integrieren?

Da gibt es unterschiedliche Herangehensweisen, abhängig von der Art der Kandidatur. Eine Kandidatur für den Stadtrat unterscheidet sich von einer Kandidatur für das Amt des US-Präsidenten. Kleine Kampagnen haben nicht so viel Geld zur Verfügung wie die Präsidentschaftskandidaten. Die einzige Antwort darauf, wie man das Internet effektiv in eine Kampagne integriert, ist, dass man bereit sein muss zu dezentralisieren. Typischerweise sind Kampagnen heutzutage noch top-down organisiert, das heißt, es gibt einen einzigen Kontrollpunkt, von dem aus Anweisungen über die Struktur der Kampagne weitergetragen werden. Das gilt sowohl für einen Mitarbeiterstab von drei Leuten als auch für einen von dreihundert. Was das Internet mit sich bringt, ist die Möglichkeit, die Reichweite der Kampagne

auszudehnen und damit die Beteiligung von Aktivisten zu erhöhen. Aber das ist eine Menge Arbeit. Man muss als Kampagne bereit sein, diesen zusätzlichen Input in den bisherigen Arbeitsablauf zu integrieren. Und das ist eine schwierige Umstellung, denn das geht gegen den Instinkt einer traditionellen Kampagne.

Howard Dean war sehr erfolgreich mit seiner dezentralisierten Kampagne. Gleichzeitig scheint er aber am Ende die Kontrolle über sie verloren zu haben.

Die Dean-Kampagne ist ein Beispiel für ein Extrem. Sie scheiterte, weil sie dieses Modell ganz extrem umgesetzt hat. Sie hatten zu viel Input, sie haben die Metapher „Let one thousand flowers bloom" zu wörtlich genommen und haben das auf der Seite der Aktivisten nicht in wirklich sinnvolle Aktivitäten umgesetzt. Die Leute haben gebloggt und geredet, aber die Botschaft dabei verdreht, und es war letztlich nicht wirklich zu ihrem Vorteil. Man kann also Dean als Beispiel einer rein dezentralisierten

Kampagne sehen, und die einhellige Meinung ist, dass dieses extreme Modell ein Misserfolg war. Auf der anderen Seite steht das Modell einer Kampagne, die überhaupt keinen Input aus dem Internet annimmt, und das ist ebenso ein Fehler.

Das erste, was eine Kampagne also machen muss, ist den traditionellen Top-down-Führungsstil zu lockern?

Genau. Und zweitens sollte man bereit sein, Mittel im Voraus zu investieren. Das ist wirklich schwierig für Kampagnen, sowohl was ihr Denken angeht, als auch wegen des Geldes, das ausgegeben werden soll. Eine erfolgreiche Internetstrategie sorgt dafür, dass das Internet mit jedem Bereich der Kampagne in Berührung steht: vom Spendensammeln über Organisation, über die Mobilisierung von Freiwilligen bis hin zur Pressearbeit. Überall ist das Internet mit im Spiel. Und die dazu nötige Infrastruktur kostet nun mal Geld und muss vor Inbetriebnahme aufgebaut werden. Man kann ein Flugzeug nicht bauen, nachdem es abgehoben hat, das funktioniert nicht. Besonders für Kongress- und Lokalwahlkämpfe ist dies eine Herausforderung. Es kann einige zehntausend Dollar kosten, die Systeme zu installieren, die eine effektive Internetkampagne möglich machen. Der Markt bietet auch gute Systeme zu moderaten Preisen. Aber als Kampagne, die Geld für einen Kandidaten beschaffen soll, muss man eben zunächst Geld ausgeben. Man muss in Technologien und Mitarbeiter investieren, um sie operationsfähig zu machen. Und das ist schwer, weil man oftmals gar kein Geld zur Verfügung hat. Man versucht dann einfach nur, Computer zu finden und den Telefonanschluss zu bezahlen und alle sonst notwendigen Dinge zu tun. Genau hier werden derzeit auch die größten Probleme wahrgenommen.

Um ein Beispiel zu nennen: Ich arbeite gerade mit einer Senatskampagne, die meiner Meinung nach vor sechs Monaten eine falsche Entscheidung getroffen hat, was ihre technische Infrastruktur betrifft. Es wurde viel mehr Geld ausgegeben als nötig, um viel mehr Leistungspotenzial zu kaufen als nötig, und jetzt zahlen sie den Preis. Es gibt keine Mittel mehr für andere Dinge, zum Beispiel für Mobilisierungsaktionen oder für Anzeigen in Fernsehen, Radio und Internet. Das ist ein großer Nachteil.

In welche Software sollte eine Kampagne investieren?

Es gibt buchstäblich Dutzende von Systemen auf dem Markt. Sie tun zu 80 bis 95 Prozent das Gleiche, aber sie stehen hinsichtlich Preis und Funktionen im Wettbewerb. Es ist letztendlich der gleiche Unterschied wie beim Kauf eines Honda oder eines Toyota, oder im überregionalen Wahlkampf eines Mercedes oder eines Audis: Man kann mehr zahlen und bekommt dafür auch mehr. Ohne auf bestimmte Systeme und unterschiedliche Hersteller einzugehen, kann ich sagen, dass eine Kampagne verstehen muss, was ihre Ziele sind – und zwar Ziele, die realistischerweise erreichbar sind – bevor sie in Technik investiert. Sie muss Investitionen machen, die skalierbar sind. Um anzufangen, braucht man kein super robustes Customer-Relationship-Management-System. Es sei denn natürlich, man kandidiert für das Amt des Gouverneurs in Kalifornien oder für einen Sitz im Senat in Florida, dann sollte man vielleicht in so etwas investieren. Aber die große Mehrheit der Kampagnen benötigt ein einfaches Content-Management-System, und sie brauchen nicht einmal das, wenn sie jemanden im Team haben, der HTML schreiben und eine Website betreuen kann. Für das Customer-Relationship-Management brauchen Sie eine Datenbank. Die muss Ihnen erlauben, die Verbindung zu Aktivisten, Freiwilligen und Spendern zu handhaben, E-Mail-Listen zu erstellen und neues Datenmaterial hinzuzufügen. Solche Systeme sind auf dem Markt für 5.000 Dollar erhältlich. Das Wichtige dabei ist, dass das System mitwachsen können muss. Wenn die Kampagne wächst und mehr Mittel zur Verfügung hat, muss man in der Lage sein, das System auszuweiten.

Wie kann der Erfolg einer Onlinekampagne evaluiert werden?

Ultimativ? Bei Wahlkampagnen gibt es nur eine Art der Erfolgskontrolle: Entweder man gewinnt oder man verliert. Alles andere dient diesem Ziel. Wenn ich also das Internet nutzen kann, um einem Thema Zugkraft zu verleihen, meinen Gegner in die Defensive drängen kann und meine Chancen auf mehr Stimmen erhöhen kann, dann ist das ein Erfolg. Der Erfolg kann aber niemals ohne diesen ultimativen Maßstab beurteilt werden: Alles außer dem Wahlsieg ist unwichtig. Andererseits, um am Wahltag überhaupt eine Chance zu haben, muss man genug Geld haben, um die Kampagne bis zum Wahltag führen zu können. Man benötigt etwas, das Aufmerksamkeit erregen kann. Eine Kampagne muss die Möglichkeit haben zu sagen: „Wir brauchen eure Hilfe, um weiterzumachen. Wenn ihr auch glaubt, dass das, was diese Person gesagt hat, schlecht ist, dann spendet 25 Dollar und tragt so dazu bei, dass jeder erfährt, dass es schlecht ist." Geld zu sammeln, um das eigentliche Ziel zu erreichen, ist also ebenfalls sehr wichtig und stellt eine andere Möglichkeit dar, den Erfolg zu messen. Jede Aktion, die kein Geld einnimmt und die Leute auch nicht zum Wählen animiert, ist wertlos.

Wie kann eine Kampagne bestimmen, welche von zwei möglichen Investitionen im Onlinewahlkampf die sinnvollere ist?

Das ist oft Instinkt, ein Urteil, das auf Erfahrung beruht: Ist es wahrscheinlich, dass diese Investition von Ressourcen eine der beiden ultimativen Maßstäbe erfüllt? Und falls es die Wahl zwischen zwei Möglichkeiten gibt, welche ist die bessere? Man wird sich genauso oft richtig entscheiden wie man sich falsch entscheiden wird, das ist die Realität. Aber oft ist es auch eindeutig. Man kann sagen, dies oder jenes wird nicht helfen, das werden wir nicht machen. Im Wahlkampf ist der Markt letztendlich nur einen Tag geöffnet, so dass es sehr wichtig wird, Prioritäten zu setzen. Wir alle laufen auf das gleiche Ziel zu, wir alle wissen, dass es am Wahltag vorbei sein wird. Damit wird die Zeit zu einer sehr wichtigen Größe in der Rechnung. Ich treffe natürlich gerade scharfe Unterscheidungen, wo es in der Praxis viel verschwommener ist. Aber die Denkweise, hier einen Return on Investment zu sehen, ist nicht neu, nur weil es sich jetzt um das Internet handelt. Es ist immer dasselbe: Gebe ich den Dollar für das Fernsehen oder gebe ich ihn für E-Mail aus? So eine Rechnung taucht jeden Tag auf. Ich glaube aber, dass sich die Geschwindigkeit, in der solche Entscheidungen getroffen werden müssen, und auch die Anzahl der Wahlmöglichkeiten verändert haben.

Wo liegen Ihrer Meinung nach die Zukunftspotenziale des Onlinewahlkampfes?

Wir müssen unsere Denkweise ändern, wenn es darum geht, wie wir unsere Dollars verteilen. Das Internet macht es möglich, ein Publikum sehr differenziert anzusprechen, aber auch, eine Botschaft mittels Media-Mix zu verstärken. Das sind Beispiele, wohin die Entwicklung des Internets uns führen wird. Wir versuchen, einen bestimmten Teil der Bevölkerung zu erreichen: Wir wissen, welche Fernsehsendungen diese Leute ansehen, welche Zeitungen sie lesen, welche Radiosender sie hören und wohin sie im Internet surfen. Eine wirkungsvolle Botschaft sollte über dieses gesamte Spektrum verbreitet werden. Ich behaupte nicht, dass ich der Einzige bin, der versteht, wie man so etwas ausbalanciert und schafft, dass alles zusammen funktioniert, aber hier sehen wir Geschäftsmöglichkeiten. Aber sehen Sie, am Ende läuft alles auf etwas sehr Einfaches heraus: Unabhängig vom Medium brauchen Kandidaten Botschaften, die Resonanz hervorrufen. Sie müssen in der Lage sein, eine Beziehung zu den Wählern aufzubauen, sie müssen in der Lage sein, Vertrauen und Sicherheit auszustrahlen. Das ist keine Frage von Technik. Der Vorteil wird bei denjenigen Kandidaten liegen, die instinktiv verstehen, wie man über die unterschiedlichen Medien am besten kommuniziert.

Interview

„Jeder Aspekt der Kampagne hat auch eine Onlinekomponente"

Jeff Mascott, Politikberater in Washington DC, darüber, wie die Onlinekampagne in die Kampagnenorganisation eingebunden werden kann, und über den Input von außen

Mr. Mascott, wenn man sich die Organisationsstruktur einer Kampagne vor Augen hält, wo würden Sie die Onlinekampagne einordnen?

Sie muss Bestandteil aller anderen Bereiche der Kampagne sein, denn jeder Aspekt der Kampagne hat auch eine Onlinekomponente. Wer also auch immer in den verschiedenen Bereichen arbeitet: jeweils einer muss mindestens auch mit der Onlinekampagne zusammenarbeiten, hoffentlich jemand, der etwas Kreativität besitzt und weiß, wie man das Internet einsetzt. Manchmal funktioniert es leider nicht so, vor allem wegen bereits bestehender Strukturen.

Was ist Ihrer Meinung nach beim Onlinewahlkampf im Blick auf die Gesamtkampagne besonders wichtig?

Für den Präsidentschaftswahlkampf muss die Datenbank, die Angaben über Spender, Freiwillige, Aktivisten und registrierte Wähler enthält, zentraler Bestandteil von allem sein. Alles, was mit

diesen Menschen zu tun hat, sollte in die Datenbank integriert sein. In diesem Zusammenhang ist also der Onlinewahlkampf zentral für alle anderen Bereiche. Jedes Mal, wenn neue Inhalte erstellt werden, sollte das auch online gestellt werden. Die Bush-Kampagne ist so aufgebaut, dass es zwei Personen gibt, die nur für den Onlineauftritt verantwortlich sind. Dann gibt es ungefähr zwölf Leute, die an der Onlinekampagne mitarbeiten, aber anderen Bereichen angehören, beispielsweise der Kommunikation, Grassroots oder auch dem Kampagnenmanagement.

Welche Bereiche des Onlinewahlkampfes kann man problemlos ausgliedern?

Ich denke, die Kampagne sollte versuchen, so viele Menschen und Gruppen von außen einzubeziehen wie möglich. Man hat heute noch nicht so viel Erfahrung, darum ist es besser, auf viele Mitdenker und Mithelfer zurückgreifen zu können. Es gibt ständig wichtige Zeitpunkte: die Debatten oder der erste Tag, an dem per Briefwahl gewählt werden kann. Es werden also ständig kreative Ideen gebraucht.

Wie wichtig ist es Ihrer Meinung nach, seine Gegner und deren Vorgehen online zu beobachten? Man kann zurzeit feststellen, dass Ideen und Innovationen auf der einen Seite von den Anderen sofort kopiert werden und umgekehrt – oder ist das eine Fehleinschätzung?

Ich denke, dass der politische Gegner gerade in den Anfangsmonaten sogar der häufigste Besucher auf der eigenen Website sein wird. Man kann nachsehen, wer sich die eigene Website angesehen hat, und man wird feststellen, dass es vor allem die andere Kampagne ist, die die Website besucht. Sie tun das als Teil der Opposition Research, sozusagen als Teil der „Feindbeobachtung", um zu sehen, was der Gegner sagt, wie seine Taktik aussieht, welche Ideen er hat und

ob man dies alles für sich aufgreifen kann. Gerade jetzt kann man sehen, dass die Bush-Kampagne nicht so kreativ ist wie die Demokraten.

Warum, glauben Sie, ist das so?

Ich denke, das hat vor allem mit der Kultur und der Organisation der Kampagne zu tun. Die Bush-Kampagne ist hauptsächlich Top-down aufgebaut. Die Struktur bei Kerry, aber vor allem bei Dean, ist dagegen etwas lockerer, und auch Aktivisten sind eingeladen mitzureden. Vergleicht man die Blogs von Bush und Kerry, so fällt einem auf: Der Bush-Blog ist kein Blog. Hier schreibt einfach jemand aus dem Wahlkampfteam. Niemand kann kommentieren. Da gibt es keine Interaktivität. Bei Kerry, aber vor allem bei Dean, kann man sich registrieren, seine Kommentare abgeben und überhaupt gibt es hier ein sehr viel höheres Maß an Interaktion.

Washington DC, September 2004

2.2 Unbedingt und ohne Bedingungen?
Zur Übertragbarkeit von Wahlkampfinstrumenten von den USA auf Deutschland

Stefan Rhein und Manuel Merz

Dieses für den deutschen Wahlkampf ausgelegte Handbuch versucht, auch aktuelle Innovationen aus den amerikanischen Onlinekampagnen für Deutschland nutzbar zu machen, darunter die Kampagnen Howard Deans, George W. Bushs und Barack Obamas. Im Folgenden soll ergründet werden, wann das Übertragen von erfolgreichen US-Wahlkampfinstrumenten auf Deutschland sinnvoll ist, ohne einem pauschalen Amerikanisierungsansatz zu folgen.

Das Shopping-Modell

Bereits in der Vergangenheit hat es viele Anhaltspunkte für die Übernahme von Kampagnentechniken aus den USA gegeben. Als ein Beispiel dafür stand 1998 die „Kampa" des SPD-Bundestagswahlkampfes. Sie war dem War Room der Clinton-Kampagne von 1992 nachempfunden und fungierte nicht nur als zentrale Koordinierungsstelle für den bundesweiten Wahlkampf, sondern gleichzeitig auch als medienwirksam verwertbares Symbol für die Fortschrittlichkeit der deutschen Sozialdemokraten unter Schröder (vgl. Bergmann 2002). Aber auch entideologisierte Images wie die „Neue Mitte" der SPD (oder wie „New Labour" in Großbritannien) waren ganz offensichtlich Übernahmen aus den USA.

Das bedeutet nun aber nicht, dass Wahlkampftechniken allein aufgrund der Tatsache übertragen wurden, dass sie in den USA erfolgreich waren. Sie wurden dann auf Deutschland übertragen, wenn ähnliche Entwicklungen ähnliche Vorgehensweisen erforderlich machten: Veränderungen des Wahlkampfumfeldes hatten eine Modernisierung des deutschen Wahlkampfes nötig gemacht. Als eine solche Veränderung sei die Medialisierung genannt, ein Bedeutungszuwachs vor allem des Fernsehens bei gleichzeitigem Rückzug von z. B. Parteizeitungen. Die Medialisierung geht einher mit der Notwendigkeit, Sachverhalte mediengerecht zu vereinfachen und Botschaften zu pointieren. Personalisierungsstrategien, bei denen der Kandidat und seine propagierten Kompetenzen in den Mittelpunkt rücken, treffen diese Bedingungen der medialisierten Gesellschaft. Medialisierung und Personalisierung hatten in den USA schon früher eingesetzt. Die Parteikonvente zur Nominierung der Kandidaten wurden pompös inszeniert, TV-Duelle zwischen den Präsidentschaftskandidaten gibt es gar schon seit den 1960er Jahren. Beides war auch für den modernen deutschen Wahlkampf geeignet und wurde schließlich in den letzten Jahren erfolgreich eingeführt.

Eine der jüngsten Entwicklungen, auf die sich der moderne Wahlkampf einstellen muss, ist nun der Einstieg ins Internetzeitalter. Auch hier kann sich unter Umständen der Einsatz von Kampagnentechniken lohnen, die in den USA bereits erfolgreich angewandt wurden. Denn wie schon bei der Medialisierung kommt den USA auch bei der Onlineverbreitung wieder eine Vorreiterrolle zu: Im Jahr des US-Präsidentschaftswahlkampfs 2004 nutzten in den USA bereits 63 % der über 18-jährigen US-Bürger das Internet. In Deutschland lag der Anteil der mindestens gelegentlichen Internetnutzer ab 14 Jahren dagegen nur bei 55 %. Auch im Jahr des US-Präsidentschaftswahlkampfs 2008 war der Abstand noch fast unvermindert (USA: 73 %, Deutschland: 66 %; vgl. Horrigan 2004b, 2008; van Eimeren/Frees 2008a). Das Internet wurde 2008 in den USA zudem aktiver genutzt als in Deutschland (vgl. Reichart et al. 2009). Es ist bereits abzusehen, dass die Internetverbreitung in Deutschland in wenigen Jahren das heutige Niveau der Internetverbreitung in den USA erreichen wird. Langfristig ist mit einer Angleichung zu rechnen.

Viele US-Kampagnen haben als Reaktion auf die Verbreitung des Mediums Internet innovative Wahlkampftechniken entwickelt. So hat es beispielsweise Howard Dean in den Präsidentschaftsvorwahlen 2004 mit vielen kleinen Spendenbeträgen zum ersten Favoriten geschafft, und seine Meetups haben ebenso Schlagzeilen gemacht wie die Housepartys von John Kerry und George W. Bush. Diese Techniken können aber nicht bedingungslos imitiert werden. Scheucher und Weissmann (2002) wiesen in diesem Zusammenhang beispielsweise auf die österreichischen Nationalratswahlen von 1999 hin, als die SPÖ versucht habe, „US-Methoden und Stilistik ohne kritische Überprüfungen in die österreichischen politischen Verhältnisse zu implementieren" (Scheucher/Weissmann 2002: 290 f.). Ein Vorhaben, das scheitern musste, schlussfolgerten sie.

Ein Modell, das Plasser, Scheucher und Senft (1999) zum kontrollierten Einsatz fremder Wahlkampftechniken beschrieben haben, ist das Shopping-Modell: Techniken oder Organisationsroutinen werden importiert, an nationale Rahmenbedingungen angepasst und schließlich implementiert. Diese Rahmenbedingungen sind nach Farrell (2002) in Bezugnahme auf das Shopping-Modell strukturelle Filter (z. B. Wahlsystem, Parteien- und Regierungssystem, Mediensystem, technische Entwicklungen) und politisch-kulturelle Merkmale (z. B. Akzeptanz von Negativkampagnen, Grad der Entertainisierung).

Meistens werden die Rahmenbedingungen nicht von vornherein vollständig übereinstimmen, die Innovation ist dann nicht übertragbar oder muss entsprechende Modifikationen erfahren. Die Modifikationen können zumindest umso kleiner ausfallen, je geringer das relative Gewicht der Rahmenbedingung ist, je geringfügiger der tatsächliche Unterschied ist und je weniger Diskrepanz in der Zukunft erwartet wird.

Prüfung der Rahmenbedingungen

Mit einer weiteren Verbreitung des Internets wird zweifelsohne auch die Bedeutung des Onlinewahlkampfes in Deutschland zunehmen. In den USA entwickeltes Know-how wird sich dort sinnvoll nach Deutschland übertragen lassen, wo die Rahmenbedingungen dies zulassen. Im Folgenden soll unter Rückgriff auf die bei Farrell genannten Rahmenbedingungen im Einzelnen erläutert werden, in welchen Bereichen Unterschiede zwischen den Faktoren bestehen und welche Folgen dies für die Übertragung von Onlinewahlkampftechniken auf Deutschland hat.

Strukturelle Filter

Zunächst soll auf die strukturellen Filter eingegangen werden. Diese reichen von den Wahlgesetzen bis zur technischen Entwicklung.

Wählerregistrierung: Einer der auffälligsten Unterschiede in den Rahmenbedingungen ist die Wählerregistrierung. Internetkampagnen in den USA setzen viel daran, die Nutzerinnen und Nutzer ihrer Angebote bis zum jeweiligen Stichtag zur Registrierung zu bewegen. Ohne vorherige Registrierung kann niemand am Wahltag seine Stimme abgeben. In Deutschland könnten die entsprechenden Onlinetechniken aber beispielsweise im Rahmen der Briefwahl interessant sein.

Rollen von Partei und Kandidat: Deutsche Wahlkämpfer müssen auch bedenken, dass in den USA unter Verwendung des relativen Mehrheitswahlrechts nur Kandidaten zur Wahl stehen, während in Deutschland in Bundes- und teilweise Landtagswahlen sowohl Kandidaten (Erststimme für Wahlkreiskandidaten) als auch Parteien (Zweitstimme zur proportionalen Zusammensetzung der Parlamente) gewählt werden. Der Onlinewahlkampf muss dies in Deutschland miteinander vereinbaren. Kandidaten müssen die Möglichkeit haben, für sich selbst zu kämpfen. Gleichzeitig wird aber die Partei im Allgemeinen ebenso wichtig sein oder – ob des höheren Wiedererkennungswertes – sogar wichtiger. Für die Wähler wäre es am besten, wenn eine Anlaufstelle im Internet ausreicht. Ebenso sollte nur ein Newsletter ausreichend sein, auf den Kandidaten zugeschnitten, aber auch mit allgemeinen Parteiinhalten bestückt. Kandidaten- und Parteiportale sollten eng miteinander verknüpft sein, Kandidaten sollten auf beiden Plattformen wiederzufinden sein.

Vorwahlen: In den USA agieren Kandidaten unabhängiger von ihren Parteien als dies in Deutschland der Fall ist. Besonders deutlich zeigt sich dies anlässlich von Präsidentschaftswahlen. Während in Deutschland die Spitzenkandidaten der Parteien zur Bundestagswahl von Parteitagen bestimmt werden und sich im Allgemeinen aus Funktionären rekrutieren, treten in den USA eine Reihe unterschiedlicher Kandidaten auf eigene Initiative gegeneinander an. Die Basis entscheidet dann mittels einer Reihe von Vorwahlen (sog. Primaries und Caucases) über die Kandidatur. Eine Folge hieraus ist, dass sich die US-Kandidaten in den Vorwahlen ihre Kampagnenstrukturen unabhängig von den Parteien aufbauen müssen. Das Internet eröffnet hier z. B. zur Gewinnung von Spenden und Freiwilligen wichtige Möglichkeiten. In Deutschland können Kandidaten hingegen von vornherein über die bestehenden Strukturen ihrer Parteien verfügen (siehe auch Melchert/Magerl/Voigt 2006).

Fragmentierung des Mediensystems: Die TV-Landschaft in den USA ist fragmentierter als in Deutschland. So existieren z. B. in einzelnen Regionen noch unterhalb der Ebene der Bundesstaaten verschiedene Fernsehstationen, die zwar jeweils einem der bundesweiten Networks angehören, aber dennoch ihr Programm individuell gestalten (vgl. z. B. Kleinsteuber 2004). Die Kampagne kann TV-Werbung von Station zu Station unterschiedlich schalten und sich dadurch näher an den regionalen Besonderheiten orientieren. In Deutschland ist das Fernsehen dagegen vor allem ein nationales Medium. Der Onlinewahlkampf bietet den Deutschen hier Chancen: Während es mit dem Medium Fernsehen kaum möglich ist, bestimmte Angebote ohne hohe Streuverluste nur an die Wähler in einer Region zu senden, kann der Internetwahlkampf viel zu Individualisierung und Targeting (vgl. Althaus 2003a) beitragen. Portalunterseiten für einzelne Bundesländer wären solch eine Möglichkeit, aber auch individuell gestaltete E-Mail-Newsletter. Prominente könnten z. B. dort zu herausragenden Wahlkampfhelfern werden, wo sie besondere Popularität genießen, während gleichzeitig andere Regionen davon gar nicht tangiert würden.

Call-In-Shows: In den USA weit verbreitet sind auch so genannte Talk-Radios. Wichtigster Input dieser Sendungen, mit denen z. T. ganze Sender ihr Programm füllen, sind Höreranrufe zu verschiedenen Themen. In Deutschland ist diese Form der Programmgestaltung jedoch weniger verbreitet. Eine Untersuchung der Radiosender Mitteldeutschlands hat beispielsweise ergeben, dass der Anteil der Hörerbeteiligungen am Programm selten mehr als 1 % beträgt. Zudem handelte es sich dabei nur bei

3 von 17 Sendern auch um politische Themen (vgl. Vowe/Wolling 2004). In den USA beliebte Onlineinstrumente, die versuchen, Talk-Radios und andere Call-In-Shows für sich zu nutzen (siehe z. B. S. 245), würden also in Deutschland weniger erfolgreich sein. Möglich wäre es hingegen beispielsweise, Aktivisten beim Schreiben von Leserbriefen an Lokalzeitungen zu unterstützen.

Politisch-kulturelle Merkmale

Unter den Faktoren, die sich auf die politische Kultur eines Landes beziehen, spielen für die Übertragbarkeit von Onlinewahlkampftechniken aus den USA nach Deutschland vor allem die Spendentradition, das Ehrenamt und die Einstellung zu Negativkampagnen und Entertainisierung eine Rolle.

Spendenbereitschaft: Da es so etwas wie Mitgliedsbeiträge für Parteien in den USA nicht gibt, sind Spenden für den Wahlkampf dort nichts Ungewöhnliches. Eine Einzelperson kann einem Kandidaten ihrer Wahl bis zu 2.000 US-Dollar spenden. John Kerry und George W. Bush sammelten im Präsidentschaftswahlkampf 2004 zusammen die Summe von etwa 665 Mio. US-Dollar – ein Betrag, der 2008 von Barack Obamas Kampagne allein übertroffen wurde (742 Mio. US-Dollar).[12] Anders in Deutschland: Besonders die großen Parteien finanzieren sich hierzulande hauptsächlich durch Mitgliedsbeiträge und durch staatliche Unterstützung (siehe Abb. 9). Der Anteil der Spenden fällt, wenn man von der FDP absieht, vergleichsweise gering aus. Die Erwartungen an das Spendensammeln in Deutschland dürfen sich also nicht allzu sehr an US-Erfahrungen orientieren. Trotzdem sollte auf keinen Fall darauf verzichtet werden, denn das Internet erleichtert das Spendensammeln durch innovative Ansprachetechniken und bequemes Bezahlen enorm (vgl. S. 145 ff.). In Deutschland muss wegen der anderen Spendentradition besonders auf Erklärungen Wert gelegt werden, z. B. indem man einen Spendenaufruf mit konkreten Vorhaben verknüpft.

Ehrenamt: Ähnlich verhält es sich bei den Freiwilligen. In den USA melden sich zu Wahlkampfzeiten Freiwillige in den Campaign Headquarters, um ehrenamtlich auszuhelfen. Auch in Deutschland gab es in den letzten Jahren Versuche, Nichtmitglieder als Freiwillige einzubeziehen (siehe beispielsweise zu den Jungen Teams der SPD Böttcher/Stelzner 2003). Dieses ist ein Trend, der sich voraussichtlich verstärken wird, aber hierzulande noch keine Selbstverständlichkeit ist wie in den USA. Der Internetwahlkampf kann für diese Form der Unterstützung auf vielen Wegen hilfreich sein, z. B. durch Organisationsplattformen oder E-Mail-Kommunikation. Weil die

---

[12] laut Onlineauskunft der Federal Election Commission (www.fec.gov) zu den Stichtagen 22. November 2004 bzw. 24. November 2008

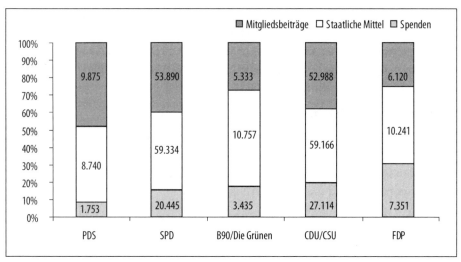

Abbildung 9: Spenden (unten), staatliche Mittel (Mitte) und Mitgliedsbeiträge (oben) der großen deutschen Parteien in tausend EUR (Quelle: Rechenschaftsberichte der Parteien für das Jahr 2003)

Teilnahme an Wahlkampagnen durch Freiwillige jedoch noch relativ unbekannt ist, sollte ebenfalls verstärkt an Erläuterungen gedacht werden.

Entertainisierung und Negative Campaigning: Negative Campaigning ist wie Entertainment im deutschen Wahlkampf in der öffentlichen Meinung wahrscheinlich unbeliebter als in den USA. Während in den USA inhaltlich triviale Talkshow-Auftritte von Kandidaten gang und gäbe sind, hatte in Deutschland beispielsweise die FDP im Bundestagswahlkampf 2002 hart mit dem Image der Spaßpartei zu kämpfen, als sie ihren Wahlkampf in Richtung Entertainisierung entwickelte. Gleichwohl kann es aber wichtig sein, auch die private Seite der Kandidaten hervorzuheben (vgl. Graner/ Stern 2002) oder durch pointierte Negativkampagnen Kontrast zum Gegner herzustellen (vgl. Althaus 2003b). Die Onlinekampagne in Deutschland muss wie die anderen Bereiche der Kampagne auch auf Vorbehalte gegenüber diesen Strategien Rücksicht nehmen. Das Internet erlaubt aber immerhin einen größeren Spielraum, sei es durch Satelliten-Websites (S. 98), die nicht unmittelbar mit der Kampagne identifiziert werden, oder durch präzise Zielgruppenansprache.

Fazit

Techniken des US-Onlinewahlkampfes auf Deutschland zu übertragen ist also in den meisten Fällen möglich, wenn entsprechende Modifikationen vorgenommen werden. Gravierende Unterschiede finden sich zum Teil in den unterschiedlichen Traditionen der Partizipation (z. B. Spenden, Ehrenamt), oft auch im Verhältnis von Kandidat und Partei. Ebenso wie den anderen aufgeführten Abweichungen kann man ihnen aber sinnvoll begegnen. Der Import der US-Techniken wird damit erfolgreich durchführbar.

Kapitel 3
Internetanwendungen

Manuel Merz

Gut 80 Prozent der deutschen Internetnutzer senden und empfangen regelmäßig E-Mails (van Eimeren/Frees 2008a). Aber wenn es um das professionelle Versenden von E-Mails geht, zum Beispiel bei Spendenaufrufen, entstehen schnell Fragen zur Technologie. So gibt es beispielsweise verschiedene E-Mail-Formate: HTML-Mails, Nur-Text-E-Mails und E-Mails im Multipart-Format, einem Hybridformat. Auch zu relativ jungen Internetanwendungen wie Blogs, Social-Network-Services und Video-Sharing-Plattformen besteht oft Informationsbedarf. In diesem Kapitel stellen wir Ihnen die für den Wahlkampf wichtigsten Onlineanwendungen vor. Dabei erläutern wir, wie die Anwendungen technisch funktionieren und wie sie im praktischen Einsatz verwendet werden. Ebenso stellen wir dar, wie Internetnutzer mit den Angeboten umgehen. Abschließend erklären wir jeweils, wie die einzelnen Technologien speziell im Wahlkampf Anwendung finden können. Auf diese Weise erhalten Sie einen umfassenden Überblick über die technologischen Möglichkeiten des Internets und gleichzeitig eine Planungshilfe für die Implementierung eigener Instrumente.

3.1 E-Mails
Elektronische Post und ihre planvolle
Beantwortung im Kampagneneinsatz

Manuel Merz und Stefan Rhein

Im Jahr 2008 wurden E-Mails von 82 % der deutschen Internetnutzer ab 14 Jahren mindestens einmal wöchentlich abgerufen. Zusammen mit der Nutzung von Suchmaschinen (84 %) stand das Senden und Empfangen von E-Mails damit weit vor den übrigen Internetanwendungen an der Spitze der Onlinenutzung (van Eimeren/Frees 2008a). Für eine Onlinekampagne sind E-Mails allein schon deshalb ein sehr wichtiges Medium. Doch nicht nur das: Die Nutzerinnen und Nutzer von E-Mails müssen die Informationen nicht von sich aus ansteuern und finden, wie beispielsweise bei einer Website. E-Mails werden direkt an die jeweiligen Postfächer geschickt (Push-Prinzip). Wegen ihrer großen Bedeutung für den Wahlkampf im Internet werden E-Mail-Newsletter in einem eigenen Kapitel ausführlich beschrieben (siehe S. 85 ff.).

E-Mail-Nutzung

E-Mails können entweder via Webmail im Browser oder über ein E-Mail-Programm gelesen und versendet werden.[13] In beiden Fällen sind die Nachrichten auf dem Server des E-Mail-Anbieters gespeichert. Je nachdem, ob die E-Mails über den Browser oder über eigene E-Mail-Programme abgerufen werden, ändert sich auch die Nutzung. So werden diejenigen Empfänger mit E-Mail-Programmen den Eingang neuer Nachrichten in der Regel häufiger prüfen, da diese Programme auf ihren Computern oft im Hintergrund aktiv bleiben und den Eingang neuer Nachrichten dadurch sofort melden. Im anderen Fall ist zuerst ein gezielter Besuch der Website des Webmail-Anbieters notwendig.

E-Mail-Formate

E-Mails können in verschiedenen Formaten versendet werden, die jeweils Vor- und Nachteile mit sich bringen:

---

[13] Verbreitete E-Mail-Programme sind beispielsweise Microsoft Outlook, Microsoft Outlook Express, Mozilla Thunderbird und Eudora. Die E-Mails werden beim Herunterladen entweder vom Server auf den Computer des Anwenders verschoben (POP3), oder aber sie verbleiben auf dem Server und können dort von verschiedenen Heimcomputern aus betrachtet werden (IMAP4).

Nur-Text-Format: E-Mails im Nur-Text-Format erreichen Empfänger fast wie mit der Schreibmaschine geschrieben – keine Bilder, keine Animationen, ausschließlich Text und Links (vgl. Abb. 10). Für den Wahlkampf ist das ein Nachteil, aber aus Gründen der Sicherheit und der Kompatibilität mit allen E-Mail-Programmen wird dieses Format von einigen Empfängern bevorzugt.

```
Hallo Thomas,
dies ist eine Testnachricht.
http://www.wahlkampf-im-internet.de

Jeff
```

Abbildung 10: Ausschnitt einer E-Mail im Nur-Text-Format

HTML-Format: In HTML-E-Mails können Grafiken, Bilder und Formulare eingebunden werden. Ebenso können Schriftarten, -größen und -farben unterschiedlich definiert werden (vgl. Abb. 11). HTML-E-Mails eignen sich außerdem zum E-Mail-Tracking (S. 99), was Nutzungsanalysen ermöglicht. Allerdings kann nicht jedes Programm HTML-E-Mails verarbeiten und korrekt darstellen.

Newsletter

Hallo Thomas,

dies ist eine Testnachricht.

Wahlkampf im Internet

Abbildung 11: Ausschnitt einer E-Mail im HTML-Format

Multipart-Format: E-Mails im Multipart-Format sind für nahezu alle Empfänger geeignet. Es müssen zuerst E-Mails in den beiden Formaten HTML und Nur-Text separat erstellt werden. Diese werden dann vor dem Versand zu einer einzigen Multipart-E-Mail zusammengefügt, die beide Formate enthält. Die E-Mail-Programme der Empfänger können bestimmen, welches Format angezeigt wird.

E-Mail-Flut

Heutzutage ist es selbstverständlich, dass eine Kampagne eine E-Mail-Adresse im Internet veröffentlicht, über die sie erreichbar ist. Je nach Größe und Art der Kampagne muss sie dann mit einer größeren oder kleineren Anzahl von eingehenden E-Mails rechnen. Mit mehr Anfragen muss die Kampagne rechnen, wenn die Website in anderen Medien beworben wird (vgl. Roth 2001) oder wann immer sie selbst größere Mengen an E-Mails verschickt, wie beispielsweise beim Versenden von Newslettern. Jede empfangene E-Mail muss überflogen und unter Umständen, nach Priorität sortiert, beantwortet werden. Oft haben Politiker aus diesen Überlegungen heraus sogar Angst vor einer regelrechten E-Mail-Flut (vgl. Suter 2003). Dies ist in der Regel zwar unbegründet (vgl. Kuntz 2000), aber auch für den Fall, dass einmal sehr viele E-Mails eingehen sollten, gibt es Ansätze, um die Beantwortung zu bewältigen:

Fragen schon auf der Website beantworten: Werden oft ähnliche Fragen gestellt, sollten diese nach Möglichkeit bereits auf der Website beantwortet werden.

Textbausteine: Zur Beantwortung von Anfragen können Textbausteine bereitgehalten werden. Eine Antwort lässt sich dadurch mit weniger Aufwand und trotzdem für die Empfänger zufrieden stellend beantworten. Dennoch sollte auf Individualisierung geachtet werden: Ein Schreiben, dem man ansieht, dass es ausschließlich aus Textbausteinen besteht, wird verständlicherweise enttäuschen.

Verweise auf Onlinequellen: Viele Fragen lassen sich auch durch Verweise auf Onlinequellen zufrieden stellend beantworten. Die Informationen müssen in diesem Fall nicht erst briefgerecht aufbereitet werden, sondern stehen den Empfängern direkt zur Verfügung. In diesem Zusammenhang können auch anerkannte Initiativen wie Parlamentwatch (www.kandidatenwatch.de) interessant sein. Da hier Bürgeranfragen von den Kandidaten bereits öffentlich beantwortet werden, kann zum Teil zur Beantwortung ähnlich gelagerter Fragen auf diese Beiträge verwiesen werden.

Arbeitsteilige Bearbeitung: Eingehende E-Mails können arbeitsteilig bearbeitet werden. Das Screening von allgemeinen E-Mails kann beispielsweise von Freiwilligen erledigt werden. Sie können die Nachrichten dann abhängig von Absender und Inhalt nach Priorität ordnen und an die entsprechenden Stellen weiterleiten oder sogar nach strengen Vorgaben mit Hilfe von Textbausteinen selbst beantworten. Damit wichtige E-Mails sofort beantwortet werden können und nicht etwa zwischen verschiedenen Stellen hin und her versendet werden, sollte für die Bearbeitung von E-Mails ein genauer Organisationsplan vorliegen.

Webformular: Websitebesucher können gebeten werden, an Stelle von E-Mails vorgegebene Webformulare zur Kontaktaufnahme zu verwenden. In diesen Formularen kann der Nachricht gleich auch eine vordefinierte Kategorie zugeordnet werden. So erreicht die Nachricht automatisch die richtigen Empfänger und kann ohne Mehraufwand entsprechend ihrer Wichtigkeit bearbeitet werden. In der Regel werden trotz dieser Formulare zusätzlich auch normale E-Mails eingehen. Formulare können außerdem als unpersönlich empfunden werden.

Autoresponder: Ein Autoresponder verschickt an die Absender jeder eingegangenen Nachricht automatisch eine Standardantwort. Diese Standardantwort kann beispielsweise so gestaltet sein, dass sie den Eingang der E-Mail zunächst bestätigt und um etwas Geduld bittet. Das nimmt den Druck, sofort auf die Anfrage reagieren zu müssen. Ist Feedback an eine bestimmte Adresse unerwünscht (z. B. an die Absenderadresse des Kampagnen-Newsletters), dann sollte die fragliche Absenderadresse nicht einfach stillgelegt werden. Besser ist es, wenn auch hier mit einer automatischen Antwort reagiert wird. In der Mitteilung sollte den Absendern dann zumindest erläutert werden, warum sie über diese Adresse keine Antwort erhalten werden.

Adressen abschirmen: Um Mitarbeitern die Arbeit zu erleichtern, kann ihnen mehr als eine E-Mail-Adresse zugeordnet werden – eine für die Kommunikation intern und mit Geschäftspartnern, und eine weitere, die im Internet veröffentlicht wird und damit allgemein zugänglich ist. Andere Ansätze wie die unterschiedliche Behandlung von internen und externen E-Mails oder die Vergabe von Passwörtern führen zu ähnlichen Ergebnissen.

Customer-Relationship-Management: Ist ein Customer-Relationship-Management-System (CRM) vorhanden, sollten darüber neben Telefonanrufen und Briefen auch E-Mails abgewickelt werden. Mit Hilfe eines E-Mail-Response-Management-Moduls (ERM) können Bearbeiter auf einen Blick erkennen, ob Absender schon bekannt sind und welche weiteren Daten bereits in der Historie vorhanden sind. Ist eine E-Mail Teil eines laufenden Dialogs, wird sie außerdem automatisch der richtigen Person zugeordnet.

Anwendungen im Wahlkampf

E-Mail-Newsletter: Newsletter sind regelmäßig verschickte E-Mail-Rundschreiben, meist an eine große Zahl von Empfängern. Durch die Verknüpfung mit einer Datenbank können sie sogar individualisiert werden. Newsletter sind neben der internen Kommunikation die wichtigste Anwendungsform der E-Mail. Sie werden ab S. 85 in einem eigenen Kapitel besprochen. Ab S. 195 findet sich zudem ein Fallbeispiel über Newsletter im US-Präsidentschaftswahlkampf 2004.

Individualkommunikation: E-Mails können im Kontakt mit Wählerinnen und Wählern zum Teil den Brief ersetzen. Auch für die interne Kommunikation sind E-Mails wichtig, wenn es um den schnellen Austausch von Informationen und elektronischen Daten geht. Während professionelle Wahlkämpfer und andere Berufstätige E-Mails meist routinemäßig nutzen, werden manch Ehrenamtliche oder Wähler aber weiterhin mit der traditionellen Post bedacht werden müssen. E-Mails, die zur Vermittlung sensibler Informationen eingesetzt werden, sollte man unbedingt verschlüsseln. Andernfalls könnten sie theoretisch wie Postkarten von Fremden mitgelesen werden.

Kettenbriefe: Hierbei handelt es sich um von der Kampagne unabhängige E-Mails, die von den Leserinnen und Lesern selbstständig an Freunde und Bekannte weitergeleitet werden. Weil die Urheber solcher E-Mails oft unerkannt bleiben, ist auch niemand offiziell für den Inhalt der Nachrichten verantwortlich zu machen. Gleichzeitig bergen diese Nachrichten aber das Potenzial, Empfängern sogar vertrauenswürdiger zu erscheinen als Kampagnen-Newsletter, weil sie nicht wie professionelle PR, sondern als persönliche Kommunikation daherkommen (siehe z. B. die Fallbeispiele ab S. 209). Ein prominentes Beispiel für einen Kettenbrief ist der im August 2004 von einfachen SPD-Mitgliedern gegen Bundeskanzler Gerhard Schröder gestartete Kettenbrief „Alarmaufruf" (vgl. Dausend/Lutz 2004).

„Eine Return-on-Investment-Kalkulation für jede Interaktion der Kampagne"

Jonah Seiger, Politikberater in Washington DC, über Wähleranfragen

Mr. Seiger, E-Mails sind auch für Wähler einfach und kostengünstig. In den Kampagnen treffen deswegen jeden Tag zahlreiche E-Mails ein. Kann es nicht zum Problem werden, auf all diese E-Mails zu antworten?

Das ist ein großes Problem. Obwohl ich eine klare Vorstellung davon habe, kenne ich die Lösung auch nicht genau. Ein Beispiel dieses Problems in einem anderen Kontext: Auch Kandidaten im Amt werden mit E-Mails überhäuft. E-Mails an Mitglieder des Kongresses sind z. B. ein großes Problem, weil die Systeme dort noch nicht einmal so weit angepasst worden sind, dass sie unterscheiden können, ob der Absender der E-Mail zum Wahlkreis gehört oder nicht. Daran wird gearbeitet, obwohl es nun schon zehn Jahre her ist, dass der Kongress die ersten E-Mails empfangen hat. Die letzten Zahlen, die ich gesehen habe, waren von 2002. In diesem Jahr hat der Kongress geschätzte 128 Millionen E-Mails empfangen. Unter anderem von Bürgern aus dem Wahlkreis, also denjenigen, die den Kandidaten ins Amt gebracht haben, und manche dieser E-Mails sind

wirklich ernst zu nehmen. Aber andere schreiben über ihre Zahnschmerzen, oder dass sie vom Geheimdienst verfolgt werden. Zu bestimmen, ob die E-Mail von einem Wähler kommt und was in der Nachricht steht, das ist das Problem. Wie kann man all diesen Input managen? Das haben wir noch nicht abschließend herausgefunden.

Welchen Rat geben Sie Kampagnen in dieser Sache?

Man kann es wie eine Return-on-Investment-Kalkulation für jede Interaktion der Kampagne auffassen. Außerdem muss man diese Frage im Kontext der jeweiligen Wahlkampfphase stellen. Sehen Sie sich zum Beispiel die Gelder an, die in diesem Jahr gespendet worden sind. Die Zahl der individuellen Spenden hat zugenommen, aber führend sind noch immer Spendenveranstaltungen: Durch ein 1.000-Dollar-Dinner bekommt ein Kandidat mehr Geld in seine Kassen als durch Schecks oder Onlinespenden. Die Rendite ist höher. Wenn es 100 Dollar kostet, online 100 Dollar Spenden einzutreiben, dann bringt das nichts. Denn

83

Sie brauchen Zeit und Ressourcen, um jemanden zu bezahlen, der sich mit all den Interaktionen beschäftigt, die dann auf die Kampagne zukommen. Im dezentralisierten Modell, in dem Sie sich mehr dem Input von außen öffnen, müssen Sie also darauf vorbereitet sein, alles zu verarbeiten, was zu Ihnen zurückkommt, und davon herausfiltern, was Ihnen den höheren Return on Investment verspricht. Technologie kann uns dabei helfen. Sie hilft uns zu verstehen, wo die Prioritäten sind und wo die lukrativsten Renditen entstehen werden. Ich glaube, zurzeit wissen wir schon mehr über die Theorie als über die praktische Umsetzung.

Wie Sie wissen, haben Wahlkampfspenden in Deutschland nicht dieselbe Bedeutung wie in den USA. Wie müsste die Return-on-Investment-Kalkulation lauten, wenn eine Kampagne nicht oder nicht mehr auf Spenden aus ist?

Dann geht es darum, aus Sympathisanten Wähler zu machen. Die Frage lautet dann: Wie viel Zeit und Geld ist es wert, sich mit jemandem zu beschäftigen, der sich an die Kampagne wendet? Die Rendite ist höher, wenn ich mit Tom Brokaw von den NBC Nightly News spreche, als wenn ich tausend E-Mails beantworte! Es kommen so viele Dinge in den Posteingang der Kampagne. Wie viele Mitarbeiter sollen wir dafür abstellen und wie viel Zeit ist zu viel Zeit für all diese Interaktionen? Das ist tatsächlich immer noch ein großes Problem.

Wenn ein potenzieller Wähler auf seine E-Mail keinerlei Antwort von der Kampagne bekommt, wird ihn das sicher verärgern, schließlich hat er ein paar gute Ideen investiert. Gibt es einen Weg, den Menschen verständlich zu machen, warum sie keine Antwort bekommen?

Ich habe viel mit den Kampagnen darüber gesprochen. Das ist schwierig. Zum einen muss man ehrlich sein. Eine automatische Antwort sollte nicht lauten: „Wir kommen so schnell wie möglich auf Sie zurück." Wenn es der Wahrheit entspricht, sollte es heißen: „Wir bekommen jeden Tag 500.000 E-Mails und können Ihre Anfrage leider nicht beantworten." Man verschärft das Problem nur unnötig, wenn man Erwartungen weckt. Außerdem ist es wichtig, wer schreibt: Wenn es ein unentschiedener Wähler in Ohio ist, dann müssen Sie antworten. Ist es ein unentschiedener Wähler in Kalifornien, also einem Staat, den sie wahrscheinlich sowieso gewinnen, müssen Sie Ohio prioritär behandeln. Aber ich weiß nicht, ob wir genug über die psychologischen Hintergründe dieser Interaktionen wissen.

Washington DC, September 2004

3.2 E-Mail-Newsletter
Ein Kommunikationskanal mit großem Potenzial für den Wahlkampf

Manuel Merz

Newsletter sind regelmäßig erscheinende E-Mail-Rundschreiben, die ihre Abonnenten mit aktuellen Informationen versorgen – seien sie beruflich relevant, politisch, unterhaltsam oder Werbung. Für eine Onlinekampagne sind E-Mails der wichtigste Kommunikationskanal zu den Sympathisanten: Dank automatisierter Abläufe können Kampagnen eine praktisch unbegrenzte Anzahl von E-Mails verschicken, direkt in die Briefkästen der Empfänger und zu einem Bruchteil der Kosten, die herkömmliche Post verursachen würde.[14] Außerdem sind sie nicht darauf angewiesen, dass die Nutzerinnen und Nutzer regelmäßig den Weg zu ihren Webangeboten finden. E-Mail-Marketing hat gegenüber anderen Formen noch weitere Vorteile: So ist die Response-Rate im Vergleich zu traditionellen Brief-Aktionen etwa drei bis vier Mal so hoch. Die Response-Dauer ist kurz: 80 % der Reaktionen gehen innerhalb der ersten 48 Stunden ein (vgl. Reinhard 2002). Bei gleichzeitig kürzerer Vorlaufzeit kann die Kundenansprache durch Targeting (vgl. Althaus 2003a) und Individualisierung erheblich verbessert werden. Darüber hinaus erreichen Nachrichten die Empfänger ungefiltert, da die Mittlerfunktion traditioneller Medien nicht in Anspruch genommen wird. Es existieren umfangreiche Auswertungsmöglichkeiten (siehe S. 106 ff.), beispielsweise die Anzahl der geöffneten E-Mails. Indem eine E-Mail zunächst nur an einen kleineren Empfängerkreis geschickt wird, kann die Wirkung zum Beispiel von unterschiedlichen Betreffzeilen vorab getestet und optimiert werden.

Newsletterversand

Für den Versand von Newslettern gibt es verschiedene Möglichkeiten. Allen Systemen ist gemein, dass die Empfängeradressen in einer Liste oder Datenbank vorliegen müssen. Sollen die Newsletter individualisiert werden, sind neben der E-Mail-Adresse noch weitere Empfängermerkmale notwendig. Es sind drei grundlegende Softwarevarianten möglich: Desktop-Anwendungen, Server-Anwendungen oder Server-

---

[14] Es muss jedoch erwähnt werden, dass sich die Zielgruppen, die durch E-Mail-Newsletter erreicht werden können, von denen, die besser postalisch angeschrieben werden, unterscheiden (vgl. dazu auch Kapitel 1.2). Zum anderen lassen sich bestimmte Ziele wie das Akquirieren von Großspenden besser per herkömmlicher Post erreichen (für eine Übersicht typischer Zielgruppen von traditionellen Brief-Aktionen siehe Römmele 2002).

Provided-Anwendungen, also Anwendungen, die auf den Servern eines Drittanbieters installiert sind und vom Anbieter über eine Weboberfläche genutzt werden (für eine Marktübersicht siehe beispielsweise Braun 2002; Schwarz 2003).

Desktop-Anwendungen: Kleine Kampagnen können Newsletter im Grunde bereits mit einem gewöhnlichen E-Mail-Programm versenden. Dazu tragen sie die Empfängeradressen im BCC ein und setzen die Absenderadresse nochmals im Empfängerfeld (AN) ein. Dadurch ist gewährleistet, dass keiner der Empfänger die Adressen der anderen Empfänger erfährt. Mit Hilfe spezieller Software lassen sich E-Mails am Desktop sogar individualisieren. Diese Lösungen haben jedoch einen Nachteil: Alle Veränderungen der Empfängerliste wie An- und Abmeldungen müssen per Hand erfasst werden. Aus diesem Grund muss auch kleinen Kampagnen von Desktop-Lösungen abgeraten werden.

Server-Anwendungen: Am Markt sind verschiedene spezialisierte Server-Anwendungen zum Verfassen und Managen von Newslettern erhältlich. Auch ein bereits bestehendes Content-Management-System kann entsprechende Funktionen enthalten. An- und Abmeldungen werden bei diesen Anwendungen vollautomatisch, beispielsweise über Links in der E-Mail, abgewickelt. Für kleine und mittlere Kampagnen kann dies eine sehr gute Lösung sein. Bei sehr großen Kampagnen mit entsprechend vielen zu versendenden E-Mails wären aber eventuell hohe Investitionen für Hard- und Software nötig.

Server-Provided-Anwendungen: Statt die Investitionen selbst zu tätigen, ist es in solchen Fällen meist günstiger, einen Dienstleister mit der Versendung der E-Mails zu beauftragen. Diese können ihre Systeme durch Aufträge von verschiedenen Kunden viel besser auslasten, als es eine Kampagne allein je könnte: ein klarer Kostenvorteil. Die Kampagne kann in diesem Fall die geballte Serverleistung des Dienstleisters über eine Administrationswebsite fernsteuern. So kann sie selbstständig Newsletter versenden, ohne dabei die eigenen Server zu überlasten. Ein Nachteil dieser Lösung ist, dass die sensiblen Empfängerdaten auf das System des Dienstleisters übertragen werden müssen.

An- und Abmeldung

Die Adressaten der E-Mails müssen sich zunächst für den Empfang des Newsletters registrieren. Dies geschieht meist über ein einfaches Formular während eines Besuches auf der Website. Die Nutzer können aber auch von Bekannten eine Kampagnen-E-Mail weitergeleitet bekommen haben und durch einen Link in der E-Mail auf das

Anmeldeformular gelangt sein. In diesem Formular müssen die Nutzerinnen und Nutzer ihre E-Mail-Adressen hinterlassen. Sie können zusätzlich noch weitere persönliche Angaben machen, also beispielsweise ihre Interessen angeben. Wenn einzelne Abonnenten den Newsletter nicht mehr empfangen möchten, muss sichergestellt sein, dass sie die Abmeldung unkompliziert durchführen können. Am besten geeignet sind dazu besonders gekennzeichnete Links am Ende jeder versendeten E-Mail. Folgen die Empfänger dem Link, werden ihre Abonnements automatisch beendet. Ist ein Newsletter leicht zu kündigen, wird er bei Bedarf auch gerne wieder neu abonniert.

E-Mail-Newsletter dürfen grundsätzlich nur an solche Empfänger versendet werden, die dem zugestimmt haben (vgl. Kaufmann 2004). Zur Regelung der Zustimmung sind verschiedene Verfahren entstanden:

Opt-Out: Beim Opt-Out-Verfahren geht die Initiative vom Anbieter des Newsletters aus. Er verschickt seine E-Mails ungefragt an ihm bekannte E-Mail-Adressen. Die Empfänger haben dann die Möglichkeit, sich auszutragen. Dieses Verfahren ist in Deutschland aber im Grunde verboten. Ausnahmen sind beispielsweise zulässig, wenn zwischen Anbieter und Empfänger bereits ein Kundenverhältnis besteht und der Newsletter sich direkt auf das Produkt bezieht, aus dem dieses Verhältnis einst entstand. Mit solch einem Vorgehen bewegt man sich aber zum einen in einer rechtlichen Grauzone und zweitens in der Umgebung so genannter Spammer, die zuhauf Werbe-E-Mails versenden. Wegen des möglichen Imageschadens muss einer Kampagne also vom Opt-Out-Verfahren dringend abgeraten werden.

Opt-In: Das Opt-In-Verfahren setzt voraus, dass sich Nutzer selbst auf die Empfängerliste setzen. Es wird dabei jedoch nicht überprüft, ob auch wirklich der Inhaber der E-Mail-Adresse und nicht ein unautorisierter Dritter die E-Mail-Adresse einträgt. Das auf dem Opt-In-Verfahren aufbauende Double-Opt-In schließt diese Lücke.

Double-Opt-In: Double-Opt-In ist das derzeit sicherste Verfahren. Hier werden die E-Mail-Adressen erst dann der Abonnentenliste hinzugefügt, wenn die Empfänger nach ihrer Anmeldung auf der Website auch eine automatisch generierte Bestätigungs-E-Mail beantworten. Double-Opt-In ist nach der deutschen Rechtslage das am wenigsten angreifbare Verfahren, die Zustimmung von Abonnenten einzuholen, und deswegen auch für Kampagnen uneingeschränkt zu empfehlen.

Beschreibung aus Anbietersicht

Das Layout von Newslettern kann man in Vorlagen, den so genannten Templates, festhalten. Um einen Newsletter zu verschicken, reicht es dann aus, den vorgefertigten E-Mail-Text in diese Vorlage zu kopieren. Auch das Management der Adresslisten erfordert nicht viel Aufwand. Bei Nutzung entsprechender Systeme können sich Empfänger selbstständig ein- und austragen. Eine manuelle Nachbearbeitung ist im Einzelfall genauso möglich. Der Versender kann seine Nachrichten wie in einem individualisierten Serienbrief automatisch auf die jeweiligen Empfänger zuschneiden. Diese Möglichkeit steht und fällt allerdings mit der Qualität der über die Empfänger vorliegenden Daten. Überhaupt nicht individualisieren kann man beispielsweise, wenn nur die E-Mail-Adresse der Empfänger bekannt ist. Kennt man aber das Geschlecht, den Wohnort, das Alter und einige Interessen, sind bereits vielfältige Möglichkeiten für Variationen gegeben. Praktisch werden dazu, wie bei der Erstellung von Serienbriefen, Platzhalter und Abfragen in den fortlaufenden Text eingefügt (vgl. Abb. 12). Diese Platzhalter werden später durch die Software automatisch anhand definierter Regeln mit entsprechenden Datenbankeinträgen vervollständigt. Abhängig vom Aufwand, mit dem der Versender die Individualisierung seiner Nachrichten betreibt, werden sich die Empfänger ganz persönlich angesprochen fühlen.

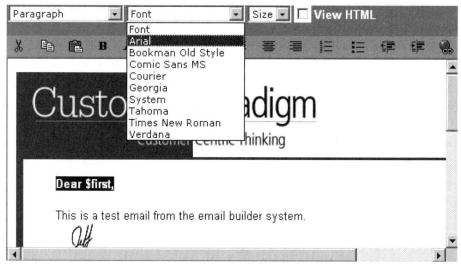

Abbildung 12: Benutzeroberfläche des webbasierten E-Mail-Editors von Customer Paradigm (www.customerparadigm.com)

Ebenso kann der Empfängerkreis anhand von Kriterien aus der Datenbank gezielt eingeschränkt werden. Es kann beispielsweise festgelegt werden, dass ein Textabschnitt oder auch die ganze Nachricht nur an diejenigen verschickt wird, bei denen man annehmen darf, dass sie sich für das behandelte Thema interessieren werden. Dabei sollte darauf geachtet werden, dass Empfänger, auf die mehrere Selektionskriterien zutreffen (also z. B. Interesse an Umwelt und an Sozialem), an einem Tag nicht versehentlich mehrere Varianten ein und derselben Nachricht erhalten. Über geeignete logische Bedingungen lässt sich ein solcher Fauxpas aber leicht von vornherein ausschließen.

Besondere Beachtung verdienen auch die Unterseiten einer Website, auf die innerhalb der E-Mail durch Links unmittelbar verwiesen wird (Landingpages). Je flüssiger der Übergang zwischen E-Mail und Website inhaltlich und optisch gelingt, desto eher wird ein Besucher dem Webangebot Beachtung schenken. Es sollte auch überlegt werden, wie die Inhalte am besten auf E-Mail und Website verteilt werden können. Beispielsweise könnte eine E-Mail nur verschiedene Überschriften mit jeweils einem erläuternden Satz enthalten. Haben die Leser Interesse an mehr Informationen, können sie einem Link zum vollständigen Artikel folgen.

Anwendungen im Wahlkampf

Kampagnen-Newsletter: Für den Wahlkampf sind Newsletter ein besonders wirkungsvolles Instrument, um Kontakt zu Sympathisanten zu halten. Die Kampagne kann ihre Positionen regelmäßig publizieren, ohne dass auf die Unterstützung der Medien vertraut werden muss. Auch gibt es kaum Streuverluste. Die Nachrichten können ohne große Kosten direkt in die virtuellen Briefkästen der Wähler eingeworfen werden. Durch gezieltes Targeting (vgl. Althaus 2003a) und durch Individualisierung kann die Wirkung der E-Mails noch erhöht werden. Besonders hilfreich sind E-Mails auch dann, wenn es auf gutes Timing ankommt, beispielsweise wenn Nachrichten punktgenau versendet werden müssen. Ein ausführliches Fallbeispiel zu den Kampagnen-Newslettern im US-Präsidentschaftswahlkampf 2004 finden Sie ab S. 195. Hinweise für eigene E-Mail-Newsletter wurden ab S. 301 zusammengestellt.

Aktionsbezogene E-Mails: Aktionsbezogene E-Mails erscheinen nicht regelmäßig. Sie wenden sich ähnlich wie Direct-Mailing-Aktionen nur zu besonderen Zeiten und Zwecken an ihre Empfänger. Auf diese Art und Weise kann man beispielsweise auf regionale Events hinweisen oder zur Teilnahme an einer zeitkritischen Aktion aufrufen.

Journalisten-Newsletter: Eine sehr wichtige Zielgruppe für E-Mails sind Journalisten. Noch eher als auf Websites nachzusehen, setzen diese nämlich auf den Empfang von E-Mail-Updates. Neben den herkömmlichen Pressemitteilungen versenden Kampagnen z. B. Reden oder Positionen per E-Mail. Auch in heiklen Situationen kann die Kampagne über E-Mail sofort reagieren und ihren Standpunkt verbreiten. Sie kann also ohne Zeitverzögerung versuchen, auf die Medienberichterstattung Einfluss zu nehmen. Auch in diesem Kontext erhöht sich die Wirkung der E-Mails, wenn man die Empfänger gezielt anschreibt, z. B. getrennt nach Ressorts.

Freiwilligen-Newsletter: Die Freiwilligen einer Onlinekampagne sind eine der wichtigsten Zielgruppen des Kampagnen-Newsletters. Sie können darüber hinaus auch über einen speziell auf sie zugeschnittenen Freiwilligen-Newsletter angesprochen werden. Dadurch kann man Argumente, Materialien, Aufgaben und Termine zielgerichtet an Freiwillige verteilen. Die E-Mails können zusätzlich individualisiert werden. So ist es beispielsweise möglich, bei Terminankündigungen genau die Aktionen zu berücksichtigen, die auf den Wohnort der Empfänger zutreffen.

Viral E-Mailing: E-Mails können von den Empfängern sehr einfach an Freunde und Bekannte weitergeleitet werden. Im so genannten Viral-Marketing-Ansatz macht man sich dies zu Nutze. Dabei werden die direkt von der Kampagne angeschriebenen Empfänger aufgefordert, die E-Mail auch in ihrem Freundes- und Bekanntenkreis weiterzuverschicken. Dies kann z. B. unterstützt werden, indem am Ende einer E-Mail angeboten wird, Freunde und Bekannte automatisch auf die Inhalte aufmerksam zu machen. Besonders unterhaltsame oder interessante Nachrichten werden auf diese Weise über die persönlichen Netzwerke der Empfänger einem sehr großen Nutzerkreis zugeführt. Gerade um neue Abonnenten zu gewinnen, ist dies ein wirkungsvoller Ansatz.

„Man sollte nur Inhalte verschicken, die für die Empfänger wirklich nützlich sind"

Jeff Mascott, Politikberater in Washington DC, über Newsletter, den Aufbau von Empfängerlisten und über Strategien und Inhalte

Welche Bedeutung haben Newsletter für den Onlinewahlkampf?

Newsletter sind wahrscheinlich sogar das Wichtigste. Man sollte sich darauf konzentrieren, eine Liste von Aktivisten oder registrierten Wählern aufzubauen und Botschaften per E-Mail zu verbreiten. Es ist zwar toll, eine Website zu haben, aber man ist immer davon abhängig, dass die Leute zu einem kommen. Mit E-Mails aber kann man direkt auf die Leute zugehen. Wir haben zum Beispiel mit 65 bis 70 Kongressmitgliedern zusammengearbeitet, um eine E-Mail-Liste mit registrierten Wählern zu erstellen. Jetzt können sie regelmäßig E-Mails an bis zu 30.000 Wähler versenden, zu einem Bruchteil der Kosten, die Direct Mailing per Post verursachen würde.

Welche Strategien gibt es, eine solche E-Mail-Liste zu erstellen?

Da gibt es einige. Was wir für die 70 Kongressmitglieder und für viele landesweite Kandidaten gemacht haben, war, Empfängerlisten aus Listen mit re-gistrierten Wählern zu erstellen. Gibt uns also ein Kandidat eine Liste mit 400.000 registrierten Wählern in seinem Wahlkreis, machen wir einen Daten-bankabgleich mit bestehenden E-Mail-Listen und mit Kundenverzeichnissen von Internet Service Providern. Norma-lerweise erhalten wir so eine Überein-stimmung von ungefähr zehn Prozent. Bei 400.000 Adressen können wir also ungefähr 40.000 E-Mail-Adressen lie-fern. An diese Adressen können die Kandidaten dann E-Mails schicken. In der ersten E-Mail bitten sie um Erlaub-nis, weiter Informationen schicken zu dürfen. Wenn die Empfänger daran kein Interesse haben, können sie auf einen Link klicken und sich selbst wieder aus der Liste entfernen. *(Zur Gesetzeslage in Deutschland siehe S. 301.)*

Die E-Mails kommen also unerwartet. Wie viele Empfänger wollen auf der Liste bleiben?

Sie werden überrascht sein. Diese Art von E-Mails wird völlig anders behan-delt als Spam. Beispielsweise kommen bei der ersten E-Mail, mit der sich die Leute ja abmelden können, auf jede Person, die sich tatsächlich abmeldet, 30 Personen, die auf der Liste bleiben. Viele antworten sogar, dass es eine großartige Idee ist.

In diesem Jahr haben alle großen Kampagnen E-Mail-Tracking (S. 103) verwendet. Was wird mit diesen zusätzlichen Informationen gemacht?

Wenn wir E-Mails für Kampagnen versenden, dann verfolgen wir, wer die E-Mails erhält, sie öffnet und liest, also länger als zehn Sekunden geöffnet lässt. Das ist ein guter Maßstab für uns, um zu sehen, wie erfolgreich wir sind und ob unsere E-Mails gelesen werden. Außerdem verfolgen wir alle Klicks zu unserer Website. Das ist sehr hilfreich. Angenommen, Sie senden einen Spendenappell und 5.000 Leute klicken auf den Link, um Geld zu geben, aber Sie merken, dass nur 1.000 Leute wirklich gespendet haben. Dann können Sie die anderen 4.000 am nächsten Tag erneut um eine Spende bitten oder noch am selben Abend anrufen lassen. Um Geld zu sammeln, kann das sehr effektiv sein.

Viral Marketing per E-Mail war ein weiterer wichtiger Ansatz in diesem Jahr.

Viral E-Mailing ist sehr effektiv. Man verschickt E-Mails, die die Leute an ihre Freunde weiterleiten. Am beliebtesten sind witzige E-Mails zu einem interessanten Thema, oder solche, die sich über die Konkurrenz lustig machen. Humor ist das Beste, was man überhaupt verwenden kann. Einmal haben wir eine E-Mail mit einem animierten Cartoon an 1.500 Personen geschickt – letzten Endes haben aber 30.000 diese E-Mail gelesen. Ein Teil der Leute registriert sich dann an diesem Punkt selbst, denn am Ende jeder Nachricht steht etwas wie: „Wenn diese E-Mail zu Ihnen weitergeleitet wurde und Sie solche E-Mails künftig direkt erhalten wollen, geben Sie hier Ihre E-Mail-Adresse an."

Woran sollte eine Kampagne noch denken, um effektive Newsletter zu erstellen?

Das Wichtigste ist der Inhalt. Wenn die Leute auf eine Website gehen und sich für den Newsletter eintragen, dann sollte eine effektive Kampagne nicht wöchentlich Pressemitteilungen versenden. Eine Kampagne sollte nur Newsletter verschicken, die speziell für das Medium E-Mail geschrieben worden sind. Das ist sehr wichtig. Mein Tipp ist: Fassen Sie sich kurz, kommen Sie schnell zum Punkt und verschicken Sie Inhalte, die auch gelesen werden – z. B. einen Vergleich der Kandidaten oder Einladungen zu Veranstaltungen. Man sollte nur Inhalte verschicken, die für die Empfänger wirklich nützlich sind.

Washington DC, September 2004

3.3 Websites
Projekte im World Wide Web effizient verwalten

Manuel Merz

Websites sind neben E-Mails die zweite wichtige Basistechnologie für den Wahlkampf im Internet. Die Soziodemographie der Nutzerinnen und Nutzer von politischen Websites wurde in Kapitel 1.2 ausführlich besprochen. An dieser Stelle soll verstärkt die Anbieterperspektive dargestellt werden.

Abbildung 13: Parteiwebsite der SPD (www.spd.de) am 21.01.2009

Content-Management-Systeme

Die große Mehrheit aller professionellen Webangebote mit aktuellen Inhalten wird heute mit auf das WWW zugeschnittenen Content-Management-Systemen (CMS) betrieben. Diese Web-Content-Management-Systeme sollen vor allem die Bereitstellung von Inhalten auf Anbieterseite vereinfachen: durch die klare Trennung von Inhalt und Darstellung der Website. Bedient wird ein CMS vom Anbieter der Website über eine eigene Benutzeroberfläche (siehe z. B. Abb. 14). Diese ist meist webbasiert und ermöglicht so unter anderem den problemlosen Zugriff mehrerer Anwender gleichzeitig und unabhängig vom Aufenthaltsort. Oft können dabei differenzierte Rechte an die Benutzer vergeben werden. Anhand von Benutzerrollen wie Redakteur, Chefredakteur, Designer oder Administrator wird die Arbeit im Team wesentlich erleichtert. So ist es beispielsweise denkbar, dass die Gruppe „Redakteure" zwar zum Verfassen neuer Artikel berechtigt ist, aber nur Mitglieder der Gruppe „Chefredakteure" die Artikel auch freigeben dürfen. Manche CMS enthalten darüber hinaus umfangreiche Werkzeuge zum Workflow-Management und zum Dokument-Management (z. B. Versionskontrolle und Dokumentenarchiv). CMS lassen sich meist modular erweitern und anpassen. Damit können auch Blog-, Forum- und Community-Systeme sowie Funktionen zum Newsletterversand und -management in das CMS integriert werden.

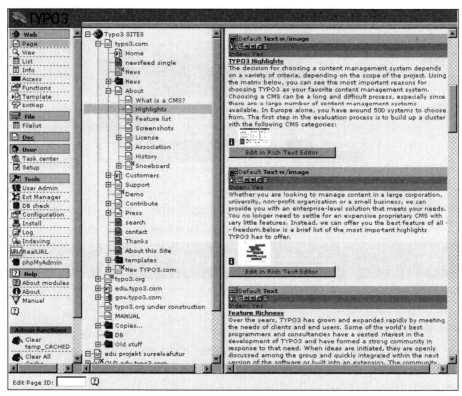

Abbildung 14: Benutzeroberfläche des freien Content-Management-Systems TYPO3 (www.typo3.org)

94

Abbildung 15: Das Wahlkampfportal der SPD (www.spd.de) am 14.09.2005

Trennung von Inhalt und Darstellung

Das Erscheinungsbild der Seiten wird durch Vorlagen (Templates) bestimmt. Diese Templates enthalten das vollständige Layout einer Seite. Statt der eigentlichen Inhalte sind aber nur Platzhalter hinterlegt. Die Seiteninhalte werden unabhängig vom Layout in einer Datenbank gespeichert. Meist werden die Platzhalter erst beim Zugriff auf eine Website vom CMS dynamisch mit Inhalten aus der Datenbank gefüllt (volldynamische Seitenerzeugung). Eine weitere Möglichkeit ist, statische Seiten aus den Datenbankinformationen zu generieren (statische Seitenerzeugung). Dies führt zu deutlich weniger Serverlast, da die statischen Seiten nicht bei jedem Aufruf, sondern nur nach Änderungen neu generiert werden müssen. Hybride und halbstatische Verfahren der Seitenerzeugung versuchen die Vorteile beider Ansätze zu kombinieren.

Es bringt viele Vorteile mit sich, dass die Inhalte einer Website in einem Content-Management-System unabhängig vom Erscheinungsbild verwaltet werden:

Zentrale Definition des Layouts: Um eine Layoutänderung aller Einzelseiten zu bewirken, müssen diese bei der Verwendung von Vorlagen nicht einzeln bearbeitet werden. Es genügt stattdessen eine Änderung der zentralen Vorlage. Damit ist gleichzeitig auch ein einheitliches Erscheinungsbild sichergestellt.

Arbeitsteilung im Team: Anfallende Aufgaben wie beispielsweise Redaktion und Webdesign können effizient an unterschiedliche Mitarbeiter verteilt werden. Dabei müssen z. B. Redakteure keine besonderen Webkenntnisse haben, um Artikel zu veröffentlichen. Änderungen an Layout oder Funktion der Website können ohne Beeinflussung anderer Arbeitsprozesse durchgeführt werden.

Meta-Informationen: Bei der Erstellung eines Artikels können zusätzlich Stichworte zum Inhalt erfasst werden, oder der Artikel wird einer Kategorie zugeordnet. So lässt sich beispielsweise bei der Veröffentlichung neben einem Artikel automatisch eine Liste mit thematisch passenden Pressemitteilungen generieren. Natürlich können so auch speziell auf den jeweiligen Besucher zugeschnittene Inhalte angeboten werden.

Einfache Weiterverwertung: Da die Inhalte systematisch in einer Datenbank erfasst sind, können sie ohne Mehraufwand überall auf der Website auch in anderer Aufmachung genutzt werden (z. B. für eine automatische Auflistung der aktuellsten Artikel auf der Frontseite). Auch die Verbreitung eigener Inhalte auf anderen Seiten und Systemen kann gefördert werden: Dank CMS erfordert der automatische Austausch von Inhalten (Content Syndication) über Newsfeeds keinen Mehraufwand (siehe S. 157 ff.).

EUROPA KLAR MACHEN!
BDK DORTMUND 23. - 25. JANUAR

BÜNDNIS 90 DIE GRÜNEN

GRÜNE VOR ORT | GRÜNE JUGEND | GRÜNE IM BUNDESTAG | BÖLL STIFTUNG

BUNDESPARTEI

» Home
» Themen
» Presse
» Partei
» Service
» Suche
» Termine
» Kontakt

MITMACHEN

» Test: Wie grün bist Du?
» Grüne im Netz
» Mitdiskutieren
» Infos bestellen
» Online spenden
» Mitglied werden
» Klima schützen
» Schütze Deine Daten

LINKS

» claudia-roth.de
» oezdemir.de
» gruene-europa.de
» atomausstieg-selber-machen
» globalgreens.org.br

GRUENE.DE

Bundestagsfraktion
Yes you can!

Es ist soweit: Barack Obama ist in Washington mit traditioneller Zeremonie als 44. Präsident der USA ins Weiße Haus eingezogen. Auf ihn warten große Herausforderungen. Endlich beginnt in Amerika der ersehnte Machtwechsel, der lange Abschied von George W. Bush ist beendet.   Mehr »

» Wahltagebuch USA

"Landtagswahl in Hessen"
"Optimaler Start ins Superwahljahr!"

Die Bundesvorsitzenden Claudia Roth und Cem Özdemir, das Spitzenduo Renate Künast und Jürgen Trittin sowie der hessische Landesvorsitzende Tarek Al-Wazir waren am Montag in "Feierlaune". 13,7 Prozent der Stimmen sind für die Grünen das beste Ergebnis, das sie in einem Flächenland jemals erreicht haben.   Mehr »

» Website der Grünen Hessen
» Hier können Sie diesen Artikel kommentieren.

Bundestagsfraktion
Nach dem Krieg in Gaza

In Gaza schweigen die Waffen. Unzählige Opfer sind zu beklagen. In diesem Krieg litt vor allem die palästinensische Zivilbevölkerung, aber auch Israel trauert um seine Opfer. Jetzt muss alles getan werden, um eine humanitäre Katastrophe in Gaza zu verhindern.   Mehr »

» Claudia Roth: Militärische Aktionen sind keine Losung

90 Jahre Frauenwahlrecht in Deutschland
Jubeln und Weiterkämpfen

Seit genau 90 Jahren dürfen Frauen in Deutschland wählen und gewählt werden. Ein Grund zum Feiern, "aber der Kampf um die Gleichstellung von Frauen und Männern ist noch lange nicht gewonnen", sagte Astrid Rothe-Beinlich, frauenpolitische Sprecherin von BÜNDNIS 90/DIE GRÜNEN im Gespräch mit gruene.de.   Mehr »

» Hier können Sie das Interview kommentieren
» Fraktion: Ursula darf wählen! Und Ayse und Svetlana?
» Mehr zum Thema Frauenpolitik

Grüne Jugendorganisation feiert 15-jähriges Bestehen
Herzlichen Glückwunsch Grüne Jugend

Am 15. Januar 1994 kam die Grüne Jugend als Jugendorganisation von BÜNDNIS 90/DIE GRÜNEN auf die Welt. 15 Jahre später hat sie sich zu einem "festen und eigenständigen Bestandteil der politischen Landschaft in Deutschland" entwickelt, würdigten die grünen Bundesvorsitzenden Claudia Roth und Cem Özdemir.   Mehr »

» Zur Webseite der Grünen Jugend

Doppelinterview mit den Spitzenkandidaten
"In der Krise ist ein geschlossenes Konzept nötig"

GRUENE-BUNDESTAG.DE

» Grüne auf der Grünen Woche   Mehr »
» Podcast: Fritz Kuhn zu Barack Obama und Konjunktur   Mehr »
» Staatsbeteiligungen: Bund ohne Strategie   Mehr »
» Termine: Grüne Woche, Wahlrecht, Straßenbau, Verbraucherkonferenz, 60 Jahre Grundgesetz   Mehr »

  SPITZEN-DUO

  BDK DORTMUND
PERSONALAUSWEIS MITBRINGEN

 GRÜNE UNTERSTÜTZEN BEI facebook

KANAL GRÜN You Tube

NAZI-FREIES DRESDEN!
DEMO AM 14. FEBRUAR

Anwendungen im Wahlkampf

Kandidaten- und Parteiportal: Das zentrale Element im Onlinewahlkampf ist meist das Kandidaten- oder Parteiportal (siehe Abb. 13, 15 und 16). Von hier aus sind alle Kampagnenaktivitäten im Internet ansteuerbar. Alle Mitteilungen und Aktionen der Kampagne werden hier gebündelt. Wahlkampfportale sind ein geradezu ideales Anwendungsgebiet für Content-Management-Systeme. Die Kampagne behält damit den strategisch wichtigen Überblick über das gesamte Informationsangebot und kann Aufgaben reibungslos im Team verteilen. Ausführlich beschrieben finden sich das Portal von John Kerry aus dem amerikanischen Präsidentschaftswahlkampf 2004 ab S. 213 sowie die Kampagnenwebsite von Obama for America 2008 ab S. 167. Für eine Analyse der Internetauftritte im deutschen Bundestagswahlkampf 2002 siehe beispielsweise Schweitzer (2003). Einen Eindruck von den Parteiportalen im Bundestagswahlkampf 2005 vermittelt z. B. Jacobsen (2005).

Presse-Websites: Auch wenn die Zeit von der Erstellung bis zur Veröffentlichung einer Nachricht besonders kurz sein muss, sind CMS klar im Vorteil. Prädestiniert für den Einsatz von CMS sind deswegen auch Sonderseiten für Journalisten wie Presse-Portale (S. 279) oder Rapid-Response-Websites (S. 283).

Satelliten-Websites: Unter Umständen ist es vorteilhaft, bestimmte Inhalte nicht auf dem zentralen Wahlkampfportal, sondern auf einer separaten Website anzubieten (sog. Satelliten-Websites). Dies kann etwa bei Negativkampagnen sinnvoll sein, um durch eine größere Distanz das seriöse Erscheinungsbild des zentralen Wahlkampfportals nicht zu gefährden (vgl. S. 275). Weitere mögliche Anwendungsfälle für Satelliten-Websites sind eigenständige Websites von Regionalverbänden oder sehr spezialisierte Themenportale. Beispielsweise bieten Bündnis 90/Die Grünen mit „Datenschutz ist Bürgerrecht" (www.datenschutz-ist-buergerrecht.de) ein eigenes Themenportal zum Thema Datenschutz an.

3.4 Usertracking

Besucherströme und -profile sichtbar machen, Kampagnenfortschritte evaluieren

Manuel Merz und Stefan Rhein

Nur durch regelmäßige Evaluation vermag eine Kampagne einzuschätzen, wo ihre Aktivitäten verbessert werden müssen und wo bereits Erfolge erzielt worden sind (für einen Überblick zu Evaluationsmethoden siehe Bortz/Döring 2002). Zwar kann der ultimative Erfolg einer Kampagne erst am Wahltag beurteilt werden, geeignete Maßzahlen können aber auch bereits während der noch laufenden Kampagne Ergebnisse über den Erfolg einzelner Aktionen liefern. Eine allgemeine Aussage über den Erfolg einer Aktion ist beispielsweise anhand der eingenommenen Spenden oder der Zahl der rekrutierten Freiwilligen möglich.

Usertracking

Im Internet sind darüber hinaus detaillierte Analysen des Nutzungsverhaltens von Websitebesuchern und E-Mail-Empfängern durchführbar. Die Analysen eignen sich nicht nur zur Erfolgsmessung, sondern beispielsweise auch dazu, Onlineangebote zu optimieren, sie individuell an die Bedürfnisse der Nutzerinnen und Nutzer anzupassen oder ganz neue Funktionen anzubieten. Beispielsweise ermöglichen Nutzungsanalysen Onlinekaufhäusern, ihren Kunden individuelle Kaufempfehlungen zu geben oder sich automatisch an die Kaufgewohnheiten der Benutzer anzupassen (vgl. z. B. Grabner-Kräuter/Lessiak 2002). Für die im Wahlkampf erreichbaren Onliner ist Datenschutz überdurchschnittlich wichtig. Der Schutz von persönlichen Daten sowie die strenge Einhaltung der Datenschutzbestimmungen (S. 294 f.) sollte bei der Kampagnenarbeit also einen besonders hohen Stellenwert haben.

Logbuchanalysen

Bei jedem Aufruf einer Internetseite erfährt der Anbieter automatisch viele Informationen über seine Besucher. Technologiebedingt werden dem Webserver beispielsweise die aktuellen IP-Adressen der Besucher bekannt gegeben. Dazu kommen je nach Anwendung noch Informationen zu verwendetem Browser, genutztem Betriebssystem, zur Bildschirmauflösung, ja sogar zu der URL der Website, die den Hyperlink enthielt, dem die Besucher gefolgt waren. Webserver protokollieren diese Informationen standardmäßig zusammen mit Art und Zeitpunkt des Zugriffs in einem

Logbuch (Serverlog). All dies findet beim Aufruf einer Website automatisch und von den Anwendern unbemerkt statt. Anhand der IP-Adresse kann theoretisch durch den Internetprovider die reale Identität eines Surfers aufgedeckt werden. In der Praxis ist eine IP meist nicht fest an einzelne Nutzer gebunden, da sie in den meisten Fällen bei jeder Einwahl neu vergeben wird. Manchmal erhalten auch mehrere Surfer die gleiche IP. Aussagen über einzelne Nutzer lassen sich also anhand der IP nur bedingt treffen (für eine Einführung in diese Problematik siehe Fühles-Ubach 2001). Dafür können über Logbuchanalysen detaillierte Auswertungen über die allgemeine Nutzung des Webangebots angefertigt werden (vgl. z. B. Mayr 2004). Bereits die Frequentierung der einzelnen Seiten, aufgeschlüsselt nach Tageszeit oder Wochentag, lässt wichtige Rückschlüsse auf die Qualität der Website und die Art der Nutzung zu. Nicht zuletzt sind Logbuchanalysen nützlich, um Fehler auf der Website aufzudecken. So hinterlässt beispielsweise auch jeder erfolglose Zugriffsversuch einen Eintrag im Serverlog. Sucht man also gezielt nach solchen fehlgeschlagenen Zugriffen, können fehlende Seiten oder fehlerhafte Links schnell aufgedeckt werden.

Session Management

Will man dagegen Besucher auf ihren Wegen durch die Website unmittelbar beobachten, muss man zu einem kleinen Trick greifen: Der Webserver teilt den einzelnen Besuchern beim ersten Seitenaufruf für die aktuelle Sitzung jeweils eine eindeutige Identifikationsnummer zu (Session-ID). Das Besondere daran ist, dass der Webserver von nun an auch diese Session-ID erfährt, wenn ein Link auf der Website angeklickt wird. Dadurch können einzelne Abrufe eindeutig unterschiedlichen Besuchern zugeordnet werden. Das hier beschriebene Session Management ist nur mit kleinen Nachteilen verbunden: Der Webserver muss beispielsweise genau Buch führen, welche Identifikationsnummern er wann bereits vergeben hat. Aus Sicherheitsgründen verlieren alle ausgegebenen Identifikationsnummern nach einer definierbaren Zeit ihre Gültigkeit. Zu Problemen kann es auch dann kommen, wenn ein Benutzer die URL des Webangebots während einer bereits bestehenden Sitzung erneut eingibt. Der Webserver nimmt dann an, es handele sich um eine weitere Sitzung und erteilt eine neue Identifikationsnummer. Da zwei unterschiedliche Identifikationsnummern für den Webserver immer auch zwei unterschiedliche Besucher bedeuten, wird diese zweite Sitzung völlig unabhängig von der ersten protokolliert. Nicht zuletzt auch für die Benutzer kann dies eine unerfreuliche Wirkung haben. So sind dann z. B. die anfänglich im Warenkorb abgelegten Einkäufe nicht mehr vorhanden, oder eine umfangreiche Befragung muss neu begonnen werden. Durch den zusätzlichen Einsatz von Cookies lässt sich dieses Problem umgehen. Viele Anwendungen für Webserver wie auch viele Content-Management-Systeme (CMS) enthalten Funktionen zum Session Management. Dabei geht es jedoch nicht in erster Linie um das Beobachten und Auswerten des Nutzerverhaltens. Vielmehr dient das Session Management meist der technischen Abwicklung komplexer Websites. Session Management allein ist also für die Kampagne kein geeignetes Werkzeug zum Usertracking. Die Benutzer könnten damit nur über eine einzige Sitzung hinweg verfolgt werden, wobei einzelne Benutzer theoretisch mehrere Sitzungen gleichzeitig verursachen können. Aufbauend auf Session Management existieren aber praktikable Lösungen zur Nutzungsanalyse und Individualisierung. Dazu wird das Session Management in Verbindung mit Cookies oder der Registrierung von Benutzern angewendet.

Cookies

Sollen auch über verschiedene Besuche hinweg Informationen über das Nutzungsverhalten einzelner Surfer erhoben werden, dann leisten so genannte Cookies gute Dienste. Cookies sind Textdateien auf den Computern der Surfer. Sie können von Websites selbstständig erstellt und mit Informationen beschrieben werden. Vor allem aber kann die Website diese Informationen auch bei jedem erneuten Besuch wieder auslesen. Vergibt der Webserver den Nutzern also bei ihren allerersten Besuchen eindeutige Identifikationsnummern und speichert diese in Cookies auf den Computern der Surfer ab, dann kann der Server die Nutzer auch bei allen folgenden Besuchen auf der Website wieder eindeutig identifizieren. Über Cookies lassen sich also alle Zugriffe von Nutzern auch über mehrere Besuche hinweg genau dokumentieren. Zu allen Besuchern könnten alle Seitenaufrufe inklusive Reihenfolge und Dauer der Nutzung gespeichert werden. Nach und nach kann man so für jede Besucherin und jeden Besucher ein detailliertes Nutzungsprofil erstellen. Daraus destillierte Informationen wie thematische Interessensschwerpunkte können der Nutzerdatenbank hinzugefügt werden. Die Erstellung eines Cookies findet beim Aufruf der Website automatisch statt und ist für die Nutzer meist unsichtbar. Gerade deswegen müssen bei solchen Verfahren auf jeden Fall die Datenschutzbestimmungen (S. 294 f.) eingehalten werden. Immer mehr Browser ermöglichen es mittlerweile, Regeln für den Umgang mit Cookies zu definieren. Oft werden Cookies deshalb nach jeder Browsersitzung gelöscht oder deren Erstellung erst gar nicht zugelassen. Eine Website sollte also aus Kompatibilitätsgründen unbedingt auch ohne Cookies nutzbar sein.

Web-Bugs

Mit Hilfe von Cookies kann das Nutzungsverhalten bereits über verschiedene Besuche auf einer Website hinweg aufgezeichnet werden. Soll auch das Surfverhalten über verschiedene Websites hinweg mitverfolgt werden, dann können Cookies mit Web-Bugs („Internet-Wanzen"), wie Kritiker sie nennen, kombiniert werden. Betreut also ein Anbieter ein ganzes Netzwerk von Websites, kann er mittels Web-Bugs das Gesamt-Nutzungsverhalten seiner Besucher analysieren. Bei dieser Methode werden meist kleine, transparente Bilddateien im GIF-Format verwendet. Diese Bilder werden in die einzelnen Seiten eines Webangebots integriert, ohne dass sie dort von den Besuchern wahrgenommen werden können. Wird die Website geöffnet und damit das Bild mit den übrigen Daten angefordert, erfährt der Webserver, von dem der Web-Bug stammt und der in der Regel nicht mit dem Webserver der Website identisch ist, jeweils die IP-Adressen der anfragenden Nutzer, die Inhalte eines eventuell bereits früher gesetzten Cookies sowie weitere Informationen. Auf diese Weise wird der Webserver, der den Web-Bug liefert, über alle Vorgänge unterrichtet, welche die Nutzer auf den präparierten Websites unternehmen. Es entstehen noch umfangreichere Nutzungsprofile. Wie bei Cookies ist auch die Verwendung von Web-Bugs datenschutzrechtlich umstritten. Die Nutzer sollten in jedem Fall klar über die erhobenen Daten und ihre Verwendung informiert werden.

Registrierung

Die eleganteste Variante, das Nutzungsverhalten auch über mehrere Besuche mitzuverfolgen, ist die Registrierung. Da die Besucher eine Registrierung auf der Website bewusst auslösen müssen, ist diese Variante auch datenschutzrechtlich wenig bedenklich. Für die Registrierungsfunktion kann das Session Management, eventuell in Verbindung mit Cookies, sehr hilfreich sein. Oft sind zu Benutzerregistrierung und -management bereits Vorkehrungen im CMS getroffen. Zusätzlich gehören dazu meist auch Funktionen zur Verifizierung der angegebenen E-Mail-Adresse und zum Anzeigen individualisierter Inhalte. Bei der Registrierung müssen die Benutzer einmalig in einem Formular bestimmte Pflichtangaben machen (z. B. die E-Mail-Adresse). Auf freiwilliger Basis können zusätzlich noch weitere persönliche Daten bekanntgegeben werden (z. B. die Postadresse oder Angaben zu persönlichen Interessen). Falls die Besucher aus der Registrierung einen für sich relevanten Nutzen ziehen können, werden sie dies meist auch gerne tun. Ein solcher Mehrwert kann beispielsweise in Form einer lokalisierten Version der Homepage oder durch den Zugang zum Community-System hergestellt werden. Nach einer erfolgreichen Registrierung erhalten die Nutzer üblicherweise eine Bestätigung per E-Mail. Bei jedem erneuten Besuch auf der Website können sich bereits registrierte Besucher nun mit ihrem Benutzernamen und Passwort anmelden. Über einen Cookie kann diese Anmeldung auch automatisch geregelt werden. Das Nutzungsverhalten der auf der

Website angemeldeten Besucher ist für den Anbieter vollkommen transparent. Alle Interaktionen zwischen Besuchern und Website, wie Seitenaufrufe oder empfangene Spenden, können damit zentral gespeichert und durch die Kampagne detailliert ausgewertet werden. Auf welche Art und Weise diese Daten genutzt werden, muss den Besuchern vor der Registrierung bekannt gemacht werden. Es liegt im zentralen Interesse einer Kampagne, mit den erhobenen Daten vertrauensvoll umzugehen. Das Vertrauen in die Kampagne wäre wegen Fahrlässigkeit oder gar wegen Datenmissbrauchs nachhaltig geschädigt. Daten sollten keinesfalls an Dritte weitergegeben und Auswertungen nur in anonymisierter Form durchgeführt werden. Wichtig ist, dass die Nutzerinnen und Nutzer die vollständige Kontrolle über ihre Daten behalten. Nützlich ist dafür eine eigene Seite, auf der die Angaben geändert werden können oder auch der gesamte Datensatz gelöscht werden kann. Auch in diesem Fall gilt: Die Website sollte selbst dann in größtmöglichem Umfang nutzbar sein, falls sich eine Person bewusst gegen die Registrierung entscheidet.

E-Mail-Tracking

Ähnlich wie die Nutzungsanalysen bei Websites lassen sich auch für Newsletter Analysen erstellen. Auch ohne weitere Hilfsmittel kann man den Erfolg oder Misserfolg eines E-Mail-Aufrufs messen, beispielsweise durch Zählen der rekrutierten Freiwilligen, der erhaltenen Spenden oder auch der gekündigten Newsletter. Bei reinen Text-E-Mails endet die Analyse hier. Bei HTML-E-Mails sind durch das versteckte Einbinden eines Web-Bugs jedoch noch weiter gehende Untersuchungen möglich. Dabei wird durch spezielle Anwendungen allen Abonnenten jeweils eine eigene E-Mail mit individueller Identifikationsnummer geschickt. Diese ID ist in der Regel im Dateinamen oder -pfad einer nachzuladenden Grafik versteckt (siehe z. B. Abb. S. 198). Beim Öffnen einer solchen Nachricht wird auch versucht, die präparierte Grafik herunterzuladen. Die Newsletter-Management-Software wertet einen solchen Zugriffsversuch aus und liest dabei die Identifikationsnummer aus. Erst anschließend liefert sie die angeforderte Grafik. Die Kampagne kann also sehr genau nachvollziehen, wer eine Nachricht wann und wie lange geöffnet hat und wie viele Empfänger den angegebenen Links gefolgt sind. Auch die anschließenden Aktionen auf der Website lassen sich verfolgen. Wie Web-Bugs im WWW sind auch die E-Mail-Web-Bugs für Empfänger normalerweise nicht wahrnehmbar.

Messgrößen zur Evaluation des Kampagnenfortschritts

Für eine Kampagne sind vor allem Effizienzraten interessant. Wie hoch war also der Aufwand in Relation zu den bisher erreichten Erfolgen? Um im Onlinewahlkampf informierte Entscheidungen treffen zu können, sind besonders die Indikatoren „Kosten pro Klick" und „Kosten pro Nutzeraktion" zur Bestimmung des Return on Investment wichtig: Der Indikator „Kosten pro Klick" gibt Aufschluss darüber, wie teuer es war, Nutzer auf die Website zu bringen. Über diesen Wert lassen sich verschiedene Werbemaßnahmen vergleichen, beispielsweise verschiedene Werbebanner und E-Mail-Aktionen. Von hoher Bedeutung sind auch die Kosten pro Nutzeraktion. Eine Aktion kann dabei je nach der Art des Aufrufs beispielsweise eine Spende sein oder auch eine Registrierung.[15]

WWW

Die Messgrößen für die Nutzung von Webangeboten lassen sich für unterschiedliche Bereiche einer Website getrennt bestimmen und im Zeitverlauf vergleichen (siehe Abb. 17). Die folgenden Indikatoren kann man bereits über einfache Logbuchanalysen erhalten:

Hits: Hits (Treffer) beschreiben die Gesamtzahl der Zugriffe auf eine Website inklusive aller Bilder und Icons. So würde zum Beispiel der Abruf einer sehr einfachen Website, bestehend aus einer HTML-Datei und zwei Grafiken, mit drei Hits verbucht. Hits sind kein guter Indikator für den Erfolg eines Webangebots.

Page Impressions: Ein besserer Indikator sind Page Impressions (Seitenaufrufe). Dieser Wert kommt zu Stande, wenn man nur die Zugriffe auf die einzelnen Seiten einer Website zählt und dabei Bilder und sonstige Website-Elemente ignoriert. Wird eine Website mehrmals von derselben Person besucht oder sieht sie sich mehrere verschiedene Unterseiten an, so wird jeder einzelne Aufruf als Page Impression gezählt.

Unique Visits: Unique Visits (Einzelbesuche) sind das verlässlichste Maß für die Anzahl der Besuche auf einer Website. Dabei wird jeder Besuch einer einzelnen IP-Adresse in einem bestimmten Zeitraum (meist 30 Minuten oder eine Stunde) nur einmal gezählt. Auch ist es egal, wie oft eine Person in diesem Zeitraum die Seite besucht oder wie viele Website-Elemente dabei heruntergeladen werden. Erst nachdem eine definierte Frist abgelaufen ist, wird ein Seitenaufruf derselben Person wieder als zusätzlicher Besuch gewertet.

---

[15] Die hier vorgestellten Messgrößen dienen in erster Linie der Evaluation eines eigenen Webangebots. Zur Evaluation von Werbekampagnen, die durch Dritte durchgeführt wurden, siehe z. B. Wegmann/Mannan (2002).

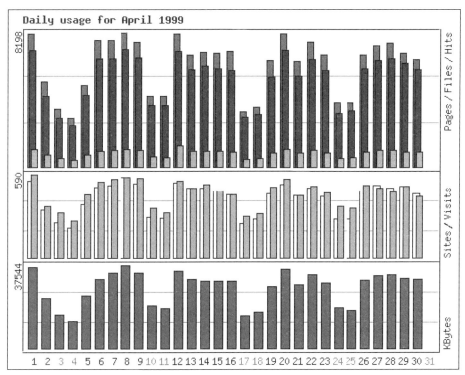

Abbildung 17: Ausschnitt einer Websitenutzungsstatistik des verbreiteten freien Logfile-Analysesystems
Webalizer (www.webalizer.org)

Durchschnittliche Verweildauer: Die durchschnittliche Verweildauer gibt Auskunft
darüber, wie lange eine Person im Durchschnitt auf der Website verbleibt.

Klickpfade: Klickpfade beschreiben die exakten Pfade, die Nutzer bei ihren Wegen
durch die Website beschreiten. Dabei wird die Folge der von einer Person angesehe-
nen Seiten auf der Website erfasst. Klickpfade lassen sich ab einer bestimmten Seite
oder zu einer bestimmten Seite hin bestimmen. Sie geben wertvolle Hinweise darauf,
wie eine Website von ihren Besuchern typischerweise genutzt wird.

Einstiegsseiten: Interessant ist auch die Bestimmung der Seiten, die häufig als Einstieg
in das Webangebot dienen. Neben Einstiegsseiten können auch Ausstiegsseiten bestimmt werden.

Darüber hinaus steht über Logbuchanalysen noch eine Fülle weiterer Indikatoren zur
Verfügung. Beispielsweise können Aussagen über die Herkunft der Besucher und
über ihre Browser und Betriebssysteme getroffen werden. Sind Besucher über eine

105

andere Website auf das eigene Angebot gelangt, dann kann die Adresse dieser anderen Website erfasst werden. War die fremde Seite eine Suchmaschine, können sogar die dort eingegebenen Suchbegriffe ausgelesen werden. Noch weitergehende Möglichkeiten zur Optimierung einer Website bietet serverseitige Analysesoftware. Beispielsweise können damit zusätzlich Informationen zu den Klickorten bestimmt werden. Hieraus lassen sich sog. Heatmaps generieren, welche sehr intuitiv darstellen können, wie genau die Website genutzt wurde (siehe Abb. 18).

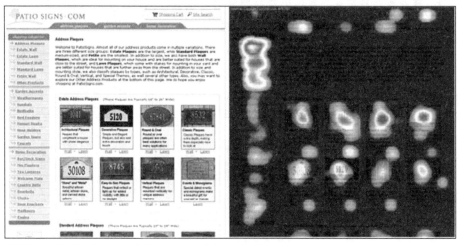

Abbildung 18: Visualisierung des Nutzungsverhaltens als Heatmap

E-Mail

Es gibt verschiedene Indikatoren, die Aufschluss über den Erfolg oder Misserfolg speziell von E-Mail-Aktionen geben können (vgl. Abb. 19). Für die durch E-Mail-Tracking gewonnenen Werte gilt, dass sie keine exakten Ergebnisse liefern können: Zum einen finden E-Mails im Nur-Text-Format technologiebedingt unzureichend Berücksichtigung, zum anderen sind die Ergebnisse von den verwendeten E-Mail-Programmen abhängig. Das heißt aber nicht, dass die Daten für die Kampagne deshalb nicht nützlich wären: Die Werte ein und desselben Indikators der gleichen E-Mail-Liste lassen sich sehr genau miteinander vergleichen. Auf diese Art und Weise kann man beispielsweise verschiedene Betreffzeilen oder verschiedene Aktionen sehr gut miteinander vergleichen. Zur quantitativen Evaluation der E-Mail-Aktivitäten eignen sich insbesondere die folgenden Indikatoren:

Öffnungsrate: Die Öffnungsrate sagt aus, wie viele Empfänger die E-Mail geöffnet haben. Sie ist ein guter Indikator für die Qualität der Betreffzeile und gibt auch bereits einen Hinweis darauf, wie viele Empfänger die E-Mail gelesen haben könnten.

Leserate: Manche Anwendungen versuchen zusätzlich die Leserate zu bestimmen, welche auf der Öffnungsdauer basiert. Dazu muss zuvor definiert werden, ab welcher Öffnungsdauer (z. B. 10 Sekunden) eine E-Mail als gelesen gewertet werden soll.

Klickrate: Die Klickrate wird oft auch als Click-Through-Rate (CTR) bezeichnet. Sie zeigt an, wie viele Empfänger einem in die E-Mail eingebetteten Link auf die Website gefolgt sind. Die Klickrate ist ein Indikator für die Effektivität der Texte und Bilder der E-Mail sowie für das allgemeine Interesse an der Kampagne.

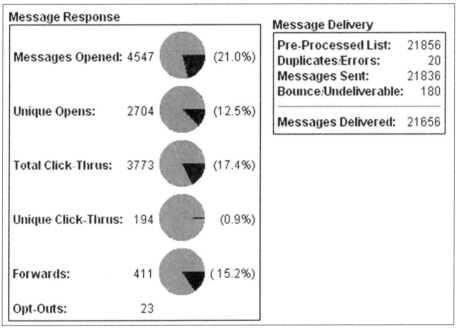

Abbildung 19: Ausschnitt eines E-Mail-Tracking-Berichts von Customer Paradigm (www.customerparadigm.com)

Aktionsrate: Von besonderer Bedeutung ist die Aktionsrate (auch Response-Rate genannt). Sie zeigt an, wie groß der Anteil an Nutzern ist, die aus der E-Mail heraus über einen Link auf die Website gewechselt sind und die beworbenen Aktionen (z. B. Registrierung, Spende) tatsächlich durchgeführt haben.

Abbruchrate: Im Gegensatz dazu erklärt die Abbruchrate, wie viele Nutzer entweder gar nicht aus der E-Mail auf die Website gewechselt sind oder aber die Aktion irgendwann abgebrochen haben. Wichtig für die Kampagne ist es hierbei auch zu klären, an welcher Stelle die Besucher vorwiegend abspringen und welche Ursachen die Abbrüche haben könnten.

Kündigungsrate: Newsletter-Empfänger sollten jederzeit ihr Abonnement kündigen können. Eine hohe Kündigungsrate weist auf Mängel beim Newsletter hin. Eventuell ist die Frequenz der E-Mails zu hoch, vielleicht sind aber auch Veränderungen am Newsletter negativ aufgefallen. Eine Umfrage unter den Empfängern oder die gezielte Auswertung von Feedback können hier sehr aufschlussreich sein.

Weiterleitrate: Werden E-Mails von anderen Nutzern geöffnet als von den Empfängern selbst, sind sie wahrscheinlich von diesen an Bekannte weitergeleitet worden. Die Weiterleitrate ist ein zusätzlicher Indikator für die Effektivität der Inhalte einer E-Mail. Besonders gut lässt sich hierüber der Erfolg von Viral-Marketing-Strategien messen.

Rückläufer: Rückläufer (Bounces) sind E-Mails, die nicht zugestellt werden konnten. Ihre Anzahl gibt Aufschluss über die Qualität der E-Mail-Adressliste. Die Ursache für Rückläufer können beispielsweise Fehler in der Adresse und zeitweise überfüllte Mailboxen sein. Um Ressourcen zu schonen, sollten nicht mehr existente E-Mail-Adressen ausgesondert werden. Wer viele E-Mails an fehlerhafte E-Mail-Adressen versendet, kann zudem leicht als Spamversender verdächtigt werden.

3.5 Blogs
Innovative Kommunikationsform mit
Möglichkeit zur kontrollierten Partizipation

Manuel Merz

Blogs (auch Weblogs genannt) lassen sich zu vielen verschiedenen Zwecken einsetzen (vgl. allgemein zu Blogs Mortensen/Walker 2002; Zerfaß/Boelter 2005; Picot/Fischer 2006). Oft werden Blogs von einzelnen Individuen oder auch von kleinen Autorenteams als öffentliches Tagebuch oder zur Veröffentlichung aktueller Informationen genutzt. Je nach Einsatzzweck variiert die Darstellung von Blogs. Typisch ist in jedem Fall, dass die einzelnen Einträge wie in einem Logbuch einen Zeitstempel enthalten und linear in umgekehrt chronologischer Reihenfolge angeordnet sind. Man erwartet in einem Blog den aktuellsten Eintrag also immer zuerst. Die Einträge können neben Texten auch Links, Bilder, Videos und andere Elemente enthalten. Für jeden Eintrag kann festgelegt werden, ob die Leserinnen und Leser Kommentare hinterlassen dürfen oder nicht.

Die publizistische Bedeutung von Blogs ist in Deutschland umstritten: Während sich Blogs in den USA bereits als Gegenöffentlichkeit zu traditionellen Medien etabliert haben (vgl. Cornfield/Carson/Kalis/Simon 2005; Gillmor 2004; Rainie 2005), ist die Blogkultur in Deutschland strukturell weniger bedeutend und zudem erst noch am Entstehen (vgl. Abold 2005; Bieber 2005; Coenen 2005; Sinico 2005). Als Quelle für Politikjournalisten haben Blogs in Deutschland zum Beispiel derzeit noch keine Bedeutung (vgl. Bihr 2008). Und während im Jahr 2006 immerhin 39 % der US-amerikanischen Onliner ab 18 Jahren Blogs gelesen hatten, taten dies in Deutschland auch im Jahr 2008 nur 6 % der Onliner ab 14 Jahren (vgl. Lenhart/Fox 2006; Fisch/Gscheidle 2008). Insgesamt konnten nur 24 % der deutschen Onliner mit dem Begriff „Weblog" überhaupt etwas anfangen.

Die Leserinnen und Leser von politischen Blogs sind für den Wahlkampf im Internet dennoch eine interessante Zielgruppe: Sie sind politisch überdurchschnittlich engagiert und können als Meinungsführer wichtige Aufgaben für die Kampagne erfüllen (vgl. Darr/Graf 2007). Für eine Kampagne eignen sich Blogs besonders, um den Nutzerinnen und Nutzern persönliche Nähe zur Kampagne zu suggerieren (vgl. Hienzsch/Prommer 2004), sie unterstützen gleichzeitig aber auch den Aufbau virtueller Gemeinschaften (vgl. dazu beispielsweise Stauffer 2002). Die Leserschaft politischer Blogs in den USA war im Jahre 2006 überwiegend männlich, die Altersstruktur unterschied sich dagegen nur unwesentlich von der aller Onliner (vgl. Graf 2006). In Deutschland sind die Leserinnen und Leser von Blogs den Nutzern von Politikerhomepages (S. 33) sehr ähnlich, aber im Vergleich noch jünger (Abold 2005). Die wissenschaftliche Forschung zu Blogs ist jedoch noch immer in ihren Anfängen (für einen thematischen Überblick siehe z. B. Schmidt/Schönberger/Stegbauer 2005).

Kommentarfunktion

Es gibt in Blogs grundsätzlich zwei verschiedene Arten von Beiträgen: Einträge (siehe Abb. 20) und Kommentare (siehe Abb. 21). Einträge können ausschließlich von den Autorinnen und Autoren des Blogs geschrieben werden. Dagegen kann jeder Leser und jede Leserin einen solchen Autoreneintrag durch einen eigenen Beitrag kommentieren, sofern die Kommentarfunktion auch freigeschaltet ist. Durch diese Unterscheidung ist es, anders als bei einem Forum oder einem privaten Gästebuch, möglich, den Einträgen der Autoren ein größeres Gewicht zu verleihen (zu elektronischen Gästebüchern siehe z. B. Diekmannshenke 2000; Döring 2003a: 37 ff.). Beispielsweise sind die Kampagneneinträge im Gegensatz zu den Leserkommentaren bereits auf der Frontseite dargestellt. Auch die Diskussionsrichtung kann von den Autoren stärker beeinflusst werden. In der Regel sind ja die Einträge der Autoren die Auslöser für Kommentare.

Nur ein kleiner Prozentsatz der Leserschaft wird die Kommentarfunktion regelmäßig nutzen (vgl. Fisch/Gscheidle 2008). Ein Großteil verbringt die Zeit im Blog fast ausschließlich mit dem Lesen von Autoreneinträgen und evtl. den Kommentaren Anderer. Der Dialog zwischen den Autoren des Blogs und der Leserschaft ist also stark asymmetrisch, was die Kommunikation auf Autorenseite sehr effizient macht (vgl. Nardi/Schiano/Gumbrecht 2004).

Kontrollmöglichkeiten

Obwohl Leserkommentare in Blogs nicht so prominent in Erscheinung treten wie die Einträge der Kampagne selbst, sollte ein Blogsystem gerade im Kampagneneinsatz eine möglichst effiziente Kontrolle der Nutzerkommentare ermöglichen. Dies meint nicht unbedingt die Kontrolle von Kritik oder Angriffen: Blogs können dies oft aus eigener Kraft bereinigen. Vielmehr sollten Rechtsverstöße und gezielte Sabotageversuche effizient unterbunden werden können. Auch Werbung in Form von Kommentar-Spam hat sich zu einem ernst zu nehmenden Faktor entwickelt (vgl. SchulzkiHaddouti/Bager 2005). Verschiedene Mechanismen können der Kampagne den Umgang mit solchen Störfaktoren stark erleichtern:

"I'M ASKING YOU TO BELIEVE.
Not just in my ability to bring about
real change in Washington . . . I'm
asking you to believe in yours."

GET INVOLVED NOW

FIND AN EVENT
NEAR YOU   GO

OBAMA
BIDEN

⬤ LEARN   ISSUES   MEDIA   ACTION   PEOPLE   STATES   BLOG   STORE   PLEASE DONATE

○ **OBAMA**BLOG

Organizing for America

by Christopher Hass | Friday January 23 2009 10:28:49 PM

In case you missed it, last Saturday then-President-elect Obama announced the next step for the unprecedented grassroots movement that grew out of this campaign: Organizing for America.

519 Comment(s)   Permalink   Email to a friend
Share: Digg   Facebook   Newsvine   Stumble   del.icio.us

Video: President Barack Obama's Inaugural Address

by Christopher Hass | Thursday January 22 2009 07:51:23 PM

731 Comment(s)   Permalink   Email to a friend
Share: Digg   Facebook   Newsvine   Stumble   del.icio.us

Open Thread: Endings and Beginnings

by Christopher Hass | Wednesday January 21 2009 04:07:31 PM

From Change.gov:

HQ Highlights

Video: President Barack Obama's
Inaugural Address

President-Elect Obama on
American Recovery and
Reinvestment: "That work begins
with this plan"

Holiday Message from Michelle
Obama: Help make a difference
this holiday season

Message from David Plouffe: What
you're saying

Change is Coming: Message from
Obama for America

Change is Coming: "What we
started"

Supporters Rally to Help Victims
of the California Fires

"Where we go from here" - A
Message from David Plouffe

What Happened on Tuesday

Election Night Speech: "This time
must be different"

SUBMIT YOUR PHOTOS AND
EXPERIENCES TO THE BLOG

CREATE A PERSONAL
FUNDRAISING PAGE

BUILD A
MOVEMENT
for
CHANGE
FROM THE
GROUND UP

BARACK TV   MORE VIDEOS

0:00 / 2:52

Registrierung: In vielen Fällen bietet es sich an, vor Abgabe eines Kommentars eine Registrierung zu verlangen. Dadurch können beispielsweise sämtliche Kommentare eines Störenfrieds gesammelt entfernt werden, es entsteht aber gleichzeitig auch eine zusätzliche Hürde für die aktive Teilnahme.

Captcha-Funktion: Professionelle Störer können den Registrierungszwang umgehen. Dazu lassen sie einen Computer vollautomatisch beliebig viele Anmeldungen ausfüllen. Um dies zu verhindern, kann man während der Anmeldeprozedur oder vor jeder Abgabe eines Kommentars eine Testaufgabe abfragen, die für Computer nur sehr schwer lösbar ist, z. B. einen Code von einer Grafik abzutippen (vgl. Schwellinger 2003). Echte Benutzer können so von Spam-Software unterschieden werden.

Filter: Vor der Veröffentlichung eines Kommentars kann der Text anhand von Filterregeln automatisch auf typische Verstöße überprüft werden.

Moderation: Im Wahlkampfkontext bietet es sich oft an, Kommentare erst nach einer manuellen Kontrolle freizuschalten. Es gilt hierbei jedoch zu bedenken, dass die daraus entstehende Verzögerung eine Beteiligung weniger attraktiv macht. Wird diese Funktion von der Kampagne zudem offensichtlich dazu missbraucht, positive Kommentare zu bevorzugen, so wirkt dies auf die Community schnell unglaubwürdig und würde entsprechend abgestraft.

Selbstregulation: Wird ein Kommentar nach einem Bewertungssystem von vielen Besuchern als rechtswidrig oder als Werbung eingestuft, wird der Kommentar automatisch entfernt. Diese Funktion stützt sich darauf, dass die Community den Störern in der Regel zahlenmäßig weit überlegen ist.

Deaktivieren : Die Kommentarfunktion kann für besondere Fälle zeitweise komplett oder gezielt für einzelne Einträge ausgeschaltet werden.

Blog-Publishing-Systeme

Technisch werden Blogs mit Hilfe von spezialisierten Web-Content-Management-Systemen umgesetzt (sog. Blog-Publishing-Systeme). Es gibt zahlreiche Angebote solcher Systeme, darunter auch kostenlose und exzellente Open-Source-Software wie beispielsweise WordPress (www.wordpress.org). Auch von Drittanbietern auf eigenen Servern betreute Angebote sind für Kampagnen prinzipiell denkbar. In diesem Fall fehlt allerdings eine Anbindung des Blogs an die zentrale Kampagnendatenbank. Dies führt unter anderem dazu, dass sich Nutzer, die Kommentare schreiben wollen, sowohl auf der Kampagnenwebsite als auch für das Blog jeweils separat registrieren müssen.

Get Local! Create Your MyBO Account (or Login) Email Address   Zip Code   Get Started

EN ESPAÑOL

"I'M ASKING YOU TO BELIEVE.
Not just in my ability to bring about
real change in Washington ... I'm
asking you to believe in yours."

OBAMA
BIDEN

GET INVOLVED NOW

FIND AN EVENT
NEAR YOU   GO

◦   LEARN   ISSUES   MEDIA   ACTION   PEOPLE   STATES   BLOG   STORE

PLEASE DONATE

Community Blogs

Login | Register | Search Blogs

Post from Obama HQ Blogger:

Video: President Barack Obama's Inaugural Address

By *Christopher Hass* - Jan 22nd, 2009 at 1:51 pm EST

Comments | Mail to a Friend | Report Objectionable Content

0:00 / 0:00

My Home

Community
My Neighborhood
My Groups
My Friends
Find Friends

Events
Find Events
Host an Event
Manage my Events

Contact voters

Fundraising

Messages

Blog
View All Blogs
Search All Blogs

Action Center

Resources

Reader Comments   Write a Comment on this Post   Comments RSS

Yippee! | Report to Admin   **Reply**
By ♥Lynn♥ who is now seeing CHANGE in Politics and USA **Jan 22nd 2009 at 1:55 pm EST** (Updated Jan 22nd 2009 at 1:55 pm EST)

We Did it!

Re: Yippee! | Report to Admin   **Reply**
By ♥Lynn♥ who is now seeing CHANGE in Politics and USA **Jan 22nd 2009 at 1:56 pm EST** (Updated Jan 22nd 2009 at 1:56 pm EST)

OMG, I am first? Finally after all this time.

Thank you all! Way to go Mr. President. Love your new house.

Re: Yippee! | Report to Admin   **Reply**
By Reggie; Who Just Signed Up For An 8 Year Tour Of "O"-Duty!!! **Jan 22nd 2009 at 2:02 pm EST** (Updated Jan 22nd 2009 at 2:02 pm EST)

Congrats Lynn!!!!

I posted this yesterday hoping to start a conversation. Didn't have much success then LOL. I hope it will be better this time ;-)

It is something that I never fully recognized nor for that matter even considered while working so hard for this man to be our President.

I worked for him not because he was Black, although it filled me with enormous pride, but rather because I was convince he was the one we needed at this time.

Now that I am at last able to take a step back and gain some semblance of perspective. I had to smile today at the poetry of God.

God could have chosen any AA to bless with the ability to make this Journey and reach this goal. Yet he chose a man who has roots in both America and Africa who's very name has not been co-opted

Neben der Art der Darstellung gibt es weitere typische Funktionen von Blog-Publishing-Systemen: Einträge und Kommentare erhalten bei der Veröffentlichung eine eindeutige und sich nicht verändernde Webadresse (Permalink). So genannte Trackbacks bzw. Pingbacks erleichtern es Bloggern festzustellen, ob auf ihren eigenen Eintrag in einem anderen Blog Bezug genommen wird. Durch das Blog-System wird dabei automatisch auf bezugnehmende Einträge hingewiesen. Eine Linkliste (die sog. Blogroll) verweist üblicherweise auf befreundete Blogs und Websites. Schließlich lassen sich zumeist die Einträge eines Blogs wie auch die Leserkommentare als Newsfeed (S. 157) abonnieren.

Sonderformen des Bloggens

Auch bei Microblogs, Podcasts und Moblogs handelt es sich letztlich um spezielle Formen des Bloggens. Diese Sonderformen basieren zwar grundsätzlich auf demselben Prinzip wie Blogs, sie haben sich jedoch technisch so weiterentwickelt, dass sich spezifische Anwendungen damit besonders gut umsetzen lassen.

Podcasts und Videopodcasts

Blogs, die ihre Inhalte allein in Form von Audiobeiträgen bereitstellen, nennen sich Podcasts. Im Falle von Videobeiträgen spricht man von Videopodcasts oder Vlogs. Podcast-Beiträge können über spezielle Programme (sog. Podcatcher) automatisch heruntergeladen werden. Durch die automatische Übertragung auf mobile Wiedergabegeräte (z. B. iPod) können die Beiträge auch bequem unterwegs abgespielt werden.

Auf Anbieterseite werden Audiobeiträge für einen Podcast einfach ins MP3-Format konvertiert und in ein spezielles Content-Management-System hochgeladen. Dieses erstellt automatisch einen Podcasting-Feed, der von Programmen abonniert werden kann. Zwar ließen sich Podcasts grundsätzlich leicht über eine eigene technische Infrastruktur realisieren, es ist aber dennoch sinnvoll, stattdessen die bestehenden Podcast-Portale zu nutzen: Die dort bereits bestehende Podcast-Community entspricht weitgehend der mit Podcasts erreichbaren Zielgruppe: Nur 1 % der deutschen Onliner ab 14 Jahren nutzten 2008 Podcasts zumindest wöchentlich, darunter immerhin 4 % der 20- bis 29-Jährigen (vgl. van Eimeren/Frees 2008a). Es handelte sich dabei vermutlich vor allem um online sehr aktive junge männliche Onliner auf der Suche nach Unterhaltung (vgl. Martens/Amann 2007). Eine gute Anlaufstelle für umfangreiche Informationen zur Funktionsweise von Podcasts und für Hinweise auf neueste Entwicklungen ist das Onlineprojekt „Podcast Wiki" (wiki.podcast.de).

Microblogs

Die wesentliche Besonderheit beim Microblogging ist die Beschränkung der Beiträge auf sehr kurze Texte (meist 140 Zeichen oder weniger). Der größte Microblogging-Dienst ist derzeit Twitter (siehe Abb. 22). Es existieren aber auch zahlreiche weniger verbreitete Alternativen wie Jaiku (www.jaiku.com) und Identica (www.identi.ca). Zum Senden und Empfangen der Beiträge gibt es die unterschiedlichsten Alternativen: Neben der Website des Anbieters und speziellen Microblogging-Programmen kommen beispielsweise auch Instant-Messaging-Programme, E-Mails und sogar SMS in Frage. Veröffentlicht wird entweder an die Allgemeinheit oder nur an eine eingeschränkte Empfängergruppe. Beiträge können auch mit einem Hinweis versehen werden, dass sie an einen bestimmten Teilnehmer gerichtet sind, bleiben dabei aber typischerweise für alle Adressaten lesbar. Die bekanntesten Microblogging-Dienste bieten transparente Programmierstellen an. Auf deren Grundlage ist inzwi-

Abbildung 22: Twitter-Channel von Bündnis90/Die Grünen (twitter.com/die_gruenen) am 05.02.2009

schen eine kaum überschaubare Vielfalt an technischen Hilfsmitteln und neuen Anwendungen entstanden, die alle auf dem Microblogging-Konzept basieren.[16] Auch die so genannten Statusmeldungen in sozialen Netzwerken (S. 123), mit denen die Nutzerinnen und Nutzer in ihrem Profil mitteilen, womit sie derzeit beschäftigt sind, fallen unter Microblogging und sind teilweise sogar über Microblogging-Dienste steuerbar.

Moblogs

Moblogs (auch Mobile Weblogs genannt) sind Blogs, in die von unterwegs aus geschrieben wird (vgl. Döring 2006). In der Regel werden dabei soeben aufgenommene Fotos und kurze Texte oder auch Audio- oder Videoclips per Mobiltelefon, PDA oder Notebook direkt an einen Moblog gesendet. Mobile Weblogs sind damit besonders gut geeignet, um Reisen und Erlebnisse authentisch aufzuzeichnen.

Anwendungen im Wahlkampf

Kampagnenblog: Das Kampagnenblog wird offiziell von der Kampagne herausgegeben. Meist wird es durch einen prominenten Link auf der Wahlkampfwebsite beworben. Solche Blogs sind besonders gut geeignet, um Kandidaten nahbar, persönlich und authentisch erscheinen zu lassen (vgl. Hienzsch/Prommer 2004). Im Normalfall werden die Kandidaten selbst eher schlecht als Blogger geeignet sein. Neben Zeitgründen spielt hierbei auch die Fähigkeit, interessante blogtypische Einträge zu schreiben, eine Rolle. Ideal ist es deswegen, wenn die Einträge durch einen oder mehrere Kampagnenmitarbeiter geschrieben werden, die bereits Blogerfahrung haben. Ziel sollte es dabei sein, möglichst authentisch aus der Kampagne zu berichten, um persönliche Nähe zur Kampagne und zu den Kandidaten herzustellen (siehe auch S. 295). Neben interessanten Neuigkeiten, aktuellen Informationen und Kommentaren aus Kampagnensicht ist also vor allem auch ein regelmäßiger Blick hinter die Kulissen wichtig, bei dem die Kandidaten durchaus auch einmal privater dargestellt werden können. Selbstverständlich können auch Gastautoren aufgenommen werden: Hierzu eignen sich neben prominenten Unterstützern natürlich auch die Kandidaten selbst. Thematisch sollten verstärkt solche Inhalte aufgegriffen werden, die für die erreichbare Zielgruppe besonders interessant sind (also z. B. Netzthemen wie Vorratsdatenspeicherung und Bürgerrechte). Ein Kampagnenblog kann daneben auch ein wirkungsvolles Feedback-Instrument sein. Dazu sollte die Kampagne aktiv auf Kritik, Vorschläge und Ideen in Nutzerkommentaren eingehen. Wenn Nutzer die

---

[16] Einen Überblick geben beispielsweise das Twitter Fan-Wiki (twitter.pbwiki.com/Apps) oder die Twitter Applications Database (www.twitdom.com).

Einträge der Kampagne kommentieren können, verstärkt sich zudem das Gefühl beteiligt zu sein. Nur eine relativ kleine Gruppe von Leserinnen und Lesern wird aktiv Kommentare schreiben. Diese Dialoge können dann aber von allen Besuchern mitverfolgt werden, was auch bei diesen bereits ein Gefühl der Teilhabe bewirken kann. In der Bundestagswahl 2005 wurden Blogs vor allem von der SPD, von Bündnis 90/Die Grünen und von der FDP eingesetzt (vgl. Heltsche 2005). Jeannette Bell und Tim Geelhaar (2005) haben eine kommentierte Übersicht der Blogs zusammengestellt. Zu Blogs im Bundestagswahlkampf 2005 siehe außerdem Abold (2005), Albrecht et al. (2005) und Hermes (2006).

Rapid-Response-Blog: Ein Rapid-Response-Blog ist eine spezielle Form des Rapid Response, also der unmittelbaren Erwiderung auf Äußerungen des politischen Gegners. Besucher sind es von Blogs eher gewohnt, dass Informationen ohne besondere Aufbereitung, dafür aber extrem zeitnah veröffentlicht werden. Nützlich ist dies beispielsweise, um in einem „Live-Blog" schon während eines TV-Duells auf Falschaussagen der Gegenseite reagieren zu können. So kann versucht werden, möglichst früh die Bewertung solcher Medienereignisse zu beeinflussen. Rapid-Response-Blogs lassen meist keine Benutzerkommentare zu. Beispiele aus dem Bundestagswahlkampf 2005 sind „Merkel-TV" (www.merkel-tv.de) von der SPD und „Stimmt nicht" (stimmt-nicht.gruene.de) von Bündnis 90/Die Grünen. Statt eines Blogs führte die CDU auch 2005 ihr bewährtes und eher an den Bedürfnissen von Journalisten ausgerichtetes Rapid-Response-Portal „Wahlfakten.de" (S. 283) fort.

Unabhängige Blogs: Ein weiterer Einflussfaktor in Onlinewahlkämpfen sind von der Kampagne unabhängige Blogs (vgl. Cornfield/Carson/Kalis/Simon 2005). Diese Blogs liefern meist Verweise auf Primärquellen und eher selten auch eigene Hintergrundinformationen. Durch ihre Unabhängigkeit von Partei und Kandidat waren sie beispielsweise in den US-Wahlkämpfen seit 2004 vielen eine besonders glaubwürdige Quelle. Bei unabhängigen politischen Blogs ist meist eine klare Tendenz erkennbar. Solche Blogs sind für die Kampagne potentielle Multiplikatoren: Rechercheanfragen von einflussreichen Bloggern sollten deshalb grundsätzlich sehr ernst genommen werden (vgl. Raphael 2002; Coenen 2005). Um den Einfluss eines Blogs abzuschätzen, sind neben der Reputation in der Blogosphäre und der Größe der Leserschaft auch das Engagement seiner Community sowie die Zitierhäufigkeit in anderen Blogs wichtige Indikatoren (vgl. Karpf 2008).

Unterstützer-Blogs: Von der Kampagne unabhängige Blogs sind im Wahlkampf als Multiplikatoren hoch geschätzt. Eine besondere Form solcher Blogs sind private

Blogs von Unterstützern. Diese haben zwar im Normalfall nur eine geringe Reichweite, sind aber dafür gerade im Freundes- und Familienkreis der Blogger besonders glaubwürdig. Viele Kampagnen versuchen deshalb die Einrichtung solcher Blogs zu unterstützen. Neben Materialien und Anleitungen wird dabei nicht selten auch die Möglichkeit eingeräumt, gleich selbst ein privates Unterstützer-Blog zu starten. Bereits im deutschen Bundestagswahlkampf 2005 hatte beispielsweise die SPD mit den „Roten Blogs" (www.roteblogs.de) hierzu eine eigene Blogger-Community aufgebaut.

Microblogging: Microblogging wurde im Wahlkampfkontext bereits erfolgreich eingesetzt, beispielsweise von der Kampagne Barack Obamas 2008 (siehe S. 184). Dabei wurde vor allem auf zeitnahe Ereignisse hingewiesen (z. B. auf kurz bevorstehende Video-Live-Streams, vgl. S. 136 ff.) und schließlich zur Wahl mobilisiert. Diese Einsatzvariante erscheint im Wahlkampfkontext durchaus nützlich und ist nur mit wenig Aufwand für die Kampagne verbunden. Auch für sich ad-hoc formierende soziale Bewegungen kann Microblogging sehr nützlich sein (vgl. Bendrath 2009). Ein intensiver Dialog mit der Kampagne oder einzelnen Kandidaten ist dagegen zeitaufwändig und zahlt sich an dieser Stelle derzeit kaum in Wählerstimmen aus. Wird also bewusst kein Dialog geführt, so kann darauf im Beschreibungstext hingewiesen werden. In diesem Fall sollte ein alternativer Kommunikationsweg für den Dialog zur Kampagne genannt werden, beispielsweise das Kampagnenblog. Eingehende Nachrichten sollten in jedem Fall beachtet werden und dienen beispielsweise als Stimmungsbarometer zur Microblogging-Szene.

Podcasts: Podcasts wurden 2004 in den USA populär und hielten bereits 2005 auch in den deutschen Wahlkampf Einzug, beispielsweise mit dem „JUcast" (www.jucast.de) der Jungen Union Hessen und dem „SPD-Podcast" (www.spd-podcast.de) des SPD-Bundesverbandes (vgl. Meyer/Bieber 2005). Für eine Kampagne ist es viel sinnvoller und kostengünstiger einen Podcast bereitzustellen als beispielsweise ein Internetradio im Streaming-Verfahren (siehe S. 139). Doch auch Podcasts sind für den Wahlkampf nur eingeschränkt nützlich. Dies liegt vor allem an der nur sehr kleinen erreichbaren Zielgruppe.

Moblogs: Auch Moblogs wurden bereits in politischen Kampagnen eingesetzt (vgl. Döring 2006), wobei diese sehr spezifische Blogvariante für Wahlkampfzwecke nur eingeschränkt nützlich erscheint: Ein authentischer Einblick in die Realität der Kampagne im Moblog-Stil wäre grundsätzlich genauso gut im allgemeinen Kampagnenblog aufgehoben, kann dabei aber eine größere Zielgruppe erreichen.

3.6 Online-Communitys
Soziale Netzwerke für den Wahlkampf mobilisieren

Manuel Merz

Howard Rheingold (1993/2000) beschrieb Anfang der Neunziger Jahre als erster die sich im Internet formierenden virtuellen Gemeinschaften. Dabei erkannte er, dass soziale Beziehungsnetzwerke nicht mehr nur in der realen Welt entstanden. Vielmehr formierten sich auch online solche Netzwerke, ohne dass sich die einzelnen Gemeinschaftsmitglieder zuvor real getroffen hätten oder je treffen würden. Inzwischen ist es selbstverständlicher geworden, einer Onlinegemeinschaft anzugehören. Es muss dabei nicht zwangsläufig um enge Kontakte gehen. Schon die regelmäßige Wiederkehr zu einer Plattform kann das Gefühl bewirken, dazuzugehören.

Politische Kampagnen haben besonders durch die Dean-Kampagne 2004 gelernt, Onlinegemeinschaften für sich zu nutzen. Sie bildeten Communitys beispielsweise über Blogs, wie beim „Blog for America" (S. 227), oder über ein gemeinsames Aufgabenfeld, wie beim „Kerry Media Corps" (S. 219 f.). Eine weitere Möglichkeit waren allgemeine Freiwilligenprogramme. Auch in Deutschland wurde im Bundestagswahlkampf 2005 begonnen, solche Onlinegemeinschaften zu bilden. Gegenüber den amerikanischen Vorreitern waren diese aber noch stark im Funktionsumfang eingeschränkt. Beispiele hierfür waren die „Rote Wahlmannschaft" (www.rote-wahlmannschaft.de) und „wirkaempfen.de" der SPD (vgl. Rohwer/Schuster 2006), das „teAM Zukunft" der CDU (www.team-zukunft.cdu.de) mit über 32.000 Freiwilligen (vgl. Voigt 2006; Herold 2006) sowie die „Grüne Aktion" von Bündnis 90/Die Grünen (www.gruene-aktion.de). Im US-Präsidentschaftswahlkampf 2008 hatten zudem erstmals soziale Netzwerke wie Facebook (www.facebook.com) und MySpace (www.myspace.com) stärkere Bedeutung erhalten (vgl. S. 167 ff.).

Viele Anwendungen wie Blogs (S. 109), Wikis und Foren (S. 149) eignen sich zusätzlich zu ihren jeweiligen Hauptfunktionen hervorragend für den Aufbau von Communitys. Bei den in diesem Kapitel exemplarisch vorgestellten Anwendungen stehen der Aufbau und die Steuerung von Gemeinschaften jedoch im Vordergrund (vgl. zum Community Building z. B. Kim 2001; Preece/Maloney-Krichmar 2003). Die Anwendungen müssen dazu soziale Prozesse initiieren (vgl. McKenna/Green 2002), lenken (vgl. Döring 2001; Beenen et al. 2004; Shklovski/Kraut/Rainie 2004; Shklovski/Kiesler/Kraut 2006) und nutzbar machen (vgl. z. B. Bhagat 2002; Franke/Shah

2003; Füller/Bartl/Ernst/Mühlbacher 2006). Technisch basieren alle Anwendungen auf komplexen datenbankgestützten Webanwendungen.

Freiwilligenprogramme

Zur Steuerung der Gemeinschaft in Freiwilligenprogrammen, sowie zur Bindung und Motivation der Mitglieder haben sich die Mechanismen traditioneller Kundenbindungsprogramme als nützlich erwiesen. Die Teilnehmer erhalten dabei abhängig von ihrer Leistung Prämienpunkte oder Sachleistungen. Prämienpunkte können als Vergleichsinstrument unter den Community-Mitgliedern dienen und so die Motivation fördern. Neben der allgemeinen Beteiligung (z. B. interessante Postings, regelmäßiger Besuch der Website) können auch aufwändigere Projekte gefördert werden (z. B. Rekrutierung neuer Mitglieder, Organisation von Wahlkampfevents; siehe Abb. 23 und 24). Die Kampagne veröffentlicht dazu gezielt Aufgaben und belohnt die Ergebnisse mit Punkten oder Prämien, die entsprechend dem jeweiligen Nutzen für die Kampagne gestaffelt sind. Es sind verschiedenste Aufgaben denkbar: Anwerben neuer Spender und Freiwilliger, Schreiben von Leserbriefen, Telefonaktionen (siehe z. B. Abb. 25) bis hin zur Spende für die Kampagne. Da die Community im Wesentlichen intrinsisch motiviert ist, haben Belohnungssysteme ihren Sinn vor allem in der Steuerung der Aktivitäten. Die Freiwilligenprogramme der Bush- und der Kerry-Kampagne 2004 werden ab S. 241 und S. 251 genauer besprochen, das Freiwilligenprogramm „myBO" der Obama-Kampagne 2008 ab S. 172.

Abbildung 23: Ausschnitt aus dem Belohnungssystem im Freiwilligenbereich des Bush-Kampagnenportals (www.georgewbush.com) am 04.10.2004

EN ESPAÑOL

McCAIN ★ PALIN

COUNTRY FIRST:
REFORM ✶ PROSPERITY ✶ PEACE

HOME ABOUT ISSUES NEWS & MEDIA EVENTS BLOG · COALITIONS ACTION STORE CONTRIBUTE   Your Email   Zip   SIGN UP

Team Signup

Thank You!
Welcome to Team McCain-Palin! Start taking action today to help get John McCain and Governor Sarah Palin elected. You are the best representatives for the McCain-Palin campaign, make a difference in this election by clicking on the action items below.

Take a moment and click here to recruit five people to join the campaign.

Thank you for your support!

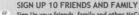 00:05 JohnMcCain.com

VOLUNTEER HQ
CAMPAIGN ACTION CENTER

MAKE A CONTRIBUTION

| TOTAL POINTS | 0 |

WELCOME Cris

 Recruit Friends

 Register to Vote

 Host an Event

 Spread the Word

 Service to Others

 Tell the Web

 McCainSpace

 DASHBOARD 🏆 LEADERS

FEATURED ACTION ITEM

RECRUIT 5 FRIENDS
Help John McCain by recruiting your friends, family, neighbors and co-workers to become McCain Team Members.   **RECRUIT**

 Upcoming Events

09.26 Presidential Debate: September 26th in Oxford, MS

10.02 Vice-Presidential Debate: October 2nd in St. Louis, MO

MAKE PHONE CALLS FROM HOME
You can make a difference today right from home. Click here to get started making phone calls from home today.   **MAKE CALLS**

HOST AN EVENT OR FIND ONE NEAR YOU
Find events near you or start your own to meet other John McCain supporters in your area. Join McCain Nation today!   **JOIN**

 Latest News

09.25 McCain Speaks at Clinton Initiative

09.25 McCain Says Politics Must Be Put Aside for Rescue

MORE NEWS

SIGN UP 10 FRIENDS AND FAMILY
Sign Up your friends, family and other McCain supporters so they can stay informed with the latest from the campaign.   **SIGN UP**

REGISTER TO VOTE
Register to vote in your state or encourage others to do the same.   **REGISTER**

DEPLOY AS A McCAIN VOLUNTEER
Sign up to be a volunteer leader in the final days before Election Day.   **SIGN UP**

SPREAD THE WORD
Spread the word and help promote John McCain's message on the web, blogs and social networks.   **SPEAK OUT**

McCAINSPACE
Become a McCainSpace member!   **JOIN**

A CAUSE GREATER THAN
Support a cause greater than your own self interest.   **SERVE**

GO MOBILE
Click here to join our text messaging team or text JOIN to 46708.   **GO MOBILE**

Paid for by McCain-Palin 2008   Contact Us · Privacy Policy · Donors · Site Map · Donate   Search ▶

Military Images and Information Do Not Imply Endorsement by DoD or Service Branch

VOTER2VOTER  PHONE BANK
SECURING A VICTORY ONE VOTER AT A TIME

First Name: RAUL

Last Name: GINOBAL

Phone: 3058670073

City: MIAMI BEACH

State: FL

Result: ▼

NEXT

LIVE CALL SCRIPT

Please read the script below. If necessary, skip to Answering Machine Script Below.

Hello, my name is << *YOUR NAME* >> and I am a volunteer calling on behalf of the McCain/Palin campaign.

John McCain and Sarah Palin will bring real change to Washington. They are the only ones with a plan to get our economy back on track and lower our gas prices. They'll reform Washington and Wall Street, fix our economy and break our dependence on foreign oil, which will cut prices at the pump, help keep our families safe and move our economy forward.

1. Can John McCain and Sarah Palin count on your vote this November?

▼

2. Would you say that your support for your choice is strong, weak or average?

▼

3. Which of the following issues will be the key issues you will be considering when you vote this November?
(Economy & the Federal Budget, Gas Prices, National Security, HealthCare or Other)

▼

If they are a McCain-Palin supporter, please request the person's e-mail address and type it below. Also, please verify the person's name and make any corrections below, as well as any other comments. (Use your best judgment.)

Email Address

Thank you for your time. This call was paid for by McCain/Palin 2008 at 703-418-2008.

After **recording the result of the call in the drop down box in the upper right hand corner of this screen**, click the button below to move on to the next person to call.

ANSWERING MACHINE/VOICE MAIL SCRIPT

If you get an answering machine, please leave the following message:

Hi my name is << *YOUR NAME* >>, and I am a volunteer calling on behalf of the McCain/Palin campaign.

John McCain and Sarah Palin will bring real change to Washington. They are the only ones with a plan to get our economy back on track and lower our gas prices. They'll reform Washington and Wall Street, fix our economy and break our dependence on foreign oil, which will cut prices at the pump, help keep our families safe and move our economy forward. I hope John McCain and Sarah Palin can count on your vote.

Thank you for your time. This call was paid for by McCain/Palin 2008 at 703-418-2008.

Please click the button below to move on to the next person to call.

Social-Network-Services

In sozialen Netzwerken (sog. Social-Network-Services) können sich Mitglieder ein persönliches Profil einrichten, eine Kontaktliste mit Verweisen auf andere Mitglieder der Netzwerkgemeinschaft aufbauen und Nachrichten untereinander versenden und empfangen. Oft stehen für Drittanbieter Programmierschnittstellen und Entwicklungsumgebungen zur Verfügung, mit deren Hilfe Entwickler Portalseiten und eigene Anwendungen ergänzen können (siehe z. B. Abb. 26).

Abbildung 26: Anbindung des sozialen Netzwerks der Obama-Kampagne 2008 an Facebook

In Deutschland erfreut sich derzeit besonders StudiVZ (www.studivz.net) einschließlich SchülerVZ (www.schuelervz.net) und meinVZ (www.meinvz.net) großer Beliebtheit. Auch die großen amerikanischen Social-Network-Services wie MySpace und Facebook gewinnen hierzulande zunehmend an Bedeutung. Daneben existieren weitere kleinere soziale Netzwerke, teilweise mit spezifischen Funktionen oder Zielgruppen, wie beispielsweise Xing (www.xing.com) im geschäftlichen Kontext. Besonders Netzwerke für Privates nehmen in ihrer Bedeutung stetig zu: Bereits 21 % aller Onliner ab 14 Jahren waren 2008 bei mindestens einem dieser Netzwerke registriert, in beruflichen Netzwerken dagegen nur 4 %.

Für junge Nutzerinnen und Nutzer gehören soziale Netzwerke bereits zum Alltag: Im Jahr 2008 hatten 56 % der deutschen Onliner zwischen 14 und 29 Jahren mindestens einmal wöchentlich ein solches Netzwerk aufgesucht (alle Onliner ab 14 Jahren: 21 %). Bei den Frauen derselben Altersgruppe waren es sogar 60 %. Insgesamt waren bereits 61 % der 14- bis 19-Jährigen in mindestens einem privaten Social-Network-Service registriert. Die tägliche Nutzung stieg unter allen Onlinern von 2 % im Vorjahr auf 10 %. Insbesondere das Stöbern in den Profilen von Bekannten übte einen starken Reiz auf die jungen Onliner aus (vgl. Fisch/Gscheidle 2008; van Eimeren/Frees 2008). Im Wahlkampf sind vor allem die folgenden Anwendungen denkbar:

Kandidatenprofil in bestehenden sozialen Netzwerken: Es ist naheliegend, für Kandidaten eigene Profile in Social-Network-Services zu erstellen (siehe Abb. 27). Oft können diese neben Bildern und Texten auch Videos und Links enthalten. Für manch jüngere Wähler dürften diese Profile wichtige Informationsangebote sein. Sie können sich dort kurz zur Person, zu vertretenen Positionen, über wichtige Termine und weiterführende Informationsangebote informieren. Um diese wichtige Zielgruppe mediengerecht anzusprechen, sollte ein derartiges Profil neben politischen Inhalten vor allem auch authentische persönliche Anknüpfungspunkte enthalten. Die Persönlichkeit der Kandidaten in geeigneter Form zu transportieren, ist also entscheidend. Anders als in den USA ist es in Deutschland weniger üblich, die eigene politische Überzeugung öffentlich zu machen. Von der Möglichkeit, sich mit einem Profil zu verlinken, wird daher in Deutschland vermutlich weniger stark Gebrauch gemacht. Gerade dies wäre in sozialen Netzwerken jedoch für die Wirksamkeit und Steigerung der Reichweite wichtig. Eine zielgruppengerechte Ansprache und ein persönliches, vordergründig wenig parteibetontes, aber dennoch politisches Profil könnten solche Verlinkungen auch in Deutschland zu einem wichtigen Faktor machen.

Gruppen in bestehenden sozialen Netzwerken: Neben Profilen sind auch Gruppen ein wichtiger Faktor in sozialen Netzwerken. Gruppen können auf der einen Seite dem Informationsaustausch dienen. Hierzu stehen für den Gruppenmoderator unter anderem Newsletter-, Blog- und Kalender-Funktionen zur Verfügung. Eine offizielle Gruppe der Kampagne kann damit beispielsweise zur Organisation von Freiwilligenaktivitäten oder zur Wählermobilisierung beitragen. Auf der anderen Seite dienen Gruppen auch dazu, der Öffentlichkeit die eigenen Interessen und Überzeugungen zu offenbaren. Gruppen können nämlich auch öffentlich im Profil verlinkt werden. Insbesondere Gruppen mit witzigen Namen werden häufig auf diese Art und Weise verlinkt. Grundsätzlich eignen sich gerade solche Gruppen auch sehr gut für Nega-

Barack Obama

◀ Weitere Politiker durchstöbern

WWW.**BARACKOBAMA**.COM

Befürworter werden

Aktualisierungen anzeigen

[Teilen | +]

▼ Lieblingsseiten

6 von 12 Seiten   Alle anzeigen

African   Michelle   Obama
Americans   Obama   Pride
for Obama

Women for   Veterans   Obama
Obama   for Obama   Action Wire

Land:	United States

Zur Zeit Kandidat für

Amt:	President
Partei:	Democratic Party

Aktueller Arbeitsplatz

Amt:	Senate
Staat:	Illinois
Partei:	Democratic Party

▼ YouTube Box

4 of 38   Alle anzeigen

David Plouffe Wants You [Teilen | +]
to Volunteer

The work being done in battleground
states is more important than ever.
Go to http://my.barackobama.com
/DriveforChange to sign up.

comment | 19 comments

▼ Information

Detaillierte Informationen

Webseite:	http://www.facebook.com/pages/Students-f...
	http://www.myspace.com/barackobama
	http://www.facebook.com/pages/Michelle-O...
Geschlecht:	Männlich
Beziehungsstatus:	Verheiratet mit Michelle Obama
Geburtstag:	4. August 1961
Religiöse Ansichten:	Christian
Interessen:	Basketball, writing, loafing w/ kids
Lieblingsmusik:	Miles Davis, John Coltrane, Bob Dylan, Stevie Wonder, Johann Sebastian Bach (cello suites), and The Fugees
Lieblingsfilme:	Casablanca, Godfather I & II, Lawrence of Arabia and One Flew Over the Cuckoo's Nest
Lieblingsbücher:	Song of Solomon (Toni Morrison), Moby Dick, Shakespeare's Tragedies, Parting the Waters, Gilead (Robinson), Self-Reliance (Emerson), The Bible, Lincoln's Collected Writings
Lieblingsserien:	Sportscenter
Lieblingszitate:	"The Arc of the moral universe is long, but it bends towards justice." (MLK)

Berufliche Angaben

Arbeitgeber:	United States Senate
Stellung:	Senator
Zeitraum:	Januar 2005 - heute

Ausbildung

Blueprint for Change:
Foreign Policy

VoteForChange.com:
Ashton and Demi

Blueprint for Change:
Economy

▼ Notizen

3 von 1.664 Notizen   Alle anzeigen

☐ Just A Few More Days To
Register Voters
18. Oktober 03:39 | 4 Kommentare

☐ Senator Obama's Economic
Rescue Plan for the Middle Class
13. Oktober 23:00 | 26 Kommentare

☐ Tonight: The First Debate

tive-Campaigning-Ansätze, wobei hier die entsprechenden Regeln des Anbieters besonders ernst genommen werden sollten. Zu Wahlkampfzeiten entstehen diverse wahlkampfrelevante Gruppen vermutlich ganz von selbst. Nicht in jedem Fall wird dies im Sinne der Kampagne sein. Ein bisher oft unterschätzter Aspekt ist die partizipatorische Macht, die von manchen solcher Gruppen ausgeht. Gruppen mit gezielten politischen Forderungen an Parteien oder Kandidaten können ab einer gewissen Mitgliederstärke kaum mehr ignoriert werden (vgl. S. 172 ff.).

Profile von Freiwilligen nutzen: Auch die bestehenden Profile von Freiwilligen sind für Kampagnen sehr interessant. Über die Profiltexte, das Profilbild und Gruppenmitgliedschaften (siehe oben) sowie über sonstige Texte, Bilder und Links lassen sich Botschaften der Kampagne im Freundeskreis der Freiwilligen verbreiten. Dabei kann die Kampagne von der Glaubwürdigkeit der Freiwilligen in ihren sozialen Umfeldern profitieren und gleichzeitig die Identifikation der Freiwilligen mit der Kampagne erhöhen. Gut umsetzbar ist dies z. B. im Rahmen von Freiwilligenprogrammen. Ein Beispiel hierfür sind die individualisierten „Miniplakate" (www.hessen-deluxe.de/miniplakat) der Jusos im hessischen Landtagswahlkampf 2009. Mit Hilfe einer Onlineanwendung konnten Freiwillige ihre eigenen Profilbilder in Wahlkampf-Profil-

Abbildung 28: Verschiedene Wahlkampf-Profilbilder aus dem hessischen Landtagswahlkampf 2009

126

bilder umwandeln. Die hochgeladenen Bilder wurden dabei jeweils um einen Schriftzug wie „Die Roten kommen wieder! Thorsten Schäfer-Gümbel für Hessen 2009" sowie um das Konterfei des SPD-Spitzenkandidaten ergänzt (vgl. Abb. 28).

Eigenes soziales Netzwerk: Zusätzlich zu bestehenden sozialen Netzwerken kann auch versucht werden, ein eigenes soziales Netzwerk aufzubauen. Meist geschieht dies im Kampagnenkontext als Teileelement von Freiwilligenprogrammen oder zur Vernetzung von Parteimitgliedern (wie beispielsweise bei „meineSPD.net", siehe Abb. 29). Damit fördern Kampagnen unter anderem, dass sich ihre Unterstützer zusammenschließen und die Kampagne mit gemeinsamen Aktivitäten voranbringen. Soll ein eigenes soziales Netzwerk eingerichtet werden und fehlen gleichzeitig die Mittel für eine entsprechende Softwareinfrastruktur, so können auch externe Lösungen in Anspruch genommen werden. Der bekannteste Anbieter von nicht-öffentlichen sozialen Netzwerken ist derzeit Ning (www.ning.com). Erfolgversprechender erscheint es allerdings, bestehende soziale Netzwerke zu nutzen oder zumindest gemeinsame Schnittstellen zu schaffen (vgl. myBO zu Facebook, Abb. 26).

Gruppentreffen: Manche Social-Network-Services eignen sich besonders gut, um reale Gruppentreffen zu organisieren. Anhand der gespeicherten Informationen über die bereits vorhandenen Mitglieder (z. B. Name, Interesse, Wohnort) kann man dort passende Gruppen finden und sich ihren Treffen anschließen. Zur Selbstorganisation von Freiwilligen kann dies sehr nützlich sein. Eine Steuerung der Gruppenaktivitäten durch die Kampagne ist allerdings oft nur schwer möglich. Einige amerikanische Kampagnen hatten hierzu 2004 bei großen Gruppentreffen eigens eingestellte Kampagnenmitarbeiter entsandt, die als Ansprechpartner dienen sollten (vgl. S. 255 ff.). Wie bei allen Freiwilligenaktivitäten gilt ganz besonders auch bei solchen Gruppentreffen: In der Regel wird die soziale Komponente im Vordergrund stehen (vgl. Hienzsch/Prommer 2004). Im englischsprachigen Raum haben sich zur Verabredung von Gruppentreffen über das Internet vor allem Meetup (S. 255) und Friendster (www.friendster.com) etablieren können. Diese Anbieter haben auf dem deutschen Markt allerdings wenig Bedeutung.

„Plötzlich konnten die Leute sehen, dass sie einen Einfluss auf die Kampagne hatten"

Larry Biddle, Berater bei Dean for America und Betty Castor for US Senate, über den Aufbau von Communitys und ihre Bedeutung für den Onlinewahlkampf

Mr. Biddle, Sie haben für die Dean-Kampagne gearbeitet. Diese Kampagne hat den Onlinewahlkampf revolutioniert. Was war das Geheimnis Ihres Erfolgs?

Die meisten Websites informieren über den Kandidaten, die Person und ihren Standpunkt. Aber das ist eine Einbahnstraße. Es ist, als würden Sie mich ansehen, aber ich erwidere Ihren Blick nicht. Die Website, die wir bei „Dean for America" entwickelt haben, hat jedoch klar gemacht, dass auch Sie Dinge tun können, um für das zu kämpfen, wofür ich als Kandidat stehe. Sie können Andere zum Wählen bewegen, Sie können ihnen E-Mails schreiben, können davon erzählen, können sie dazu bringen, sich zu engagieren, können ein Treffen in Ihrer Umgebung organisieren, eben all das, was man tun kann. Daraus entsteht ein Dialog. Wir versorgen die Leute mit Informationen, wie viele außer ihnen noch mitmachen. So entsteht Begeisterung darüber, dass etwas passiert. Dann formieren sich Gemeinschaften, manchmal sind sich die Mitglieder geographisch nah, manchmal nicht. In der Welt des Internets spielt das keine Rolle.

Was ist das Besondere an solchen Gemeinschaften?

Es geht darum, etwas tun zu können, sich zu organisieren, Verantwortung zu übernehmen für politische Aktionen. Früher hatten die Leute das Gefühl, sie könnten nicht viel tun außer sich zurückzulehnen, zuzusehen und eine andere Meinung zu haben. Außerdem hat es Spaß gemacht. Aber es hat auf jeden Fall die Art und Weise verändert, wie man etwas wie Politik betrachtet. Immer wenn so etwas passiert, dann entsteht ein neues Bild, eine neue Wahrnehmung und eine neue Chance. Man packt etwas an, man bringt sich in etwas ein.

Die Leute haben mit uns gesprochen: „Bring the bat back! Bring the bat back!" Und wir haben es getan. So wie der Slogan: „People powered Howard." Das haben nicht wir erfunden. Der Slogan kam aus dem Blog! Die Leute haben uns gesagt, was wir tun könnten. Und plötzlich konnten sie sehen, dass sie einen Einfluss auf die Kampagne hatten. Das macht einen riesigen Unterschied für die Menschen in diesem Land, die dachten, dass Politik etwas ist, das von oben auf sie herabgeworfen wird nach dem Motto: „Sollen sie doch damit machen, was sie wollen."

Können Sie deutschen Kampagnen einen Rat geben, wie man eine Online-Community aufbauen sollte?

Ich glaube, das Wichtigste ist, Gruppen um die Standpunkte zu bilden, die der Kandidat vertritt. Meiner Ansicht nach muss der Kandidat losziehen und Leute finden, die sich über ein bestimmtes Thema Gedanken machen, zum Beispiel das Thema Gleichberechtigung. Man muss losgehen und Leute finden, die für dieses Thema kämpfen. Sie gehen also zu Organisationen, die sich für dieses Thema einsetzen, und bitten sie, E-Mails an ihre Leute zu senden, in denen steht: „Dieser Kandidat sorgt sich um unser Thema. Schaut mal auf die Website des Kandidaten!" Was dann passieren sollte – und das ist der schwierigste Teil, bis vor kurzem waren wir dabei nicht so erfolgreich – ist, die Menschen dazu zu bringen, nicht nur ihren Namen, ihre E-Mail-Adresse und ihre Postleitzahl auf der Website einzutragen, sondern auch einen Fragebogen auszufüllen, der uns verrät, worüber sie sich sonst noch Gedanken machen. Dann werden sie in unserem System in Gruppen eingeteilt, sodass wir in der Lage sind, E-Mails zu diesem bestimmten Thema nur an diese Leute zu schicken – und nicht auch noch an alle anderen. Wenn Sie das wieder-

holt machen – zu Bevölkerungsgruppen gehen, die die verschiedenen Standpunkte und Positionen des Kandidaten vertreten und sie dazu bringen, die Website zu besuchen – dann wäre das schon sehr gut.

Welche Strategien gibt es noch, um Gemeinschaften aufzubauen?

Was man tun kann, ist, Blogs um bestimmte Themenfelder herum aufzubauen. Bei der Dean-Kampagne hatten wir auch eine „Friendster"-Verbindung (www.friendster.com). Sie konnten auf die Website gehen, Ihre Postleitzahl oder Adresse eingeben und dann alle Leute in Ihrer Umgebung ausfindig machen, für die dieses Themenfeld wichtig ist und die bei Friendster registriert sind. Außerdem können Sie Gemeinschaften von Spendern bilden, wie zum Beispiel die „Betty Buddies". Ich kann alle meine Freunde im ganzen Land anschreiben, die diese Kampagne beobachten, und ich kann ihnen per E-Mail sagen: „Spendet! Spendet! Spendet!" So erhalten sie auch gleichzeitig die Nachricht: „Ich setze mich für diese bestimmte Sache ein." Und dann finden sie in der New York Times heraus, dass diese Person ein wirklich wichtiger Kandidat ist. Wenn ich ihnen also wieder eine E-Mail schicke und um mehr Geld bitte, haben sie bereits eine Verbindung zu mir und durch mich zum Kandidaten. Wenn Sie als Kampagne etwas online veröffentlichen, sagen Sie natürlich auch: „Sende das an deine Freunde weiter." Und hoffentlich machen die Freunde auch mit. So funktioniert es normalerweise, wie Sie Dinge größer machen können.

Neben virtuellen Gemeinschaften haben Sie über das Internet auch den Aufbau realer Gemeinschaften unterstützt.

Ja. Wir haben die Website mit Meetup (www.meetup.com) verlinkt, das es bereits gab und eine Möglichkeit ist, wie Leute andere Leute treffen können. Das ist keine virtuelle Gemeinschaft, das ist eine wirkliche Gemeinschaft. Durch all diese verschiedenen Möglichkeiten werden neuartige Gemeinschaften gebildet: Manche von ihnen sind virtuell, manche real. Ich denke, man kann hier sehr erfinderisch sein.

Tampa, September 2004

Fallbeispiele zu diesem Interview:
Dean for America (S. 189), Blog for America (S. 227), Meetup (S. 255), Betty-Buddies (S. 259)

3.7 Videos
Mit bewegten Bildern Emotionen wecken

Manuel Merz

Internetvideos haben inzwischen große Popularität erreicht: Drei von vier deutschen Onlinern sahen 2008 Videos im Netz, im Durchschnitt etwa vier Clips pro Tag. Der größte Teil der Nutzung entfiel dabei auf Videoportale, von denen die Video-Sharing-Plattform YouTube (www.youtube.com) den Markt mit Abstand anführte (vgl. Bitkom 2008). So fand sich YouTube Anfang 2009 auf Platz drei der weltweit und in Deutschland reichweitenstärksten Websites.[17] Videos können dort von jedermann hochgeladen werden und stehen dann weltweit zum Ansehen bereit. Sowohl auf Sender- wie auch auf Empfängerseite sind hierzu nur eine schnelle Internetanbindung, ein Webbrowser sowie das Adobe-Flash-Plugin (S. 141) notwendige Voraussetzung. Die Vielfalt der hochgeladenen Videoclips reicht von Film- und Fernsehausschnitten über Musikvideos bis hin zu selbst gedrehten Videos. YouTube-Videos können leicht

Abbildung 30: Das bekannte Wahlkampfvideo „Yes We Can" wurde am 2. Februar 2008 durch den Sänger „will.i.am" von The Black Eyed Peas auf der Website Dipdive (yeswecan.dipdive.com) veröffentlicht und gleichzeitig auf YouTube unter dem Benutzernamen WeCan08 eingestellt.

---

[17] Alexa-Traffic-Ranking (www.alexa.com) am 03.01.2009

in andere Internetangebote eingebunden werden. Mit nur wenigen Handgriffen wird ein YouTube-Video beispielsweise Bestandteil eines Blogeintrags.

In Deutschland nutzten 2008 eher Männer Onlinevideos. Dabei waren die Nutzungsunterschiede zwischen jüngeren und älteren Onlinern in Deutschland anders als in den USA (vgl. Barko 2008) massiv. Während 55 % aller Onliner ab 14 Jahren zumindest gelegentlich Internetvideos nutzten, waren es in der Gruppe der 14- bis 29-Jährigen 84 % und bei den 14- bis 19-Jährigen sogar 92 % (vgl. van Eimeren/Frees 2008a, 2008b). Dem jungen Publikum entsprechend wurden im Jahr 2007 vor allem Musikvideos und andere Unterhaltungsangebote (jeweils 73 %) angesehen, erst deutlich nachgeordnet beispielsweise Nachrichten (49 %) und Bildungsangebote (43 %). Auf wenig Interesse stießen Kultur- und Wirtschaftsthemen (20 % und 16 %; van Eimeren/Frees 2007). Es ist also kaum verwunderlich, dass die meistgesehenen Videos auf YouTube typischerweise Unterhaltungsangebote sind (siehe Abb. 31).

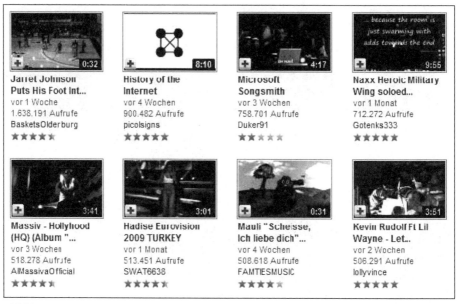

Abbildung 31: Die meistgesehenen Videos auf YouTube waren in Deutschland im Januar 2009, wie auch die Monate zuvor, Unterhaltungsangebote, darunter insbesondere Musikvideos und Humoristisches.

Auch für den Wahlkampf im Internet wurden Webvideos bereits erfolgreich eingesetzt. Beispielsweise veröffentlichte die Kampagne von Barack Obama bis zum Wahltag im November 2008 insgesamt über 1.650 Videoclips auf YouTube. Die Videos generierten jeden Monat mehrere Millionen Zugriffe, z. B. allein im September 2008

über 11 Millionen Views. Ein professionelles Filmteam mit über 50 Mitarbeitern soll die Videos für den Kandidaten angefertigt haben (vgl. Pannen 2008c). Dazu kamen noch unzählige von Unterstützern hergestellte Videoclips, wie beispielsweise das Video „Yes We Can" des Sängers „will.i.am" (siehe Abb. 30; vgl. auch S. 176). Das Video gilt als eines der erfolgreichsten Wahlkampfvideos überhaupt. Es erhielt nach der Erstveröffentlichung (unter anderem auf YouTube) bereits in gut einer Woche mehr als neun Millionen Zugriffe. In deutschen Wahlkämpfen ist zwar auf absehbare Zeit vermutlich mit weitaus niedrigeren Zugriffszahlen zu rechnen. Dennoch sind Videoportale wie YouTube inzwischen auch hierzulande für den Wahlkampf relevante Plattformen geworden – zumindest wenn es darum geht, junge Wählergruppen zu erreichen.

Basistechnologien

Grundsätzlich gibt es zwei technologische Varianten zur Bereitstellung von Videos im Internet: Progressive Downloads und Streaming.

Progressive Downloads: Bei progressiven Downloads müssen die Medieninhalte zuerst heruntergeladen werden. Sobald genügend Puffer vorgeladen ist, können sie jedoch bereits während des Ladevorgangs angesehen werden. Technisch sind Downloads auf Sender- und Empfängerseite viel einfacher zu realisieren als Streaming. Die Technologie eignet sich gut für die Bereitstellung von Video-On-Demand. Live-Übertragungen sind dagegen kaum zu realisieren. Auch die heutigen Video-Sharing-Plattformen wie YouTube nutzen progressive Downloads um ihre Videoclips bereitzustellen.

Streaming: Beim technisch viel aufwändigeren Streaming sind darüber hinaus Echtzeit-Übertragungen von Multimedia-Daten durchführbar. Mit Hilfe von Live-Streaming ist es beispielsweise möglich, Events live im Internet via Radio- oder Videoprogramm zu übertragen. TV-Live-Streams wurden 2008 von 3 % der deutschen Onliner ab 14 Jahren zumindest wöchentlich genutzt und von 7 % der 14- bis 29-Jährigen (van Eimeren/Frees 2008b). Zum Abspielen der Live-Streams werden auf Empfängerseite spezielle Video-Player benötigt, die aber oft bereits auf den Zielrechnern installiert sind.[18] Falls über derartige Software noch nicht verfügt wird, kann diese kostenlos aus dem Internet heruntergeladen werden. Auf Senderseite sind allerdings aufwändige Streaming-Server notwendig. Verschiedene Portale bieten Live-Streaming inzwischen als kostenlose Dienstleistung an. Professionelle Live-Sendungen

---

[18] Die populärsten Medienplayer sind derzeit der Windows-Media-Player von Microsoft, der QuickTime-Player von Apple sowie der RealPlayer von Real Networks.

sind jedoch in der Regel mit erheblich mehr technischem und finanziellem Aufwand verbunden als zeitlich versetzt abrufbare Sendungen. Aus diesem Grund und vor allem wegen der vergleichsweise sehr geringen Reichweite haben Live-Streams im Internetwahlkampf bisher zu Recht kaum Bedeutung.

Anwendungen im Wahlkampf

Beteiligung in Videoportalen: Wegen der großen Popularität von Videoportalen liegt es nahe, dort einen eigenen Kampagnen-Kanal zu erstellen. Viele deutsche Parteien sind bereits mit einem eigenen YouTube-Kanal vertreten (Abb. 33). Dies erscheint grundsätzlich allein schon deshalb sinnvoll, weil die Unterstützer Videos dort leicht finden und weiterverbreiten können, indem sie diese in ihre eigenen Webangebote und Blogs einbinden.

Abbildung 33: Alle im Bundestag vertretenen Parteien waren Anfang 2009 mit eigenen Kanälen auf YouTube vertreten, unter anderen mit SPDvision (de.youtube.com/spdvision), CDU-TV (de.youtube.com/cdutv), Kanal Grün (de.youtube.com/gruene), tvliberal (de.youtube.com/fdp) und Linksfraktion (de.youtube.com/linksfraktion). Sogar einige internetaffine Kleinparteien wie beispielsweise die Piratenpartei (de.youtube.com/piratenpartei) waren auf YouTube mit eigenen Kanälen zu finden.

Videoportale werden von deren Community aber in der Regel als dialogisches Medium verstanden. Soll die Community eingebunden werden (siehe Abb. 32), so ist es wichtig, Kommentare zumindest selektiv freizuschalten und auf Anregungen und Kritik aus der Community auch tatsächlich zu reagieren. Dies ist selbstverständlich nur möglich, wenn die Kampagne das Geschehen in der Community beobachtet und Kommentare und Antwortvideos kontinuierlich auswertet. Ob der Schritt zum Dialog an dieser Stelle aus Kampagnensicht zu rechtfertigen ist, lässt sich nur anhand der

Gesamtstrategie beantworten. In jedem Fall sollte sich Wahlkampf auf Videoplattformen formal und inhaltlich an der dort erreichbaren Zielgruppe orientieren. Derzeit sind dies vermutlich vor allem junge, überdurchschnittlich gebildete Männer, die Unterhaltung suchen. Sie haben großes Interesse für Politik, schätzen sich politisch kompetent ein und haben sich zumeist politisch bereits festgelegt.

Einbindung in die Kampagnenwebsite: Videos sind auch direkt auf der Kampagnenwebsite anwendbar. Beispielsweise können per Videobotschaft persönliche Begrüßungen an die Besucher gerichtet werden (siehe Abb. S. 95). Ein Medienarchiv kann – die entsprechenden Nutzungsrechte vorausgesetzt – Ausschnitte aus Sendungen und Interviews bereithalten, die bereits in den Offline-Medien zu sehen waren. Ebenso können Kampagnenmaterialien bereitgestellt werden, beispielsweise herausragende Reden und Radio- bzw. TV-Spots. Technisch sollten die Videos nach Möglichkeit aus einem der bestehenden Videoportale heraus eingebunden werden (siehe z. B. Abb. 34). Dort stehen sie automatisch auch der dortigen, an Videos prinzipiell interessierten Community zur Verfügung. Außerdem können sie so sehr einfach von Unterstützern in ihre Webangebote und Blogs eingebunden werden. Als Zielgruppe für Begrüßungen und Medienarchive kommen vor allem die typischen Besucher der Kampagnenwebsite (S. 33) in Frage.

Abbildung 34: Startseite des CDU-Kampagnenportals (www.cdu.de) mit eingebetteten YouTube-Videos am 27.02.2009

Internetradio/Internet-TV: Sehr aufwändig und kostspielig sind Internetradio- und Internet-TV-Angebote durch Kampagnen. Zwar könnte beispielsweise ein Radio-redakteur Musik abspielen und Agenturmeldungen verlesen, gespickt mit Statements und Meldungen aus der Kampagne. Der Nutzen solch eines Internetradios wird aber wegen niedriger Hörerzahlen allenfalls gering einzuschätzen sein. Im Unterschied zum traditionellen Rundfunk würden die Kosten außerdem wegen des höheren Da-tenverkehrs und der größeren Serverauslastung mit jedem zusätzlichen Zuschauer bzw. Zuhörer ansteigen. Beachtet werden muss außerdem, dass Angebote im Strea-ming-Verfahren, die an mehr als 500 Nutzer parallel ausgestrahlt werden, nach dem Rundfunkstaatsvertrag seit Mitte 2007 als Rundfunk genehmigungspflichtig sind. Die Genehmigung erteilt die zuständige Landesmedienanstalt. Unter Effektivitäts-gesichtspunkten sind solche Angebote kaum zu rechtfertigen.

Live-Übertragung von Events: Ähnlich wie mit Internetradio und Internet-TV ver-hält es sich mit der Live-Übertragung von Events. Die zu erwartenden niedrigen Zu-schauerzahlen rechtfertigen in der Regel den Aufwand und die hohen Kosten nicht.

3.8 Spiele und Animationen
Mit Humor neue Zielgruppen erschließen

Manuel Merz und Enrico Rath

In der Praxis hat sich für Spiele und Animationen im WWW vor allem das Flash-Format der Firma Adobe bewährt.[19] Bei Flash-Anwendungen handelt es sich um interaktive grafische Animationen (siehe z. B. Abb. 35), die auch Audio- und Videodaten enthalten können. Vergleichbare Lösungen, wie beispielsweise der offene Standard SVG, sind weit weniger verbreitet. Der Flash-Hersteller Adobe gab für September 2008 an, dass in Europa auf 99 % aller Desktop-PCs mit Internetanschluss ein funktionsfähiges Flash-Plug-in installiert gewesen sei. Mit Flash-Anwendungen lassen sich unter anderem interaktive Spiele, Animationsfilme und sogar ganze Websites erstellen. Spiele und Animationen mit echtem Unterhaltungswert werden gern im Freundeskreis weiterempfohlen und erschließen der Kampagne so neue, zum Teil sogar unpolitische Zielgruppen. Animationsfilme und Spiele im Flash-Format haben sich schon im amerikanischen Präsidentschaftswahlkampf 2004 als unter Wählern sehr beliebt herausgestellt (vgl. Darr/Barko 2004).

Adobe Flash

Flash-Anwendungen werden mit spezieller Entwicklersoftware gestaltet, programmiert und abschließend als SWF-Datei ausgegeben. Diese muss dann in der Regel nur noch auf den eigenen Webserver geladen und in die Website eingebunden werden. Einfache Flash-Anwendungen wie beispielsweise Diashows können mit dem nötigen Know-how relativ leicht von der Kampagne selbst realisiert werden. Aufwändige Animationen, interaktive Spiele und andere komplexe Flash-Anwendungen können dagegen im Normalfall nur durch spezialisierte Entwickler erstellt werden. Ist eine Flash-Anwendung einmal programmiert, kann die Kampagne diese meist ohne Aufwand selbst betreuen.

Wollen Nutzer eine Flash-Anwendung ausführen, wird sie automatisch in den Browser geladen und mit Hilfe des Flash-Plug-ins gestartet. Dieses Plug-in können Anwender kostenlos von der Adobe-Website herunterladen und installieren. In den meisten Fällen wird das Flash-Plug-in aber bereits im Browser vorinstalliert sein oder zumindest wegen früherer Anlässe auf den Computern der Nutzer vorhanden

---

[19] Adobe Flash (ehemals Macromedia Flash) ist eine integrierte Entwicklungsumgebung zur Erstellung multimedialer Inhalte, so genannter Flash-Filme. Die resultierenden Dateien liegen im proprietären SWF-Format vor.

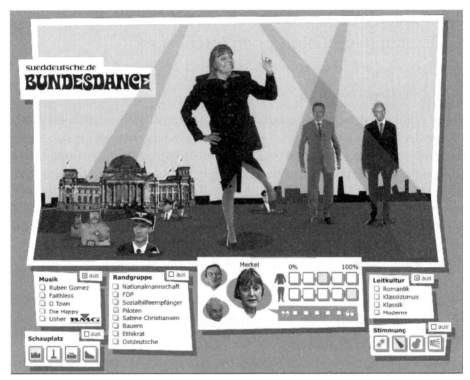

Abbildung 35: Die Interaktive Animation „Bundesdance" der Süddeutschen Zeitung zur Bundestagswahl 2001 hatte bereits nach einer Woche über eine Million Besucher. Die Anwendung kann derzeit noch über die Agenturwebsite (www.herburg-weiland.de/bundesdance) abgerufen werden (Stand: 15.01.2009)

sein. Besonders bei älteren oder leistungsschwachen Systemen und wenig verbreiteten Webbrowsern kann es allerdings zu Kompatibilitätsproblemen kommen.

Anwendungen im Wahlkampf

Eine Übersicht über Animationsfilme und Spiele aus dem amerikanischen Präsidentschaftswahlkampf 2004 bietet die Videobibliothek des IPDI (www.ipdi.org/videolibrary).

Kampagnenwebsite: Wie einleitend bereits erwähnt, ist es möglich, eine Website vollständig in Flash zu programmieren. Solche Flash-Websites sind normalen HTML-Websites äußerlich ähnlich, in der Regel aber grafisch aufwändiger gestaltet. Derartige Websites bringen gravierende Nachteile mit sich: längere Downloadzeiten, umständliche Bedienung, Kompatibilitätsprobleme, ungenügende Berücksichtigung in

Suchmaschinen und Vieles mehr. Eine auf Flash basierende Kampagnenwebsite ist für den Wahlkampf also absolut ungeeignet. Besser ist es, gezielt kleine Flash-Animationen in eine gewöhnliche Website einzubinden.

Animationsfilme: Animationsfilme werden vom Browser automatisch geladen und gestartet, die Nutzer haben in der Regel keine Interaktionsmöglichkeit. Solche Kurzfilme finden zum Beispiel bei Negativkampagnen Verwendung, wo sie zur Karikatur des politischen Gegners eingesetzt werden.

Spiele: Eine andere Ausprägung von Flash-Anwendungen sind interaktive Spiele. Auch diese sind unter anderem bei Negativkampagnen zu finden. Ein erfolgreiches Beispiel hierfür waren die „Flip-Flop-Olympics" der Bush-Kampagne (S. 263).

3.9 E-Payment
Im Internet effizient und sicher spenden und bezahlen

Manuel Merz

Verschiedene Zahlungsvarianten konkurrieren im Internet um die Gunst der Anbieter und Nutzer: Die traditionellen Verfahren wie Überweisung, Lastschrift und Kreditkarte haben auch online eine große Bedeutung (vgl. Krüger/Leibold 2004; Mezulianik 2008). Besonders bei geringwertigen Gütern wird die Bezahlung über traditionelle Verfahren jedoch zum Problem, da hier die Kosten für die Zahlungsabwicklung oftmals den Warenwert übersteigen würden. Es haben sich darum mittlerweile auch einige elektronische Zahlungssysteme etablieren können, die selbst kleine Beträge wirtschaftlich abrechnen können (sog. Micropayment) und die auch bei größeren Beträgen das Bezahlen im Internet vereinfachen. Mit ihrer Hilfe soll bei möglichst vielen Gelegenheiten im Internet bezahlt werden können: für die Onlineausgabe einer Zeitung genauso wie für das kostenpflichtige Herunterladen eines Songs. Kampagnen kommen in zweierlei Hinsicht mit dem Bezahlen im Internet in Berührung: bei Onlinespenden (siehe Abb. 37) und beim Wahlkampfshop (siehe Abb. 36).

Bezahlen im Internet

Aus der Perspektive der Nutzerinnen und Nutzer ist der Zahlungsprozess bei den verschiedenen elektronischen Zahlungssystemen grundsätzlich sehr ähnlich. In der Regel muss man sich zuerst einmalig unter Angabe des eigenen Bankkontos oder der eigenen Kreditkarte beim Zahlungssystemanbieter registrieren. Später genügt dann die Eingabe von Benutzername und Passwort, um eine Zahlung auszulösen. Bei anderen Varianten werden Zahlungen über offline erworbene Prepaid-Karten oder kostenpflichtige Telefonnummern abgewickelt. Da viele Deutsche keine Kreditkarte besitzen und auch nicht bei einem elektronischen Zahlungsanbieter registriert sind, ist es wichtig, die Bedeutung traditioneller Zahlungsmittel wie Überweisung und Lastschrift nicht zu unterschätzen (vgl. Krüger/Leibold 2004; Mezulianik 2008). Allerdings erfordert z. B. eine Überweisung von den Zahlenden, dass sie ein Überweisungsformular ausfüllen oder eine Onlineüberweisung auslösen. Da dieser Medienbruch für manche wiederum eine entscheidende Hürde darstellen kann, ist es am besten, gleichzeitig sowohl traditionelle als auch verschiedene elektronische Zahlungsvarianten anzubieten.

Abbildung 36: Startseite des Kerry-Wahlkampfshops (www.kerrygear.com) am 27.09.2004

Zahlungsdienstleister

Die Kampagne muss für eine sichere Übermittlung und Speicherung der Zahlungs-
daten sorgen, da beim elektronischen Bezahlen sensible Daten wie beispielsweise
Kreditkarteninformationen ausgetauscht werden. Alle Zahlungen selbstständig abzuwickeln, wäre technisch aufwändig und wegen Bonitätsprüfung, Rechnungsstel-
lung, Kundenbetreuung und Zahlungsabwicklung auch mit erheblichen Kosten und
nicht zu unterschätzendem Arbeitsaufwand verbunden. Einfacher ist es da, den Zah-
lungsvorgang von vornherein komplett oder zumindest teilweise durch spezialisierte
Zahlungsdienstleister abwickeln zu lassen. Dies hat außerdem den Vorteil, dass ohne
Mehraufwand gleichzeitig viele verschiedene Zahlungsmethoden angeboten werden
können. Drittanbieter und elektronische Zahlungssysteme haben mit 1 bis 30 % Pro-
vision ebenfalls ihren Preis. Sie übernehmen dafür aber die vollständige Abwicklung

146

und bieten der Kampagne damit eine unkomplizierte Lösung, die sich über eine Weboberfläche selbst von Laien verwalten lässt.

Anwendungen im Wahlkampf

Onlinefundraising: Spenden spielen in US-Kampagnen eine zentrale Rolle. In Newslettern, auf Themenseiten und auf dem Kandidatenportal wird immer wieder auf das Online-Spendenformular hingewiesen. Auch in Deutschland werden Onlinespenden voraussichtlich zunehmend wichtiger. Haben die potenziellen Spender (siehe S. 44 f.) den Link zum Spendenformular einmal angeklickt, dann sollten dort möglichst keine weiteren Hürden mehr auf sie warten. Insgesamt sind Wahlkampfspenden in Deutschland jedoch weniger gebräuchlich. Deswegen ist es besonders wichtig, genau zu erklären, warum die jeweilige Spende entscheidend ist und wie das Geld konkret im Wahlkampf eingesetzt werden soll (siehe z. B. Abb. 37). Eine große Bedeutung haben aus Spendersicht außerdem Sicherheit und Datenschutz. Ein gelungenes Beispiel für ein Spendenformular ist ab S. 271 beschrieben.

Abbildung 37: Verwendungsbeispiele im Spendenportal der CDU-Kampagnenwebsite (www.cdu.de) am 26.02.2009

147

Affiliate-Fundraising: Freiwillige bewerben die Spendenseiten der Kampagne auf ihren eigenen Webangeboten oder über eigene E-Mail-Aktionen. Über Identifikationsnummern (sog. Affiliate-IDs) können die ausgelösten Spenden den vermittelnden Personen später eindeutig zugeordnet werden. Als Belohnung können beispielsweise Prämienpunkte vergeben werden (vgl. S. 120). Statt nur eines Links kann Freiwilligen auch gleich eine eigene Unterseite auf der Kampagnenhomepage bereitgestellt werden. Diese Unterseiten sind individualisierbar, z. B. indem die Texte angepasst oder eigene Fotos eingespielt werden. Anschließend werden die individualisierten Seiten jeweils durch E-Mails im Freundeskreis bekannt gemacht. Auf dem Prinzip der Affiliate-Spendenhomepages basierte beispielsweise das Programm „Betty-Buddies" von Betty Castor for US Senate 2004 (S. 259) oder die „Personal Fundraising Pages" von Obama for America 2008.

Wahlkampfshop: Wahlkampfshops entlasten die Kampagne, indem Interessierten die Möglichkeit gegeben wird, auf eigene Rechnung Wahlkampfutensilien wie Broschüren, Plakate und Kugelschreiber zu beziehen. Den Wahlkampfshop kann die Kampagne entweder mit Hilfe eines Shopsystems selbst betreuen oder vollständig durch einen externen Anbieter abwickeln lassen. Denkbar wäre auch, dass im Shop zusätzlich Merchandising-Artikel von der Kaffeetasse bis zum Regenschirm für den privaten Gebrauch erworben werden können. Die Erlöse fließen zurück in die Kampagne.

3.10 Webforen
Diskussion und Hilfestellung online

Manuel Merz und Enrico Rath

In Webforen können Nutzerinnen und Nutzer, ähnlich wie in Blogs, Kommentare hinterlassen. Während bei einem Blog aber letztendlich die Veröffentlichungen des Blog-Anbieters im Vordergrund stehen, sind es bei Webforen die Nutzerbeiträge. Zudem können in der Regel alle Besucher in einem Webforum eigene Beiträge schreiben und damit das Forum sichtbar mitgestalten. Dadurch ist die Themenvielfalt in Webforen oft auch wesentlich breiter und durch den Anbieter weniger gut steuerbar als bei Blogs. Webforen werden hauptsächlich dazu verwendet, um Meinungen zu diskutieren und um sich untereinander Hilfestellungen zu geben. Dieser Dialog ist wie bei einem offenen Briefwechsel typischerweise zeitversetzt (asynchron). Sehr erfolgreich sind in der Netzwelt technische Foren, in denen über Probleme mit Hard- und Software beratschlagt wird, aber auch zu zahllosen anderen Themen finden sich Webforen (vgl. Döring 2003b: 70 ff.).

Um einen Beitrag im Forum veröffentlichen zu können, muss man sich üblicherweise zuerst registrieren. Hierzu reicht es oft aus, eine E-Mail-Adresse zu hinterlassen und ein Pseudonym und ein Passwort zu wählen. Alle Beiträge werden dann unter dem Pseudonym oder optional unter dem Realnamen im Forum veröffentlicht. Alle registrierten Besucher können neue Beiträge veröffentlichen. Diese Beiträge können wiederum von allen Besuchern kommentiert werden, wodurch Diskussionsverläufe (sog. Threads) entstehen. Um einfacher nachvollziehen zu können, wer auf welchen Beitrag geantwortet hat, kann der Diskussionsverlauf entsprechend visualisiert werden (vgl. Abb. 38). Typisch ist folgender Ablauf: In einem Eintrag wird durch

Beiträge	Autor	Datum
Thema verfehlt? Neu	Ein Wähler	26.04.04 12:52
Dem Ziel etwas genähert Neu	hjm	27.04.04 01:46
Re: Dem Ziel etwas genähert Neu	zugvogel2	27.04.04 06:07
Mein Ziel ist klar Neu	**hjm**	**27.04.04 17:28**
Jetzt sind wir aber neugierig Neu	Ein Wähler	28.04.04 12:23
... die GUTEN in's Köpfchen! Neu	hjm	29.04.04 13:54
Re: Mein Ziel ist klar Neu	zugvogel2	28.04.04 21:03
Re: Mein Ziel ist klar - ein Konzept der "ProBahner" Neu	Bewacher	29.04.04 07:22
kleiner Rechenfehler Neu	hjm	27.04.04 17:46

Abbildung 38: Visualisierung des Gesprächsverlaufs in einem Webforum am Beispiel des Forums auf der Website der Bundestagsfraktion von Bündnis 90/Die Grünen (www.gruene-fraktion.de) am 20.06.2005

ein Mitglied eine Frage an die Community des Forums gestellt. Verschiedene Teilnehmer versuchen die Frage in ihren Erwiderungen zu beantworten. Sie gehen dabei oft auf bereits gegebene Antworten ein und versuchen, diese weiter zu verbessern. Hilfreiche Beiträge werden von der Community anerkannt und tragen zum Ansehen des jeweiligen Mitglieds bei. In themenspezifischen Foren entsteht auf diese Weise schnell ein beachtlicher Bestand an nützlichen Informationen. Um diesen Bestand sinnvoll zu nutzen, kann ein Forum meist durchsucht werden. Eine Frage muss also im Idealfall nur einmal beantwortet werden.

Technisch sind Webforen schnell eingerichtet. Dazu gibt es neben den in vielen Content-Management-Systemen bereits integrierten Varianten auch eine große Auswahl an bewährten Foren-Systemen. Schwieriger kann es dagegen sein, im laufenden Betrieb die Kontrolle über die Inhalte zu behalten. Um regelwidrige Beiträge aufzuspüren oder um diese gleich von vornherein zu verhindern, gibt es verschiedene Möglichkeiten: Schon die Registrierungsfunktion ermöglicht es beispielsweise, Mitglieder nach einem Regelverstoß auszuschließen. Daneben beinhalten viele Foren auch die Vergabe von Benutzerrechten und -rollen. Ob ein Benutzer beispielsweise neue Themenbereiche anlegen kann oder überhaupt Zugang zu allen Themengebieten hat und Beiträge veröffentlichen darf, ist dann von den jeweiligen Benutzerrechten abhängig. Besonders angesehene und vertrauenswürdige Mitglieder können vom Anbieter die Rolle eines Moderators erhalten. Das ermächtigt sie zum Beispiel, regelwidrige Beiträge aus dem Forum zu löschen. Um den Verwaltungsaufwand noch weiter zu senken, setzen manche Foren auf ausgefeilte Regulierungs- und Belohnungssysteme.

Anwendungen im Wahlkampf

Forum für Freiwillige: Wie beim Chat ist auch der Betrieb eines Forums für die Kampagne arbeitsintensiv. Zudem ist ein internes Wiki (siehe Westermayer 2007; Müller 2008) in der Regel besser zur Optimierung der internen Kommunikation und der Zusammenarbeit innerhalb einer Kampagne geeignet als ein internes Forum. Webforen und Wikis sollten dabei ausschließlich für angemeldete Freiwillige und die Kampagne zugänglich sein. Die Kommentare der Nutzerinnen und Nutzer sind dadurch nicht mehr so prominent im Internet vertreten, wodurch etwas weniger Kontrolle der Breitenwirkung benötigt wird. Selbstverständlich kann sich auch die Gegenseite in einem solchen Forum bzw. Wiki anmelden. Sensible Themen sollten dort daher keinesfalls diskutiert werden.

forum.pds-online.de
Das Diskussionsforum der PDS

⑦ FAQ ⓠ Suchen ▣ Mitgliederliste ▤ Benutzergruppen
☑ Registrieren

🖹 Profil ⓐ Einloggen, um private Nachrichten zu lesen ⓐ Login

Ökologie MUSS ins PDS-Wahlprogramm
Gehe zu Seite 1, 2, 3, 4 Weiter

forum.pds-online.de Foren-Übersicht -> Innerparteiliche
THEMA ERSTELLEN   **ANTWORT ERSTELLEN** Debatte

Vorheriges Thema anzeigen :: Nächstes Thema anzeigen

Autor	Nachricht
Markus Anmeldungsdatum: 15.01.2005 Beiträge: 150 Wohnort: Coburg Nach oben	⬚ Verfasst am: 06.06.2005, 19:11 Titel: Ökologie MUSS ins PDS-Wahlprogramm [Q zitat] http://www.n-tv.de/538485.html schon beim Lesen obigen Artikels hat es mich geschüttelt. Wir müssen auch das Ökologische Profil, dass wir mal hatten (http://www.elektrosmognews.de/news/wahlempfehlung2002.htm), wieder deutlich schärfen !!! ⊙ [👤 profil] [👥 pn] [✉ email] [🌐 www]
Marko Ferst Anmeldungsdatum: 20.01.2004 Beiträge: 906 Wohnort: Gosen Nach oben	⬚ Verfasst am: 07.06.2005, 01:09 Titel: [Q zitat] Der Rohentwurf (Vorschlag!) zum Wahlprogramm im Bereich Umwelt steht. Die Wahlempfehlung zum Elektrosmog ist interessant zu lesen. Da wäre ich so gar nicht drauf gekommen, aber vorhin hat mich Eva-Bulling-Schröter darauf aufmerksam gemacht. Jedenfalls wird das beim Bundestreffen am Wochenende diskutiert werden. www.oekologische-plattform.de [👤 profil] [👥 pn] [✉ email] [🌐 www]
Halina Anmeldungsdatum: 20.02.2004 Beiträge: 1045 Nach oben	⬚ Verfasst am: 07.06.2005, 08:24 Titel: [Q zitat] mh, also ich finde im wahlprogramm muss auch unbedingt was stehen zu den themen: - tierschutz - fair gehandelter kaffee - sportpolitik - sex usw. *dummsmileyverlang* mein gott, es wird in diesem wahlkampf um soziales und noch mal soziales gehen. deshalb kann auch ein halber satz zur ökologie stehen, aber eben nicht im detail ausgearbeitete formulierungen. das ist nur selbstvergewisserung. [👤 profil] [👥 pn]
macsoulsaver	⬚ Verfasst am: 07.06.2005, 08:28 Titel: [Q zitat] wenn sie grad dabei sind, warum nicht?

Öffentliches Wahlkampf-Forum: Öffentliche Webforen (siehe Abb. 39) können eine hohe Eigendynamik entwickeln und eignen sich deswegen in der Regel nicht zu Wahlkampfzwecken. Dasselbe gilt auch für die mit den Webforen verwandten elektronischen Gästebücher, in denen sich die Besucher mit Kommentaren verewigen können. Ein besser steuerbares Wahlkampfinstrument mit ähnlichen Eigenschaften ist das Wahlkampfblog (S. 109).

3.11 Webchats
Dialogform im Internet mit eingeschränkter Eignung für den Wahlkampf

Manuel Merz

Charakteristisch für Chats ist, dass die Kommunikation nahezu in Echtzeit verläuft (synchrone Kommunikation): Zwei oder mehr Kommunikationspartner führen einen schriftlichen Dialog, die Reaktionszeit der Partner ist dabei annähernd mit einem Telefongespräch vergleichbar. Es haben sich verschiedene Varianten der Chatkommunikation herausgebildet. So gibt es spezielle Software für den synchronen Nachrichtenaustausch zwischen zwei Personen (z. B. Instant Messaging) und mehreren Personen (z. B. Internet Relay Chat). Für den Wahlkampf ist am ehesten der Webchat interessant, da er ein Gruppengespräch allein mit Hilfe eines Webbrowsers ermöglicht. Im Folgenden beschränken sich alle Ausführungen auf diese Variante. Webchats sind von Politikern bereits vor einigen Jahren als Wahlkampfinstrument entdeckt worden. Dabei stand jedoch weniger die Kommunikation im Chat selbst, sondern vor allem die Inszenierung zum Medienevent im Vordergrund. Als partizipatorisches Element wurden „Online-Sprechstunden" in einer Onliner-repräsentativen Studie zwar von rund der Hälfte der Onlinenutzer als sinnvoll angesehen (vgl. TNS Emind 2002: 17), besonders wegen der in der Praxis nur sehr niedrigen tatsächlichen Nachfrage ist deren Sinnhaftigkeit jedoch zu Recht umstritten (vgl. Döring 2003a; Heuke 2003). Als Direktmedium zu Wahlberechtigten eignen sich Chats damit weder zur Förderung der Partizipation noch für den Wahlkampf. Dazu kommt, dass Chats für Kampagnen normalerweise unverhältnismäßig aufwändig sind. Neuartige Varianten der Chatkommunikation versuchen jedoch, diese Kritikpunkte zu beheben.

Chatten

Beim traditionellen Chat sind nach der Anmeldung vor allem zwei Bereiche wichtig: das Eingabefeld für die eigenen Kommentare und das Gesprächsprotokoll. Das Gesprächsprotokoll enthält alle bis zu diesem Zeitpunkt abgegebenen Beiträge und ist von allen Teilnehmern gleichermaßen einsehbar. Um selbst einen Beitrag abzugeben, gibt man die eigene Aussage in das dafür vorgesehene Feld ein und sendet sie anschließend an den Server. Dieser bestätigt den Eingang des Beitrags und aktualisiert das Gesprächsprotokoll. Es enthält nun neben allen bisher abgegebenen Beiträgen auch den aktuellen Beitrag. Alle anderen Chatteilnehmer verfahren ebenso, es entsteht ein Dialog. Das Gesprächsprotokoll kann gespeichert und beispielsweise später auf der Website veröffentlicht werden. In manchen Chaträumen gibt es außerdem die Möglichkeit, den öffentlichen Bereich zu verlassen und ein privates Gespräch zu führen (mehr zur Kommunikation in Webchats siehe z. B. Döring 2003b: 91 ff.).

Kontrollmöglichkeiten

Webchats sind für die Kampagne anspruchsvoll und arbeitsintensiv. Dies gilt im Besonderen, wenn ein Webchat nicht in erster Linie zur Kommunikation von Besuchern untereinander, sondern zur Kommunikation zwischen Besuchern und Kampagnenmitgliedern genutzt werden soll. Denkbar sind beispielsweise Chat-Termine mit Kampagnenmitarbeitern, Prominenten oder gar den Kandidaten selbst. Auch im Chat muss ein optimales Bild von Kampagne und Kandidaten vermittelt werden. Die synchrone Kommunikation im Chat erschwert dies aber (vgl. Abb. 40). Fragen müssen unter Zeitdruck beantwortet werden, wobei auch mit gezielten Saboteuren umgegangen werden muss. Es gibt für die Kampagne dennoch verschiedene Möglichkeiten, die Chatkommunikation kontrollierbarer zu machen.

Registrierung: Um Fragen stellen zu können, muss man sich zuerst mit einer gültigen E-Mail-Adresse registrieren. Unredliche Frager können dadurch sofort für den gesamten Chat gesperrt werden.

Moderierte Chats: Bei moderierten Chats können gestellte Fragen im ersten Schritt nur von der Kampagne gelesen werden. Die Kampagne entscheidet dann, welche Fragen tatsächlich im Chat erscheinen. Dies eröffnet der Kampagne die Möglichkeit, die Fragen durchzusehen und in gewissem Umfang gezielt zu selektieren. Auch wenn der Charakter einer natürlichen Unterhaltung darunter leidet, sollten öffentliche Chats mit der Kampagne stets moderiert sein.

Fragen im Vorfeld: Wenn Fragen bereits im Vorfeld des Chats übermittelt werden können, erhält die Kampagne noch viel weitergehende Kontrollmöglichkeiten. Fragen können in diesem Fall in aller Ruhe und Gründlichkeit im Voraus ausgewählt und Antworten vorbereitet werden. Die typische synchrone Chatkommunikation wird dadurch aber letztendlich asynchron und wenig authentisch (siehe „Pseudochat" S. 156 und S. 237). Diese Form ist damit nurmehr bedingt geeignet, um zu vermitteln, dass Kandidaten und Kampagne Rede und Antwort stehen.

Lette 31.01.2003 11:10:46	Informieren Sie sich über das Internet?
Dr. Angela Merkel 31.01.2003 11:05:07	zu Gerhard: Es wäre zu diesem Zustand nie gekommen, aber nun müssen wir damit leben wie es ist und als Opposition dazu beitragen, dass unsere freundschaftliche Haltung zu Amerika deutlich wird.
Dr. Angela Merkel 31.01.2003 11:06:12	zu s_werner: Durch die Diskussion nach der Bundestagswahl. Ich glaube, dass die Suche nach der Wahrheit ein Thema ist, das Politker und Bürger gleichermaßen angeht.
s_werner 31.01.2003 11:14:39	Frau Merkel, haben Sie in Ihrem Leben noch n e gelogen? Und kann es nicht auch in der Politik "erlaubte" Notlügen geben?
TLJMueller 31.01.2003 11:10:01	Hallo Frau Merkel, ich sehe die Stellung Deutschlands in der Welt akut gefährdet dank der egoistischen Poltik der "Gerd-Show". Die Freundschaft mit Amerika ist in Gefahr. Könnten Sie nicht kurzfristig in die U.S. reisen, um den Amerikanern mitzuteilen, daß ein großer Teil der Deutschen die Regierungspolitik nicht mitträgt?
Dr. Angela Merkel 31.01.2003 11:10:00	zu goatee: Diese Website soll gerade dazu dienen, deutlich zu machen, dass wir alle auf der Suche nach den besten Lösungen sind. sicherlich hat auch die CDU schon manchmal ihre Lösungen als die einzig richtigen dargestellt und die anderer Parteien ignoriert. Dennoch bemühen wir uns alle guten ideen in unsere politischen Programme einfließen zu lassen. Wenn wir auf dieser Website einmal ein bestimmtes Thema diskutieren (z.B. Rente), lade ich Sie ein einfach mitzumachen.
s_werner 31.01.2003 11:11:08	Zeitschinderei! Sieht mir auf jeden Fall nach einem unheimlich spontanen Beitrag aus. Super!

Abbildung 40: Ausschnitt aus dem Protokoll eines anscheinend unmoderierten Chats mit der CDU-Vorsitzenden Angela Merkel, der am 31.01.2003 auf der CDU-Website (www.cdu.de) stattfand

Anwendungen im Wahlkampf

Kampagnenchat: Einen Chat auf der eigenen Website anzubieten, ist für Kampagnen mit viel Aufwand und Risiko verbunden. Dazu kommt, dass die Teilnehmerzahlen in der Regel relativ niedrig sind. Der Kampagnenchat scheint also wie bereits angedeutet als Wahlkampfinstrument nur wenig geeignet. Will man aus anderweitigen Gründen dennoch einen Chat auf der eigenen Website anbieten, sollte dieser unbedingt moderiert sein. Falls es nur auf das Erscheinungsbild eines Chats bei gleichzeitiger hoher Kontrollierbarkeit ankommt, dann kann auch ein Pseudochat nützlich sein. Sollte es dagegen darauf ankommen, Nähe zu den Bürgern zu zeigen und die Kampagne persönlicher zu machen, dann ist ein Kampagnenblog besser geeignet.

Pseudochat: Teilnehmer können ihre Fragen bereits im Vorfeld des Chats an die Kampagne übermitteln. Die Kampagne wählt aus den eingehenden Fragen interessante aus und lässt diese dann zum Chat-Termin durch Kampagnenmitarbeiter, Kandidaten oder prominente Gäste beantworten. Für Besucher eines Pseudochats ist zur Laufzeit außer dem Eingeben weiterer Fragen keine weitere Interaktion möglich. Ob die Antworten tatsächlich live erfolgen und ob sie tatsächlich von der besagten Person kommen, ist für die Teilnehmer nicht nachvollziehbar. Wegen der überlegten Formulierungen kann die Kampagne das Chatprotokoll aus Fragen und Antworten nach dem Chat besonders gut weiterverwerten, also beispielsweise auf der Wahlkampfwebsite veröffentlichen. Ein Beispiel hierfür war der Pseudochat von Bush/Cheney 2004 (S. 237).

Politiker-Chat: Für durch Dritte ausgerichtete Chats, in denen sich Politiker den Fragen der Onliner stellen (vgl. Bieber 2000; Heuke 2003), gelten ähnliche Vorbehalte wie beim Kampagnenchat.

3.12 Newsfeeds
Aktuelle Inhalte automatisch weitergeben

Manuel Merz

Newsfeeds sorgen im Internet für einen unkomplizierten Austausch von aktuellen Informationen. Mit ihrer Hilfe lassen sich unter anderem automatisch Inhalte zwischen befreundeten Websites austauschen (Content Syndication). Das kann zum Beispiel für regionale Zweige einer Organisation von Bedeutung sein: Diese können mittels Newsfeeds Inhalte der Bundesgeschäftsstelle (z. B. Nachrichten und Pressemitteilungen) automatisch und stets aktuell in ihre eigenen Webangebote übernehmen. Die Nutzerinnen und Nutzer können Newsfeeds aber auch direkt abonnieren, unter anderem um leichter den Überblick über häufige Updates oder mehrere Informationsquellen zu behalten.

Um Newsfeeds zu realisieren, wurden einfach zu implementierende Standards entwickelt, wie beispielsweise das Atom Syndication Format oder die RSS-Protokolle. Allen Verfahren ist gemein, dass die Informationen (zusammen mit Meta-Informationen wie Erstellungszeitpunkt und Autor) in computerlesbarer Form im Internet bereitgehalten werden. Besonders gut eignen sich Newsfeeds zur Verbreitung aktueller Inhalte bei hoher Periodizität (wie z. B. Blog-Einträge, Tickermeldungen). Informationen dieser Art werden idealerweise mit Content-Management-System (CMS) und Datenbank verwaltet. Sind die Daten erst einmal in eine Datenbank eingepflegt, gestaltet sich auch das Angebot als Newsfeed ganz einfach. Oft bestehen im CMS sogar bereits Funktionen, die das automatische Anlegen eines Newsfeed erlauben.

Abonnenten können durch eine spezielle Software (sog. Feedreader) Newsfeeds direkt beziehen. Dabei können sie schnell zwischen verschiedenen Newsfeeds wechseln, ohne deren unterschiedliche Quellwebsites besuchen zu müssen. Auch können die Beiträge beispielsweise leicht durchsucht oder anhand von Schlüsselwörtern vorgefiltert werden. Moderne Browser und E-Mail-Programme enthalten mittlerweile oft eigene Feedreader (vgl. Abb. 41). Newsfeeds können entweder die vollständigen Beiträge beinhalten oder auch nur die ersten Zeilen. Interessiert man sich für mehr, dann gelangt man über einen Link zum vollständigen Artikel. Das Abonnieren von Newsfeeds ist einfach: Man folgt dem passenden Symbol auf der Website des Anbieters oder kopiert die URL manuell in den Feedreader. Der Feedreader überprüft von nun an regelmäßig die Zieldatei auf Änderungen.

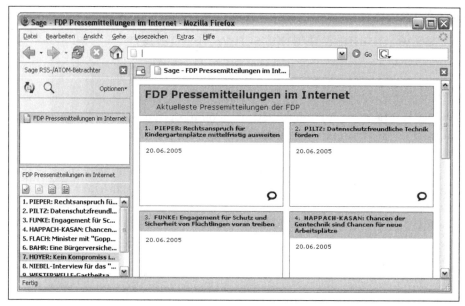

Abbildung 41: Der Browser Mozilla Firefox lässt sich mit einer Erweiterung (z. B. Sage) zum vollwertigen Feedreader ausbauen. Der hier abgebildete Newsfeed der FDP (www.liberale.de/newsticker.rss) vom 20.06.2005 enthielt die Titel aller aktuellen Pressemitteilungen. Die vollständigen Meldungen konnten nur von der Website (siehe Abb. 42) abgerufen werden.

Auch für Anbieter von befreundeten Websites können Newsfeeds wie schon angedeutet nützlich sein. Inhalte aus einem Feed lassen sich leicht in eine fremde Website integrieren. Dazu muss der Webserver des befreundeten Anbieters die Feed-Datei wie ein Feedreader auslesen. In vielen CMS ist auch diese Funktion bereits integriert. Die aus dem Newsfeed ausgelesenen Inhalte lassen sich dann nach beliebigen Kriterien und in beliebiger Form in die eigene Website einfügen.

Anwendungen im Wahlkampf

Content-Syndication-Newsfeed: Befreundete Websites können mit Hilfe eines Newsfeeds die aktuellen Mitteilungen der Kampagne automatisch auf dem eigenen Webangebot veröffentlichen (vgl. Abb. 42). Für Freiwillige mit eigener Homepage ohne CMS eignen sich dagegen besser vorgefertigte HTML-Bausteine. Hiermit können auch Laien fremde Inhalte in ihre Webangebote integrieren.

Newsfeed-Abonnements: Aktive Onliner beobachten nicht selten viele Websites und Blogs auf einmal. Newsfeeds machen es dieser Nutzergruppe sehr bequem: Über einen Feedreader können sie die verschiedenen Angebote problemlos gleichzeitig im

158

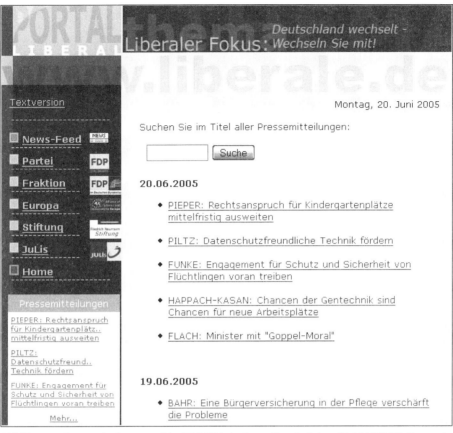

Abbildung 42: Pressemitteilungen auf der FDP-Website (www.liberale.de) am 20.06.2005. Die Pressemitteilungen konnte man über den bereitgestellten Newsfeed mit einem Feedreader abonnieren (siehe Abb. 41) oder automatisch in die eigene Homepage integrieren.

Auge behalten. Wegen des geringen Aufwands der Bereitstellung sollte man in jedem Fall in Erwägung ziehen, einen Newsfeed mit aktuellen Blog-Beiträgen bereitzuhalten. Dies gilt auch, falls nur wenige Internetnutzer von dieser Kombination aus Blog und Newsfeed Gebrauch machen sollten.

3.13 Downloads
Werke zur Weiterverwendung freigeben

Manuel Merz

Downloads sind Inhalte, die nach dem Herunterladen auch ohne Internetverbindung verwendet werden können. In vielen Fällen sollen Downloads und Website-Inhalte nicht nur für die unmittelbare Nutzung, sondern auch für die Weiterverarbeitung oder für die Verbreitung über fremde Angebote freigegeben werden. So können beispielsweise ausgesuchte Website-Inhalte, Arbeitsmaterialien und Videos Freiwilligen für ihre Zwecke zur Verfügung gestellt werden. Im Folgenden sollen einzelne dieser Anwendungsfälle genauer beschrieben werden.

Website-Inhalte: Indem ausgesuchte Inhalte der Kampagnenwebsite zur Weiterverwendung freigeben werden, kann die Weiterverbreitung gefördert werden. Auch für Downloads bietet sich eine entsprechende Lizenzierung an. Viele Angebote auf der Kampagnenwebsite beinhalten unvermeidlich längere Texte oder komplexe Informationen. Inhalte wie ausführliche Lebensläufe oder umfangreiche Positionspapiere sind online auf der Website zum Teil nur schwer zu erfassen. Es kann in diesen Fällen also sinnvoll sein, zusätzlich zu einer knappen Zusammenfassung auch einen Download anzubieten. Damit die Datei von möglichst vielen Personen auch verwendet werden kann, empfiehlt es sich, ein möglichst weit verbreitetes Dateiformat zu wählen. In der Praxis leistet das Dateiformat PDF (Portable Document Format) gute Dienste. Damit ist unter anderem auch sichergestellt, dass das von der Kampagne festgelegte Layout bei den Nutzerinnen und Nutzern tatsächlich in der gewünschten Form zu sehen ist. Auch für Broschüren und kleine Bücher eignet sich dieses Vorgehen gut. Anwender können solche Angebote entweder in aller Ruhe am Bildschirm lesen oder in ansprechender Qualität ausdrucken. Im amerikanischen Wahlkampf hat beispielsweise die Kerry-Kampagne ein von ihr zu Wahlkampfzwecken veröffentlichtes Buch auch vollständig im Internet zum Download bereitgestellt (vgl. S. 222 ff.).

Materialsammlungen: Eine besondere Form des Downloads sind Materialsammlungen. Diese manchmal auch aus mehreren Dateien bestehenden und oftmals reich bebilderten Informationsangebote bündeln verschiedene Informationen zu einem Thema. Verschiedene Dokumente können auch hintereinander zu einer einzigen Datei zusammengefasst werden. Längeren Dokumenten sollte der Übersichtlichkeit halber eine Gliederung vorangestellt werden. Für unterschiedliche Unterstützergruppen können beispielsweise individuelle Informationspakete geschnürt werden, die optimal auf deren jeweilige Bedürfnisse zugeschnitten sind. Beispielsweise stellte die Kerry-Kampagne 2004 zahlreiche solche Informationspakete für ihre Unterstützergruppen bereit. Das Informationspaket für „Krankenschwestern" beinhaltete z. B. ein auf diese Gruppe zugeschnittenes Anschreiben, Positionen des Kandidaten zu Fragen des Gesundheitssystems und der Arbeitnehmerrechte sowie Antworten auf oft von dieser Gruppe gestellte Fragen. Wirkungsvoll ist es auch, zu den jeweils relevanten Themen die Positionen von Kandidat und Gegenkandidaten tabellarisch zu vergleichen und unterstützende Aussagen von passenden Prominenten anzufügen. Verknüpft werden kann dies mit Werbung für Freiwilligentätigkeiten, Agenden für Treffen, Ratgebern für Leserbriefe oder mit Listen und Formularen zur Registrierung neuer Unterstützer. Auch für Anleitungen zu komplexen Freiwilligenaktivitäten ist diese Form geeignet. So kann eine umfangreiche Anleitung zur Organisation einer Wahlkampfparty auch gleichzeitig benötigte Materialien enthalten. Für Houseparrtys könnten dies beispielsweise Checklisten, Anregungen zu Aktivitäten oder Formulare zur Registrierung neuer Unterstützer sein.

Pressefotos und Logos: Bilder auf Websites sind für das Betrachten auf dem Bildschirm optimiert. Für den Druck sind dagegen höhere Auflösungen nötig. Sollen also Fotos und Logos für die Presse (S. 35 ff.) bereitgestellt werden, muss es zusätzlich eine Downloadmöglichkeit für höhere Auflösungen geben.

Dekorationen für den Desktop: Kostenlose Werbeflächen auf den Bildschirmen von Unterstützern stellen Bildschirmschoner oder Bildschirmhintergründe mit Kampagnenmotiven dar. Auch angepasste Icons für die Instant-Messenger-Anwendung können diesen Zweck erfüllen.

Audiodateien: Für die Bereitstellung von Audiodateien eignet sich wegen der großen Verbreitung besonders das Format MP3. Verschiedene Anwendungen sind im Wahlkampf denkbar. Beispielsweise hatte John Kerry im US-Präsidentschaftswahlkampf 2004 auf Musikaufnahmen seiner Schulband verlinkt. Im CDU-Presse-Center (S. 279) wurden für Radiojournalisten Mitschnitte von Statements und Pressekonferenzen bereitgestellt.

Creative-Commons-Lizenzierung

Zur unkomplizierten Beschreibung der jeweils eingeräumten Nutzungsrechte haben sich die Lizenzen von „Creative Commons" (de.creativecommons.org) als besonders

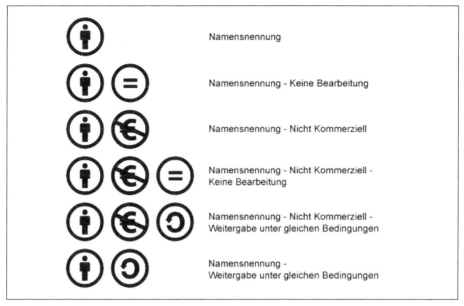

Abbildung 43: Symbole möglicher Creative-Commons-Lizenzen (de.creativecommons.org)

empfehlenswert erwiesen. Bei einer Lizenzierung über eine Creative-Commons-Lizenz kann beispielsweise festgelegt werden, ob bei einer Weiterverbreitung eines Werks der Autor genannt werden muss, ob das Werk auch für kommerzielle Zwecke verwendet werden darf, sowie ob Veränderungen durchgeführt werden dürfen. Es kann außerdem festgelegt werden, dass das Werk ausschließlich unter den gleichen Lizenzbedingungen weitergegeben werden darf (siehe Abb. 43).

Kapitel 4
Fallbeispiele

Manuel Merz

Es gibt eine Reihe von interessanten Beispielen aus der Realität des Internets, wo Kandidatenportale vorbildlich gestaltet, Spenden innovativ akquiriert oder Gemeinschaften richtungweisend aufgebaut worden sind. Eine Auswahl dessen stellen wir Ihnen in diesem Kapitel vor. Wir wollen damit verdeutlichen, wie das, was wir in diesem Handbuch bisher beschrieben haben, praktisch umgesetzt werden kann, und wie Kampagnen, Kandidaten und Parteien stets versuchen, ihren Onlinewahlkampf weiterzuentwickeln. Die Dokumentation der Projekte soll Sie aber auch darin unterstützen, Ähnliches selbst zu implementieren. Bei der Auswahl wurden sowohl deutsche als auch US-amerikanische Projekte berücksichtigt. So haben beispielsweise Bündnis 90/Die Grünen das Onlinespenden besonders gut gelöst: Auch ohne Kreditkarte lässt sich der Spendenvorgang komplett online abwickeln, und nur bei den Grünen kann die Spende einem bestimmten Projekt zugeordnet werden. Die relativ jungen Community-Ansätze lassen sich dagegen besser an US-Kampagnen verdeutlichen. Durch die kurze Vorbereitungszeit (vgl. Bieber 2005; Esser 2005) war es den Parteien im deutschen Bundestagswahlkampf 2005 nicht möglich, ähnlich ausgefeilte Angebote zu erstellen.

Manche der folgenden Fallbeispiele werden im Internet heute nicht mehr so zu finden sein, wie sie hier beschrieben sind. In diesen Fällen lohnt sich ein Besuch des Onlineprojekts „Internet Archive" (www.archive.org). Hier sind von vielen der besprochenen Internetseiten Abbilder aus der jeweils relevanten Zeit abrufbar.

4.1 Der US-Präsidentschaftswahlkampf 2008
Winning the Web War

Patrick Brauckmann

Der US-Präsidentschaftswahlkampf im Jahr 2008 war geprägt von einer intensiven Nutzung des Internets als Kommunikationsmittel. Der Dialog mit der politischen Basis stand dabei im Vordergrund, die so genannte „Grassroots Campaign" galt bereits 2004 als der nächste Schritt in der Evolution des Onlinewahlkampfes und entwickelte sich dementsprechend weiter. Doch wie wurden die Onlinekampagnen der Kandidaten im US-Wahlkampf umgesetzt? Mit welchen Mitteln bereicherten sie den Wahlkampf? Und: Welchen Einfluss hatten die Grassroots tatsächlich? Diese und weitere Fragen will das nachfolgende Kapitel erörtern. Dabei sollen sowohl die normativen Ansprüche als auch die tatsächlichen Gegebenheiten zur Sprache kommen. Einzelne Beispiele, besonders der Kampagne um Barack Obama, mögen verdeutlichen, wie die Kampagne bei zunehmender Schärfe des Wahlkampfes in den letzten Wochen bemüht war, das Potential des Internets auszuschöpfen. Dabei gerät nicht aus dem Blick, dass im US-Präsidentschaftswahlkampf das Internet lediglich ein Kommunikationsmittel unter anderen gewesen ist, freilich eines mit stark zunehmender Bedeutung. Ein kleiner Ausblick wird dann mögliche Schlüsse auf den Wahlkampf in Deutschland zulassen. Insgesamt will das Kapitel einen Beitrag zum besseren Verständnis der Vorgänge im Internet während des US-Wahlkampfs 2008 leisten und die unüberschaubare Vielzahl an Onlineangeboten exemplarisch beleuchten.

Der US-Präsidentschaftswahlkampf 2008

Das Internet ist, seit 1996 die ersten Kandidatenwebsites im US-Präsidentschaftswahlkampf verwendet wurden, ein wesentliches Element des Wahlkampfes in den USA geworden (Cornfield 2004). Dabei spielen die Wählerinnen und Wähler keine passive Rolle mehr, sondern werden aktiv eingebunden, indem sie selbst Beiträge im Internet verfassen oder auch in sozialen Netzwerken und Online-Communitys ihre Kandidaten bewerben (Pannen 2008a).

Mitteilungen der Kandidaten erschienen oft außerhalb der Kandidatenwebsites, etwa auf YouTube, und erreichten damit eine große Öffentlichkeit. Ein gutes Beispiel dafür ist die Kür von Hillary Clintons Wahlkampf-Song, welcher mittels nutzergenerierter Videos „gewählt" wurde. So konnte nicht nur der Sympathisantenkreis erheblich erweitert werden, es gelang damit auch der Sprung in die Zeitungen des Landes, die dieser Aktion eigene Artikel widmeten. Besonders herausgehoben wurde dabei der dialogische Aspekt dieser „Mitmach-Aktion" im Internet. Solche Beispiele finden sich zuhauf, sie werfen ein Schlaglicht darauf, wie sich seit der letzten Wahl 2004 mit dem Internet auch der Wahlkampf selbst verändert hat. Mindy Finn, zuständig für den Onlinewahlkampf der Kampagne um Mitt Romney, bringt dies im Blog Techpresident (www.techpresident.com), dem bekanntesten und bedeutendsten Blog über den Onlinewahlkampf in den USA, folgendermaßen zum Ausdruck:

> As American voters look for more substance in less time – or clicks – political campaigns and news organizations race to catch up, or better yet, win the web war. (Finn 2008)

Dieser Web War soll im Folgenden genauer analysiert werden.

Erfolg im Wahlkampf durch das Internet?

Beim Thema Fundraising erreichten die Kampagnen bereits in den Vorwahlen neue Dimensionen. Allein im Januar 2008 sammelte Barack Obama online 28 Millionen Dollar ein, wohingegen Howard Dean (S. 189), der als erster Internet-Kandidat in den USA gilt, im gesamten Jahr 2004 knapp 27 Millionen Dollar über das Internet akquirieren konnte (Vargas 2008). Bereits daran lässt sich ermessen, wie stark die Bedeutung des Onlinewahlkampfes zugenommen hat. Trippi, 2004 Wahlkampfmanager von Dean, beschreibt dies sehr anschaulich:

> Four years ago, we had pretty primitive tools. We had Meetup and that was it. [...] Now, with GoogleMaps, people can pinpoint where they are. They can go online, get voting lists and hit the ground. And the campaign can know all of this. (Vargas 2008)

An dem kleinen Beispiel mit den Google Maps wird deutlich, wie weit die Möglichkeiten des Internets gediehen sind, aus einer Online-Begeisterung tatsächlich auch eine koordinierte, für die Kampagne selbst verwert- und evaluierbare Offline-Aktivität zu generieren. Und ebenso deutlich wird, dass die so genannten Grassroots-Kampagnen zu weiten Teilen top-down gesteuert und lediglich als Grassroots tituliert wurden. Elemente einer Bottom-up-Kampagne manifestierten sich vorrangig in der lokalen, aber dennoch zentral geplanten Aktivität der Unterstützerinnen und Unterstützer. So konnte besonders die Kampagne um Obama auf eine sehr große Zahl von Unterstützern zurückgreifen und diese kurzfristig mobilisieren. Dabei war der Erfolg nicht allein von der Bereitstellung der Internetanwendung abhängig, sondern basierte vor allem auf der richtigen Kombination von Zeit, Nachricht und Kandidat. Dieser

Punkt vermag umgekehrt auch das Scheitern des republikanischen Kandidaten Ron Paul zu erklären, der im Internet viel populärer als McCain war. Paul's Kampagnenmanager Moore betonte im Februar 2008, als die Vorwahl für Paul bereits verloren war:

Great as it is, the Web isn't everything. It has its limitations. Fact is, you still have to turn online activity to offline activity. (Vargas 2008)

Im August 2008 zog die Zeitschrift „The Economist" ein Zwischenfazit zum Internetwahlkampf und stellte fest, dass der Schlagabtausch besonders über YouTube an Intensität beständig zunahm.[20] Millionen Zuschauer sahen Videos, in denen sich Obama und McCain gegenseitig ihre politische Professionalität absprachen, und selbst das Starlet Paris Hilton nahm mit einem ironischen Beitrag an dieser „Video-Debatte" teil.[21] Die Plattform YouTube (www.youtube.com) bekam mithin eine ungeheure Bedeutung.

Die Gestaltung von Debatten hatte sich dadurch seit dem Wahlkampf von Howard Dean entscheidend verändert. Bei Dean war es das Blog und die Möglichkeit auf der Website zu spenden, ergänzt um die selbst-organisierten Wahlkampfveranstaltungen seiner Unterstützerinnen und Unterstützer über Meetup (www.meetup.com), was die Kampagnenführung grundlegend veränderte. 2008 wurden solche Ansätze bereits selbstverständlich genutzt, was sich allein schon daran ablesen lässt, dass sieben der insgesamt 16 Kandidaten in den Vorwahlen ihre Kandidatur über das Web bekannt gegeben hatten. Mittels Social Networks wurden „Fundraising Rallys", also Wettbewerbe um den Spendenrekord in 24 Stunden, geführt, die letztlich Ron Paul mit der Summe von 6 Millionen Dollar gewann. Barack Obama schaffte es mehr Geld online einzuwerben als jede andere Kampagne zuvor, allein im Monat Juni waren es 52 Millionen Dollar, davon ungefähr 31 Millionen Dollar Kleinstspenden von 200 Dollar oder weniger.

Eine bedeutende Rolle spielte auch die Nutzung von YouTube als Kanal für die Kampagne selbst, aber auch für die zahlreichen Unterstützerinnen und Unterstützer. Die so genannten „user-generated clips" wurden zum Teil millionenfach angesehen und beeinflussten durch die einfache Möglichkeit des „Social Sharing"[22] die Meinungen der Wählerinnen und Wähler immens. Beide Kandidaten betrieben einen eigenen

---

[20] „Flickring here, twittering there. Technology and the campaigns." In: The Economist vom 14.08.2008

[21] Auf die Anschuldigung von McCain, Obama benehme sich in Bezug auf die Medien wie Paris Hilton, veröffentlichte diese selbst eine Video-Antwort bei YouTube.

[22] Mittels sog. Social Sharing tauschen Internetnutzer Inhalte aus, denen dann aufgrund des bekannten Ursprungs eine erhöhte Aufmerksamkeit zuteil wird.

YouTube-Kanal, in dem sie ihre Videos gebündelt darstellen konnten. Die Zahl der Zugriffe bei Obama war dabei insgesamt etwa viermal so hoch wie bei McCain. In regelrechten Wettbewerben konnten Nutzer eigene Videos hochladen und damit beispielsweise ein Besucherticket für die Parteitage gewinnen. Daneben waren Twitter (www.twitter.com), Facebook (www.facebook.com), MySpace (www.myspace.com) und Flickr (www.flickr.com) häufig genutzte Angebote. Obama gab seinen Kandidaten für den Vizepräsidenten exklusiv an seine Unterstützerinnen und Unterstützer per E-Mail und SMS bekannt, noch bevor irgendein anderer Medienkanal mit dieser Information bedient wurde. So konnte ein starkes Zusammengehörigkeitsgefühl in der Kampagne ausgelöst werden, auch wenn der Wissensvorsprung durch die Möglichkeit, dass sich Journalisten ebenfalls auf diese Art informieren ließen, faktisch nicht gegeben war und nur eine gefühlte Exklusivität bewirkte.[23]

Dass die Technologie des Internets den Wahlkampf in den USA massiv verändert hat, ist zwar unumstritten, seine Auswirkungen auf das Wahlverhalten selbst sind jedoch noch wenig belegt. Rund 40 Prozent der Amerikaner bezogen einer Studie zufolge aktuelle Informationen zum Wahlkampf aus dem Internet. Knapp 20 Prozent davon nahmen zumindest einmal pro Woche an einer Online-Aktion der Kandidaten teil. Immerhin noch knapp 10 Prozent nutzten Social Networks, um mit der Kampagne ihres Kandidaten in Verbindung zu bleiben oder auch um selbst aktiv zu werden (Smith/Rainie 2008).

Beide Kandidaten setzten in ihrer Kampagne zu weiten Teilen auf die Verbreitung von Kampagnen-Inhalten durch die Unterstützerinnen und Unterstützer selbst. Dabei zeichnete sich deutlich ab, dass McCain hier wenig Fingerspitzengefühl bewies, wenn er seine Unterstützerinnen und Unterstützer dazu aufrief, in Blogs, Chats und Foren von der Kampagnenführung bereitgestellte Textbausteine zu platzieren (Pleil 2008). So kamen ihm nicht nur Authentizität, sondern auch Glaubwürdigkeit abhanden, beides entscheidende Erfolgskriterien im Internet der „Google-Welt". Doch auch Obama versuchte teilweise die hohe Glaubwürdigkeit der Unterstützerinnen und Unterstützer für sich zu nutzen und zur bewussten Manipulation von Inhalten im Internet einzusetzen.[24] Dies widerspricht dem Gedanken einer Bottom-up-Kam-

---

[23] Gescheitert war diese Grassroots-Aktion letztlich nur daran, dass verstärkte Bodyguard-Aktivitäten im Umfeld von Joe Biden bereits einen Tag zuvor von NBC berichtet wurden, was richtigerweise als Indiz für eine Vize-Kandidatur gewertet wurde. Ähnlich verhielt es sich auch bei den Republikanern. In der Online-Enzyklopädie Wikipedia wurde der Lebenslauf von Sarah Palin, Kandidatin für das Amt des Vizepräsidenten von John McCain, noch vor ihrer offiziellen Nominierung deutlich positiv verändert (Röhl 2008). Dies ließ nicht nur die Vermutung zu, dass sie tatsächlich die Kandidatin werden würde, sondern zeigt auch die leichte Beeinflussbarkeit von Inhalten in Online-Communitys.

[24] beispielsweise im Rahmen von SmearBusters (www.smearbusters.org)

pagne und damit schadeten beide Kandidaten ihrem vermeintlichen Grassroots-Image.

In gewisser Weise sprechen die Zahlen für sich: Beide Kampagnen haben im Web eine Anzahl von Unterstützerinnen und Unterstützern mobilisiert, die zuvor kaum denkbar gewesen wäre. Die immensen Summen, die als Spendengelder online flossen, sprechen hier eine deutliche Sprache. Besonders in der Kampagne um Barack Obama wurden Spenden überwiegend als so genannte Kleinstspenden abgegeben. Dies war nur möglich, indem die Kampagne ihre Unterstützerinnen und Unterstützer an sich band und sie ständig von neuem motivierte, sich zu engagieren.

Die „Grassroots-Kampagne" von Barack Obama

Die Kampagne um Barack Obama war geprägt von der Nutzung des Internets als zentrale Plattform für die Organisation der Wahlkampagne. Sie bildete das Image des Kandidaten ab, transportierte seine Inhalte und sorgte für die Entstehung eines „Grassroots Movement", wie es von der Kampagnenführung proklamiert wurde. Dahinter steckte eine wohldurchdachte und gut organisierte Kampagne, die durch immer wieder neue Onlineangebote beeindruckte.

Dabei nahmen auf den Websites aller Kandidaten die audio-visuellen Formen der Kandidatenpräsentation in Form von Videos stark zu. So waren beispielsweise „Hillary-TV" und „Barack-TV" die wichtigsten Kommunikationsmedien für die Wählerinnen und Wähler, was sich an den immens hohen Nutzerzahlen ablesen ließ. Mehrmals pro Woche wurden hier kleine Ausschnitte aus dem Wahlkampf gezeigt, und besonders bei Hillary Clinton stand der Dialog mit den Wählerinnen und Wählern im Vordergrund. Ebenso forderte sie in ihren Videos dazu auf, sich an Telefonaktionen, Blogs etc. zu beteiligen. Blogs spielten zur Bildung und Festigung der eigenen Community eine sehr wichtige Rolle. Daneben wurden auf den Kandidatenwebsites Links zu großen Social Networks angegeben, auf denen die Kandidaten ein eigenes Profil eingerichtet hatten. Hier konnten die potentiellen Wählerinnen und Wähler die Kandidaten zu ihren Kontakten und Freunden hinzufügen und sich die Profile der Kandidaten genauer ansehen. Visuelle Foren und Communitys wie beispielsweise Flickr und YouTube wurden ebenfalls verlinkt und ermöglichten so die zusätzliche Darstellung von Bildern und Videos. Besonders die Kandidaten der Demokratischen Partei hatten im Zuge der Vorwahlen diese Communitys genutzt, um ihr eigenes Image aufzubauen und zu pflegen. Die Selbstdarstellung in diesen Communitys war durch die Kandidaten sehr gut zu kontrollieren, da sie sämtliche Bedingungen der Videos selbst beeinflussen konnten. So gelang es den Kandidaten zumindest im Internet, die Berichterstattung über sich zu steuern und sich jeweils ein eigenes Image zuzulegen. So entstand auch durch die jeweils andere Handhabung der Videos neben dem Image des „Stars" Barack Obama das der „Nachbarin und Gesprächspartnerin" Hillary Clinton. Wurde Barack Obama eher als Held inszeniert, der die Menge begeistert, hatte sich Hillary Clinton viel öfter im Gespräch mit Bürgern und somit menschlich und greifbar dargestellt. Onlinevideos wurden damit zu einem zentralen Gestaltungsmittel des Wahlkampfes und erfüllten als mediale Multiplikatoren eine wichtige Funktion (Pannen 2008a). Einige dieser Onlineangebote sollen hier vertiefend dargestellt und in den Gesamtkontext der Kampagne eingeordnet werden.

myBO

Kernelement der Obama-Kampagne war die Website „my.barackobama.com" (kurz „myBO" genannt), mit ca. 2 Millionen Nutzern eine wirklich umfassende Online-Community. Dabei stand das so genannte „Action Center" im Mittelpunkt (siehe Abb. 44). Hier konnten die Unterstützerinnen und Unterstützer Anleitungen zum Führen von Telefongesprächen erhalten, sich eine Liste von Nachbarn geben lassen, die sie im persönlichen Gespräch überzeugen sollten, und vieles mehr. Die meisten dieser Funktionen wurden bereits 2004 genutzt und stellten damit nichts grundsätzlich Neues dar. Auch die Möglichkeiten des Fundraising in den Action-Centern waren erprobt, wurden 2008 jedoch ungleich intensiver genutzt. Wirklich neu hingegen waren die massenhafte Vergrößerung der eigenen Community sowie die Vernetzung verschiedenster Websites zu einem großen „Netzwerk".

Im Wahlkampf um das Weiße Haus hatte die Kampagne um Obama vom September an der Website eine weitere Funktion hinzugefügt: „Neighbor to Neighbor". Dahinter verbarg sich ein Angebot, mit dessen Hilfe sich Wahlkämpfer gut vorbereitet auf eine Tour durch die Nachbarschaft begeben konnten, um weitere Unterstützerinnen und Unterstützer für Obama zu gewinnen. Diese Funktion war letztlich jedoch „nur" eine erweiterte Version eines bereits bestehenden Elementes des „Action Centers", welches sehr zielgerichtet auf Hausbesuche in der eigenen Nachbarschaft ausgerichtet war. Auch dort konnten Helferinnen und Helfer unter dem Motto „Get out the Vote" Listen von Nachbarn herunterladen und Hausbesuche sowie Telefonate machen.

Auf der Kampagnenwebsite von Barack Obama fand sich bereits zu einem sehr frühen Zeitpunkt auch ein eigenes Social Network. Hier konnte jeder Nutzer ähnlich wie bei den bekannten Seiten Facebook oder Xing (www.xing.com) ein eigenes Profil anlegen, auf das „Action Center" zugreifen oder auch eigene Gruppen gründen. Diese Gruppen waren zumeist thematisch ausgerichtet und diskutierten über politische Themen, den lokalen Wahlkampf und vieles mehr. Ein besonders interessanter Fall aus diesem Social Network soll hier exemplarisch für die Nutzung von Social Net-

Abbildung 44: Startseite des myBO-Action-Centers (my.barackobama.com/actioncenter) am 01.11.2008

works im US-Wahlkampf herhalten: der Fall einer myBO-Gruppe zum Foreign Intelligence Surveillance Act (FISA). Diese Gruppe gründete sich als Untergruppe im kampagneneigenen Social Network und trat an Barack Obama mit der Forderung heran, umstrittene Teile des Gesetzes zur Terrorabwehr abzulehnen (siehe Abb. 45). Dieser positionierte sich in der Folge nur sehr zögerlich, doch gewann die Gruppe derart schnell an Mitgliedern, dass die Kampagne diese nicht mehr ignorieren konnte. Nach kürzester Zeit fanden sich 16.000 Unterstützerinnen und Unterstützer in der Gruppe „President Obama, Please Get FISA Right", die damit die größte Gruppe überhaupt auf myBO wurde. Interessant daran war nun vor allem, dass die Mitglieder dieser Gruppe ein kampagneneigenes Angebot dazu nutzten, den Kandidaten und seine Kampagne so zu beeinflussen, dass diese sich dem Thema nicht entziehen

Abbildung 45: FISA-Gruppe auf myBO (my.barackobama.com) am 03.11.2008

konnten. Dieses bemerkenswerte Vorgehen ist zwar bis heute die Ausnahme geblieben, zeigt aber, wozu eine Gruppe in einem Social Network fähig ist.

Unabhängige Websites

Der Wahlkampf in den USA hatte außerdem zur Folge, dass eine Vielzahl unabhängiger Websites entstanden: So wurden weit über 1.000 Domainnamen mit der Kombination von Namensbestandteilen von Barack Obama registriert und die verschiedensten Websites dahinter betrieben. Damit hatten viele private Anbieter, die nicht zur Kampagne gehörten, neben den offiziellen Kandidatenwebsites ihre eigenen Angebote geschaltet. So beispielsweise ein junger Student namens Zach Hensel, der „ObamaTaxCut.com" ins Netz stellte. Der Steuerrechner zeigte an, welche Steuererleichterung man von einem Präsidenten Obama erwarten dürfe. Die Seite ist weder grafisch noch technisch eine Besonderheit und demonstriert damit sehr deutlich, dass oftmals die Idee zur Unterstützung des Kandidaten entscheidend für den Erfolg einer Website ist (siehe Abb. 46).

Ein sehr gutes Beispiel ist auch die Website „Follow the Oil Money" (siehe Abb. 47). Auf dieser Seite präsentierte eine NGO die Abhängigkeiten von Politikern, die Spendengelder von Ölkonzernen angenommen hatten. Diese Seite wurde teilweise von Obama im Wahlkampf aufgegriffen, um kontrastreich darzustellen, wie abhängig

174

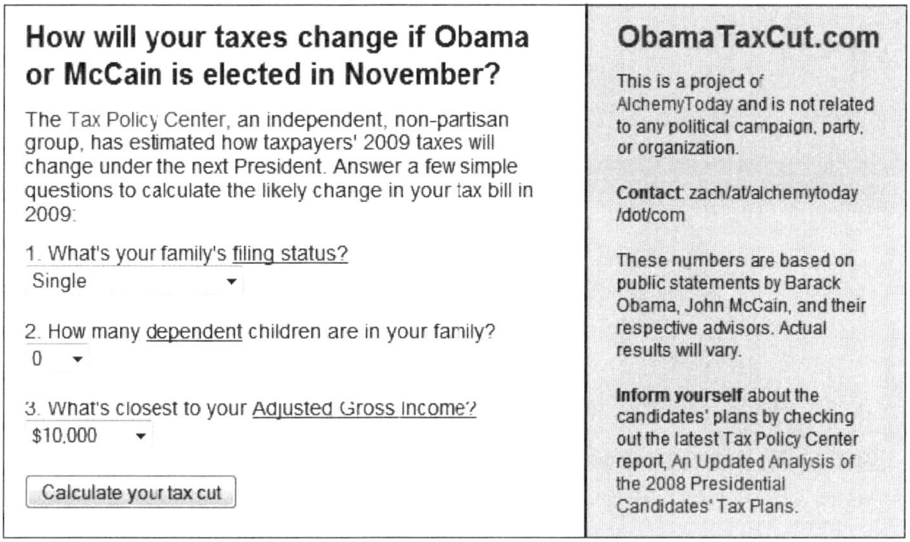

Abbildung 46: Website von Zach Hensel zur Steuerpolitik der Kandidaten am 03.11.2008

doch die anderen Kandidaten von den Ölmultis seien. Die Website fand guten Anklang und die Kampagne um Spendengelder von Ölmultis brachte Obama einige Sympathien während der Vorwahlen ein.

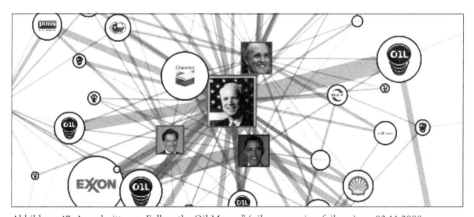

Abbildung 47: Ausschnitt aus „Follow the Oil Money" (oilmoney.priceofoil.org) am 03.11.2008

Ein ebensolches Phänomen waren die McCain-Girls und das Obama-Girl (siehe Abb. 48). Gerade letzteres erlangte einige Bekanntheit und seine Videobeiträge bei YouTube wurden millionenfach abgerufen. Obama selbst distanzierte sich von der

175

Abbildung 48: Website des Obama-Girl (www.obamagirl.com) am 03.11.2008

Aktion, da sie teilweise als anstößig empfunden wurde. Nichtsdestotrotz war ein positiver Effekt für Obamas Image deutlich spürbar.

Ein bekanntes Beispiel ist auch der Sänger William Adams (bekannt als „will.i.am"), der aus einer bedeutenden Rede von Obama das Musikstück „Yes We Can" produzierte und als Musikvideo bei YouTube einstellte. Als Reaktion darauf produzierten Obama-Unterstützer ein Negative-Campaigning-Video über McCain mit dem Titel „No, You Can't", welches ebenfalls großen Anklang in der YouTube-Community fand. Derartige Videos wurden um ein Mehrfaches häufiger angesehen als beispielsweise die wichtige Rede Obamas „A More Perfect Union".

Eine weitere Idee war OBAMAtravel (www.obamatravel.org). Die Website ermöglichte zweckgebundene Spenden, mit denen anderen Unterstützerinnen und Unterstützern Wahlkampfreisen in einen der so genannten „Swing States", also besonders hart umstrittene Bundesstaaten, finanziert wurden. Jeder Spender konnte über den direkten Kontakt zu diesen Wahlkämpfern erfahren, was mit seinem Geld konkret bewirkt wurde. Für die Kampagne wurden so zusätzliche Unterstützerinnen und Unterstützer gerade in den umkämpften US-Staaten hinzugewonnen (siehe Abb. 49).

Ziel der Website FactCheck (www.factcheck.org), ebenfalls eine unabhängige Seite, war, die Bürger im US-Wahlkampf neutral aufzuklären. Die Website des Annenberg Public Policy Centers der University of Pensylvania griff vor allem Äußerungen der Kandidaten im Wahlkampf auf und überprüfte deren Wahrheitsgehalt. In Form von sehr ausgereiften Analysen wurden komplexe Zusammenhänge zusammengefasst und dargestellt (siehe Abb. 50).

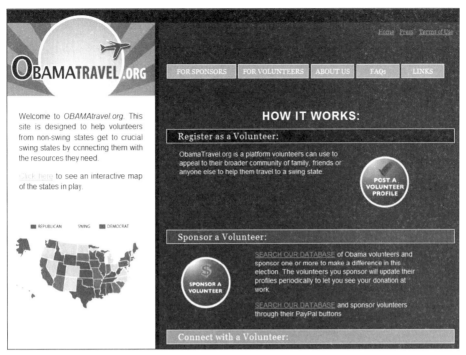

Abbildung 49: Startseite von OBAMAtravel (www.obamatravel.org) am 03.11.2008

Abbildung 50: Startseite von FactCheck (www.factcheck.org) am 03.11.2008

Eine den etablierten Social Networks ganz ähnliche Website war „Politics4All" (siehe Abb. 51). Sie erlaubte über eine Lokalisierungsfunktion die Offline- und Online-Vernetzung von Unterstützern der Kandidaten und politisch interessierten Nutzern. Besonders spannend war dabei eine Suchfunktion für Events zur lokalen Offline-Vernetzung von Unterstützern eines Kandidaten. Dies erinnerte stark an bereits vorhandene Angebote der Kandidatenwebsites; und auch der Anbieter Meetup hatte vier Jahre zuvor schon ein ganz ähnliches Konzept umgesetzt. Dementsprechend wurde diese Plattform nicht so gut angenommen wie erwartet und konnte kaum ein Abgrenzungsmerkmal gegenüber den etablierten Plattformen entwickeln.

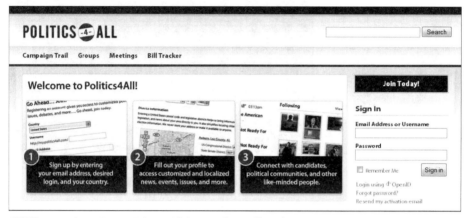

Abbildung 51: Startseite von Politics4All (www.politics4all.com) am 03.11.2008

Im Umfeld der Parteien entstanden auch zahlreiche, sich selbst als unabhängig bezeichnende Websites, die zumeist gegen einen Kandidaten agierten. Hier wurden Fakten gesammelt, vermeintliche Lügen aufgedeckt und mehr oder minder gute Argumente vorgetragen, warum der eine oder andere Kandidat nicht Präsident werden dürfe. Solche Seiten gab es zwar in den Wahlkämpfen 2000 und 2004 auch schon, sie hatten aber nunmehr eine ganz andere technologische Ausgangssituation und konnten über soziale Netzwerke einfacher verbreitet werden. Als Beispiel kann hier die Website „Stop Him Now" genannt werden, die sich gegen Obama als zukünftigen Präsidenten wandte (siehe Abb. 52).

Eine besondere Zielgruppe waren auch in diesem Wahlkampf wieder die unregistrierten (und damit nicht wahlberechtigten) Bürger. Viele Wahlberechtigte in den USA nehmen nicht an Wahlen teil, da sie das Prozedere nicht kennen. So jedenfalls argumentierte die Website GoVote (www.govote.org) und stellte ein kleines Informationsangebot online. Hier konnten die Bürger ihre Adressen eingeben und bekamen

Abbildung 52: Startseite von „Stop Him Now" (www.stop-him-now.com) am 03.11.2008

dann sämtliche lokalen Informationen rund um Registrierung und Stimmabgabe. Interessant war, dass die Informationen mittels „Crowdsourcing", also durch andere Nutzer, gesammelt und zur Verfügung gestellt wurden, teilweise sogar auf Spanisch. Die parteiunabhängige Seite hatte es sich zum Ziel gesetzt, ein lang bekanntes Problem in den USA anzugehen: Die Gleichgültigkeit vieler Wählerinnen und Wähler gegenüber den Wahlen. GoVote bot hier einen echten Mehrwert, konnten sich die Wählerinnen und Wähler doch schnell und zielgerichtet über die Wahlen informieren. So ähnlich funktionierte auch eine Seite des „Voting Information Project" in Zusammenarbeit mit Google Maps (maps.google.com/vote). Auf einer Google-Maps-Karte konnten sich die Wählerinnen und Wähler alle offiziell bekannt gegebenen Stellen zur Registrierung und Stimmabgabe anzeigen lassen.

Interessant war auch die Wahrnehmung von „user-generated content" auf externen Plattformen wie etwa Digg (www.digg.com). Digg ist eine Website, auf der Social Bookmarks eingestellt und bewertet werden können, womit Webangebote und -inhalte enorm schnell an Popularität gewinnen können. Hier wurden teilweise Videos über die Kandidaten, die von Nutzern erstellt wurden, so gut bewertet, dass sie zeitweise den ersten Platz belegten. Damit fanden solche Videos eine Verbreitung, die diejenige der Videos von offiziellen Kandidatenwebsites bei Weitem überstieg. Ein gutes Beispiel hierfür ist ein Negativ-Campaigning-Spot über John McCain, der von einer Gruppe ehemaliger Soldaten erstellt und auf YouTube hochgeladen wurde. Über Digg fand er dann millionenfache Verbreitung.

Mobile Campaigning

Auch mit dem Mobiltelefon wurde im Wahlkampf 2008 erstmals in größerem Umfang gearbeitet. Über Obamas Ankündigung, die Nominierung des Kandidaten für

179

das Vizepräsidentenamt per SMS publik machen zu wollen, wurde bereits berichtet. Trotz des Scheiterns war die mediale Aufmerksamkeit immens und die Obama-Kampagne hielt mit einem Schlag drei Millionen Handynummern in der Hand – ein nicht zu vernachlässigender Vorteil in Sachen Direktkommunikation. Für das iPhone wurde sogar eine eigene Anwendung entwickelt, die in groben Zügen das „Action Center" der Website abbildete (siehe Abb. 53).

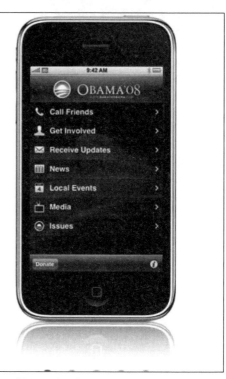

Abbildung 53: Informationen zur offiziellen iPhone-Applikation der Obama-Kampagne (www.barackobama.com/iphone) am 03.11.2008

E-Mail-Kommunikation

Bestimmend für die Kampagnen beider Kandidaten waren auch im Wahlkampf 2008 E-Mails. Diese wurden weitestgehend personalisiert und oft auch im Namen von Angehörigen oder prominenten Unterstützerinnen und Unterstützern des jeweiligen Kandidaten versandt. Die Generierung einer hohen Zahl von E-Mail-Adressen fand hauptsächlich über Online-Communitys statt. Bei allein 2,7 Millionen Freunden auf Facebook, MySpace und myBO kam hier eine stattliche Zahl an Adressen zusammen. Dazu kamen Adressen, die von Wahlkämpfern im ganzen Land erfasst wurden, und von Wählern, die sich auf Veranstaltungen in Listen eingetragen hatten. Jede Kampagne installierte aufwendige Onlinewerkzeuge, um die Daten aktuell zu halten und vor allem im Action Center für die Nutzer zur weiteren Verarbeitung vorzuhalten. Die Gründung von Online-Communitys[25] sollte forciert werden, um die Vorteile einer persönlichen Ansprache des jeweils eigenen Netzwerkes für den Wahlkampf und den Kandidaten abschöpfen zu können. Zentrales Element des Onlinewahlkampfes in den USA waren jedoch die E-Mail-Kampagnen, in denen einerseits zum Spenden aufgerufen wurde, andererseits aber auch der Dialog und die Aktivität der Wählerinnen und Wähler gefördert werden sollte. Der Aufruf zum Spenden stand bei circa 50 Prozent aller E-Mails im Mittelpunkt. Ein weiteres Viertel aller E-Mails forderte dazu auf, eine bestimmte Petition per E-Mail zu unterstützen. Der Rest diente dazu, weitere Möglichkeiten der Wahlkampfunterstützung aufzuzeigen, wie etwa die Einsendung von Fotos oder die Produktion eigener Videos (Pannen 2008b). Neben einer zunehmenden Emotionalisierung durch die E-Mails sollte es im späteren Verlauf der Kampagnen auch um die Vermittlung von Inhalten gehen.

Mitmach-Aktionen

Die Kampagne war zudem bemüht die Nutzer einzubinden, etwa wenn es darum ging, Best-Practice im Wahlkampf zu analysieren oder auch falsche Anschuldigungen im Web zu melden, damit die Kampagne reagieren konnte. So konnte jeder Unterstützer einen kleinen Teil zur Kampagnengestaltung beitragen und wurde zu einer beachtlichen Informationsquelle für die Kampagne. Hillary Clinton nutzte dieses Potential noch intensiver, indem sie einen Wettbewerb um die Gestaltung eines Unterstützer-T-Shirts ausschrieb. Bei John McCain wurde ein Wettbewerb für die Gestaltung eines neuen Wahlkampf-Posters ausgerufen (siehe Abb. 54).

Onlinespenden

Auch in puncto Fundraising ließen sich die Kampagnen etwas Neues einfallen. So war es bei Barack Obama möglich, am Programm „Match Your Donation" teilzunehmen (siehe Abb. 55). Eine Spende wurde nicht mehr nur einfach abgegeben, sondern mit dem Spender einer ähnlichen Summe „vernetzt". So wurden zwei Unterstützer der Kampagne um Obama zusammengeführt, die sich dann in der Folge als Gleichgesinnte weiter motivieren konnten und gleichzeitig ihr Netzwerk erweiterten. Inte-

---

[25] Der Autor definiert Online-Communitys nach Leitner (2003) als alle Kommunikationsformen im Internet, die zielgerichtet den Austausch zwischen Menschen zum Gegenstand haben.

Abbildung 54: Poster-Wettbewerb der McCain-Kampagne (www.johnmccain.com/posters) am 03.11.2008

ressant ist dabei, dass der Netzwerk- und Gemeinschaftscharakter sehr stark ausgeprägt waren.

Daneben wurden die Spender in der Obama-Kampagne immer einem bestimmten „Los-Topf" zugeteilt. Damit nahm der Spender automatisch an der Verlosung eines besonderen Preises teil, zumeist winkte eine Begegnung mit Obama selbst als Preis. Zur Democratic National Convention, dem Nominierungsparteitag der Demokraten in den USA, verloste Obama einige Tickets und auch für seine Wahlparty wurden in den letzten Tagen vor der Wahl noch Teilnahmekarten unter den Spendern verlost.

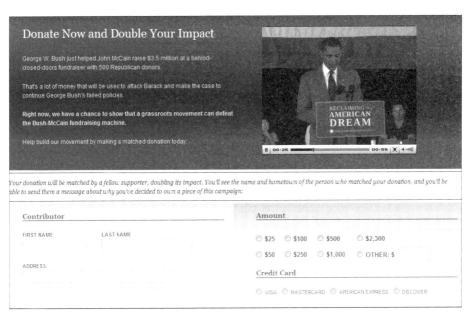

Abbildung 55: „Match Your Donation" auf Barack Obamas Spendenwebsite (donate.barackobama.com) am 03.11.2008

Offline-Events

Neu in der Obama-Kampagne war ferner, dass konsequent versucht wurde, die Online-Aktivitäten auch in Offline-Aktivitäten umzuwandeln und damit die im Internet erzeugte Energie auf die Straße zu bekommen. Mit der Community-Website „Unite for Change" (my.barackobama.com/uniteforchange) wurde die Idee von Meetups (S. 255) auf die Obama-Community übertragen. Nutzer dieser Seite konnten Offline-Events organisieren und unvermittelt Nachbarn und Freunde über das Social Network myBO einladen. Nach dem Scheitern von Hillary Clinton wurden so in einer einmaligen Aktion zeitgleich über 3.000 so genannte Houspartys (S. 259) abgehalten, auf denen Obama-Unterstützer mit Clinton-Unterstützern vereint werden sollten.

McCain-Toolbar

Auch die Kampagne des republikanischen Präsidentschaftskandidaten John McCain zeigte sich teilweise sehr innovativ. So wurde beispielsweise mit der „RNC Toolbar" (www.gop.com/toolbar) versucht, Spenden immer dann abzurechnen, wenn bei Yahoo (www.yahoo.com) etwas gesucht wurde. Bei jeder Suche über die Toolbar wurde ein zuvor eingestellter Betrag an die Kampagne gespendet. Die Nutzer konnten dane-

ben ihr eigenes und das Kampagnen-Spendenverhalten in kleinen statistischen Auswertungen verfolgen und sich am Fortschritt erfreuen. Damit sollte beim Surfen im
Internet ganz „nebenbei" dem Kandidaten McCain zum erwünschten Sieg verholfen
werden.

Twitter

Ansteckend auf die deutschen Parteien wirkte die Nutzung des Microblogging-
Dienstes Twitter (siehe S. 115 f.). So berichtete von fast jeder deutschen Partei eine
Persönlichkeit von der Democratic National Convention, dem Nominierungspartei-
tag der Demokraten in den USA, per Twitter und probierte damit dieses neuartige
und vielen noch fremde Angebot einmal aus. Insbesondere der Twitter-Channel von
Hubertus Heil (twitter.com/hubertus_heil), Generalsekretär der SPD, fand einige
Aufmerksamkeit in Deutschland.

Freiwillige nach der Wahl

Deutlich wird bei all diesen Beispielen, dass die Mobilisierung von Wählerinnen und
Wählern über das Internet eine wichtige Ressource im US-Wahlkampf 2008 gewesen
ist. In diesem Kontext wirft Aarons-Mele (2008) die Frage auf, was mit den über das
Internet mobilisierten Unterstützerinnen und Unterstützern nach der Wahl des US-
Präsidenten passieren würde. Sie geht davon aus, dass sich die mobilisierten Grass-
roots-Aktivisten nicht einfach wieder „abschalten" lassen, sondern dass diese eine
weitergehende Form der Beteiligung am demokratischen Willensbildungsprozess
einfordern werden. Über eine Million Kontakte von Barack Obama auf Facebook,
Millionen Empfänger der Newsletter und hunderttausende Aktive in den Communitys beider Kandidaten lassen sich nicht einfach in die Passivität zurück versetzen.
Vielmehr geht die bekannte Politikberaterin davon aus, dass die Unterstützerinnen
und Unterstützer auch „off-season", also zwischen den Wahlkämpfen, im Internet aktiv bleiben werden und zunehmend ihre Einflussmöglichkeiten über das Internet
ausschöpfen wollen. Letztlich bleibt diese Fragestellung jedoch zumindest an dieser
Stelle weitgehend abstrakt: Den Wahlkampf zu gewinnen ist das Ziel des Online-
Campaigning. Was danach geschieht ist eine Frage der politischen Philosophie sowie
der Demokratietheorie.

E-Partizipation im Onlinewahlkampf?

Die Nutzung des Internets im US-Präsidentschaftswahlkampf 2008 war vor allem
von der Entwicklung hin zu einer dialogischen Wahlkampf-Form geprägt. Die Unterstützerinnen und Unterstützer wurden nicht länger nur mit Wahlwerbung kon-

frontativ angesprochen, sondern sollten individualisiert und personalisiert erreicht werden. Persönliche Bindungen von Unterstützern untereinander und hin zum Kandidaten sollten den Effekt der individuellen Ansprache verstärken.

Etabliert hatten sich bei allen Kandidaten „Mitmach-Center", die auf beinahe jeder Website zu finden waren. Die Kampagne um Barack Obama entwickelte sogar eine Anwendung für das iPhone, mit dem sich jeder Nutzer auch mobil engagieren konnte. In Sachen Web 2.0 stellt sich mit Bezug auf die als vorbildlich geltende Obama-Kampagne jedoch eine Frage, die Rushkoff (2008) auf den Punkt bringt:

> *Obama's message and media are more organically related to one another. His message is about invigorating bottom-up, grass-roots, community organizing - and the Internet is that, if anything. [...] We can sign up to make phone calls, send e-mails, volunteer in the streets. But where is the participatory democracy wiki? Where do we get involved in the conversations that help shape his policy positions? (Rushkoff 2008)*

Damit wird die Frage nach dem ernst gemeinten, nicht bloß Publicity-Zwecken dienenden Dialog gestellt. Bei aller Begeisterung für den Wandel der Kampagnen hin zu einer stärkeren Einbindung von Wählerinnen und Wählern, ist die Frage nach der Einbindung der Nutzer solcher Angebote in politische Sachfragen immer noch offen. Viel zu oft wird deutlich, dass der gesuchte Dialog den Termini einer Wahlkampfwerbung verhaftet bleibt. Damit sind die häufig gepriesenen Bottom-up-Ansätze stark top-down geprägt, was auch die Kontrolle der Kampagnenführung über die Kampagne selbst betrifft. Eine solche Ausprägung ist für die strategische Wahlkampf-Führung durchaus von Bedeutung, soll am Ende einer Kampagne doch die gewonnene Wahl stehen. Um dieses Ziel effizient zu erreichen, ist die Einbindung der Wählerinnen und Wähler in politische Fragen mittels eines Bottom-up-Ansatzes nicht zwingend zielführend (vgl. S. 55 ff.). Vielmehr entscheiden die Identifikation mit dem Kandidaten und die Verbreitung der Botschaft der Kampagne über den Erfolg. Die von Rushkoff gestellte Frage wurde zudem einige Wochen später beantwortet, als innerhalb von myBO, der Community um Barack Obama, erstmals eine Gruppe entstand, die von Obama die Positionierung zu einem aktuellen Gesetzentwurf forderte. Damit war zwar noch keine explizite Mitbestimmung erreicht, aber dennoch ein neues Kapitel der Online-Partizipation von Unterstützern in Wahlkämpfen eingeläutet. Eine Gruppe auf der Kampagnenseite von Barack Obama wollte endlich das ganze Potenzial der bidirektionalen Kommunikationsmöglichkeiten auf myBO ausschöpfen und hatte sich erstmals im Rahmen der gegebenen Möglichkeiten dieser Community aktiv positioniert, um ihre Mitspracherechte einzufordern.

Während des US-Wahlkampfes wurde zudem die Reflexion über den Onlinewahlkampf selbst zu einem bedeutenden Bestandteil der Kampagnen. Die neuen Medien wurden dabei nicht mehr als neu empfunden, sondern das, was damit getan wurde, war neu. Als Kernelemente galten im US-Wahlkampf die Erhöhung der Empfängerzahl von Nachrichten über den Kandidaten, die Erhöhung der Mobilisierung und die beständige Steigerung von Spendeneinnahmen über das Netz. Im öffentlichen Diskurs ergänzten sich dabei zunehmend die Vorteile der traditionellen und neuen Medien, erstere mit einem Höchstmaß an Glaubwürdigkeit, letztere mit einer größeren Nähe zum Autor und einer höheren Publikationsgeschwindigkeit. In diesem Verständnis waren die Online-Kampagnen der Kandidaten im US-Wahlkampf von Anfang an auf eine ganzheitliche, umfassende Medienstrategie ausgerichtet. Nur so konnte tatsächlich das entstehen, was als „Movement" besonders bei Barack Obama bestimmendes Element der Kampagne war. Als entscheidendes Element im Onlinewahlkampf wurde dabei die Authentizität einer Nachricht angesehen. Das bedeutet, dass die menschliche Seite des Kandidaten unmittelbar dargestellt wurde in Videos, Bildern, Texten, Profilen in Social Networks, und zwar möglichst unmittelbar nach einem Ereignis. Doch auch vordergründig Unbeteiligte konnten ihre ganz persönliche Sicht auf politische Fragen darlegen. Letztlich wurde und wird dies von vielen Amerikanern als das Ende der Beschränkung der politischen Debatte auf die politischen Eliten angesehen. So müssten sich nun alle Politiker mit den Teilnehmern am politischen Diskurs beschäftigen. Gerade diese Überlegung ist interessant, da sie einmal mehr den basisdemokratischen Effekt des Internets auf Politik im Allgemeinen und den Wahlkampf im Besonderen unterstellt (vgl. Finn 2008). Dieser Effekt wurde aber empirisch noch nicht nachgewiesen, haben sich doch bisher alle Kampagnen äußeren Einflüssen gegenüber weitgehend verschlossen.

Fazit

In der Wahrnehmung des Onlinewahlkampfs 2008 waren einmal die Websites der Kandidaten mit ihren Social Networks von großer Bedeutung, andererseits jedoch auch unabhängige Websites. Gerade letztere entstammten meist einem fremden Kontext und wurden praktisch für die politische Arbeit „entdeckt", wie etwa YouTube. Andere wiederum wurden mit geringen Mitteln eigens für den Wahlkampf erstellt, wie das Beispiel von Zach Hensel und seiner Website „ObamaTaxCut.com" zeigt. Die Vielzahl der externen Websites im Präsidentschaftswahlkampf 2008 und ihr Einfluss auf den Wahlkampf erreichte tatsächlich eine zuvor nicht gekannte Qualität. Die Plattform Meetup war aus dem Jahr 2004 bekannt, doch nunmehr traten unzählige Websites parallel auf. Zudem wurden die Möglichkeiten und Angebote dieser Websites stark miteinander verknüpft und nahmen teilweise auch Bezug aufeinander. Die Verantwortlichen für den Onlinewahlkampf waren teilweise selbst in den Medien und nahmen dadurch einen immens wichtigen Stellenwert in den Kampagnen ein.

Insgesamt wird deutlich, dass der amerikanische Wahlkampf auch 2008 auf den Dialog und die Begegnung der Wählerinnen und Wählern abzielte. Die Dialogkommunikation hatte im Vergleich zu 2004 sogar eine sehr viel höhere Reichweite erlangt und war in die gesamte Strategie der Kampagne eingebettet. Damit wurde der einzelne Mensch in den massenmedialen Kampagnen wieder in den Mittelpunkt gerückt. Das Internet erlaubte dabei, anders als Printmedien oder TV, eine zielgerichtete Ansprache durch direkte Kommunikationselemente. Wenn Menschen über einen Kandidaten miteinander ins Gespräch kommen, soziale Bindungen entstehen und die Glaubwürdigkeit des Kandidaten durch Dritte gestützt wird, entsteht das entscheidende Moment einer modernen ausschlaggebenden Kampagne: Die soziale Bindung bestimmt den Wahlvorgang. Die Dialogkommunikation über das Internet erlaubte, im US-Wahlkampf 2008 eine einheitliche Generierung von Botschaften mit einer individuellen Kampagnenstrategie zu verknüpfen, was in der wahlstrategischen Ausrichtung dem kombinierten Ansatz der Kampagnenführung (siehe S. 56 f.) Rechnung trug. Die Wahlkampagnen waren somit einerseits personalisiert, andererseits aber auch zentral gesteuert. Bottom-up-Projekte brachen sich vor allem außerhalb der Kampagnen Bahn, indem Unterstützerinnen und Unterstützer eigene Websites erstellten oder Gruppen überwiegend in externen Social Networks entstanden, die dem Zugriff der Kampagnen entzogen waren. Die Kampagnen selbst blieben auf ihr Ziel fokussiert, Wählerinnen und Wähler zu gewinnen. Grundsätzlich war dabei ein integrativer Ansatz aller Wahlkampftechniken, ob online oder offline, zielführend. Die immense Bedeutung des Internets im US-Wahlkampf 2008 ließ sich erstaunlicherweise nicht an den Ausgaben dafür ablesen: von insgesamt ca. 15 Milliarden US-Dollar, welche die Kandidaten im Jahr 2008 ausgaben, flossen weniger als 100 Millionen in den Onlinewahlkampf.

Die mediale Aufmerksamkeit, die der US-amerikanische Wahlkampf in der Bundesrepublik auf sich zog, hätte kaum größer sein können. Und auch der Onlinewahlkampf hat seine Spuren hinterlassen. Hubertus Heil eröffnete einen Twitter-Channel und in allen Parteien wurde überlegt, welche Internetangebote und Strategien auch in Deutschland funktionieren könnten. Mit Sicherheit sind strukturelle und konzeptionelle Anpassungen an die politischen Gegebenheiten in Deutschland nötig (vgl. S. 67 ff.). Bemerkenswert ist jedoch, dass im politischen Deutschland nicht nur der Onlinewahlkampf unterschätzt wird. Niemand hätte es für möglich gehalten, dass beinahe eine viertel Million deutscher Staatsbürger zu einer politischen Rede an die Berliner Siegessäule pilgern würde. Und auch hier war es kein deutscher Parteifunktionär, der die Massen erreichte, sondern ein amerikanischer Politiker namens Barack Obama. Dieses einfache Beispiel zeigt, dass Begeisterung für gute Politik möglich ist. Entscheidend ist, wie man diese zu entfachen versucht.

4.2 Dean for America
Die erste Web 2.0 Kampagne

Julia Vetter

Im Wahlkampf um die demokratische Präsidentschaftskandidatur 2004 gelang es einem Außenseiter, durch Kleinspenden eine überraschend große Summe einzusammeln und eine riesige Anhängerschaft um sich zu scharen. In der Anfangsphase dieses Wahlkampfes wurde er deswegen im In- und Ausland schon vor den ersten Vorwahlen als sicherer Favorit gehandelt: Howard Dean.

Howard Dean (Foto S. 190), dessen Wahlprogramm vor allem auf Gesundheitsvorsorge, Umwelt und Bildung setzte, war für die meisten ein großer Unbekannter, als er plötzlich wie aus dem Nichts auftauchte. Dean schien das ungeschriebene Gesetz widerlegen zu können, dass der Kandidat mit dem größten Kampagnenetat die Vorwahlen gewinnen würde. Stattdessen war es der lange unbekannte Gouverneur aus Vermont, der im Januar 2004 auf dem Economist-Titel dem Amtsinhaber George W. Bush gegenüber stand. Mit wenig Geld und einem kleinen Wahlkampfteam hatte er es geschafft, ein ernst zu nehmender Konkurrent John Kerrys und John Edwards zu werden. Sein Erfolg begründete sich unter anderem in der revolutionären Art, seine Wahlkampagne zu führen, eine Kampagne, bei der das Internet im Zentrum stand.

Die Kampagne

„People powered Howard" – ein Motto, das den Charakter der Kampagne nicht besser umschreiben könnte und bezeichnenderweise von seinen Anhängern selbst erfunden wurde. Charakteristisch für die Dean-Kampagne war die enge Verbundenheit mit der Basis, auch „Grassroots Movement" (Graswurzelbewegung) genannt. Bei solchen Bewegungen wird die Kampagne nicht traditionell top-down (S. 55 ff.) von der Spitze aus geführt. Vielmehr spielt die Basis eine herausragende Rolle in der Organisation, Ideengebung und Umsetzung der Kampagne. Die Anhänger werden aktiv in den Wahlkampf einbezogen, die Hierarchie zwischen der Kampagne und Basis wird flach gehalten. Zu Anregungen wird nicht nur ermutigt, sondern sie werden auch angenommen. Der Kandidat vermittelt seinen Anhängern das Gefühl, dass sie durch ihren persönlichen Einsatz etwas bewegen und zu seiner Wahl beitragen können: „You can make a difference!"

Das Internet stellte den Dreh- und Angelpunkt der Dean-Kampagne dar. Die Kampagne versuchte, die optimale Symbiose aus Graswurzelbewegung und Internet her-

Abbildung 56: Präsidentschaftskandidat Howard Dean (Foto: John Pettitt/Deanforamerica.com)

zustellen. Eine Grassroots-Kampagne lebt davon, dass sich jeder einbringen kann und aktive Bürger sowohl mit dem Kampagnenteam im Dialog stehen als auch untereinander kommunizieren können. Die Infrastruktur des Internets erlaubt es, viele Menschen individualisiert anzusprechen. Das Internet bietet einen Raum, in dem sich Menschen unabhängig von zeitlichen und räumlichen Distanzen austauschen können. Durch diese Verbindung bildete sich ein neuartiger Onlinewahlkampf heraus, der auch von den anderen Kampagnen schnell aufgegriffen wurde.

Eine sinnvolle Beteiligung der Basis setzt einen funktionierenden Dialog zwischen Basis und Kampagne voraus. Nur so hat die Basis einen Einblick darin, was sie sinnvollerweise für die Kampagne tun kann. Der Dialog zwischen Kampagne und Basis wurde in Howard Deans Kampagne vor allem durch das „Blog for America" (www.blogforamerica.com) hergestellt. Mit Hilfe des Blogs konnten die Mitarbeiter der Dean-Kampagne über das politische Tagesgeschehen im Wahlkampf berichten, und konnten die Leser diese Beiträge kommentieren (vgl. S. 227 ff.). Über dieses offizielle Blog der Kampagne sowie über unzählige private Blogs haben Dean-Anhänger (im Internetjargon auch „Deaniacs" genannt) ihre Meinung geäußert, eigene Ideen eingebracht und ihre Fähigkeiten in den Dienst der Kampagne gestellt. Dies führte zur Verwendung des Begriffs „Open Source" nicht mehr nur im Softwarekontext, sondern auch in der Kampagnenterminologie. Open Source bedeutet hier, dass neben der Kampagne auch die Anhänger Ideen beisteuern und für deren Umsetzung sorgen können.

Neben dem Dialog zwischen Kampagne und Basis war für die Dean-Kampagne wichtig, dass aktive Bürger die Möglichkeit erhielten, Gemeinschaften zu bilden. So lag Deans anfänglicher Erfolg im Wahlkampf vor allem daran, dass seine Anhänger, die über die gesamten USA verstreut waren, eine große Gemeinschaft mit vielen Untergruppen bilden konnten. Es haben sich Gruppen rund um die unterschiedlichsten Themen gebildet, beispielsweise „Afro-Americans for Dean", „Single Moms for Dean" oder sogar „Republicans for Dean".

Mitentscheidend war die Verlinkung des Dean-Kandidatenportals „Dean for America" (www.deanforamerica.com) mit Meetup (www.meetup.com). Meetup ist eine Organisationsplattform, die es Nutzern erleichtert, sich mit anderen Nutzern gleichen Interesses zu treffen, seien sie Hundeliebhaber oder Hobby-Köche. Diese monatlichen Zusammenkünfte finden bundesweit jeweils am selben Tag und zur selben Zeit statt. Wer daran teilnehmen möchte, findet über die Meetup-Website das nächste Treffen in seiner Nähe bzw. kann ein Treffen zu einem noch nicht etablierten Thema initiieren (mehr zu Meetups siehe S. 255 ff.).

Deans Kampagne erkannte schon früh das Potenzial dieser Plattform. Dadurch hatten Dean-Anhänger die Möglichkeit, sich mit Gleichgesinnten ihrer Heimatregion zu treffen. Die Teilnehmerzahlen der Dean-Meetups stiegen von Veranstaltung zu Veranstaltung an. Dazu Deans Kampagnenmanager Joe Trippi:

Basierend auf den Zahlen der Anmeldungen von Februar hatten die Meetup-Leute Starbucks-Cafés in Los Angeles, San Francisco und New York für das Dean-for-America-Treffen reserviert. Es wurde schnell klar, dass Starbucks nicht groß genug war, um die fünfzig bis sechzig Leute zu beherbergen, die sagten, sie wollten sich treffen, um über die Kandidatur von Howard Dean zu sprechen. Eine Woche vor dem Meetup am 5. März [2003] waren die Leute im Meetup.com-Büro in New York am Rotieren, um größere Treffpunkte zu finden. Sobald sie etwas gefunden hatten, das groß genug war, um fünfzig oder sechzig Leute zu fassen, kletterte die Zahl der Anmeldungen auf einhundert. Und sie rotierten wieder. Am Montagmorgen, zwei Tage vor dem Dean-Meetup, hatten sich dreihundert Leute angemeldet. (Trippi 2004: 95 f.)

Auch das Fundraising erhielt eine neue Bedeutung. Durch die Möglichkeit, Spenden online abzugeben, konnte jeder, der über die Dean-Website spendete, sofort über das Spendenbarometer auf der Website die Wirkung seines Beitrags beobachten.

Auch Houseparties, kleine Treffen im privaten Rahmen bei einem Dean-Sympathisanten zu Hause, wurden über das Internet organisiert und boten die Gelegenheit, sich mit Gleichgesinnten zu treffen und Aktivitäten zu planen. Wer eine Party bei sich zu Hause veranstalten wollte, teilte auf der Kandidatenwebsite mit, wann und wo die Party stattfinden würde. Jeder, der an einer Houseparty teilnehmen wollte, konnte nach einer Party in seiner Nähe suchen und sich über das Internet bei dem Dean-Unterstützer anmelden.

Bei all diesen Trends, der Beteiligung an Aktivitäten, dem Dialog mit der Kampagne und untereinander und der Bildung von Communitys, stand eines im Vordergrund: Jeder Wähler sollte das Gefühl haben, persönlich angesprochen zu sein und Beteiligungsangebote finden können, die seinen Möglichkeiten entsprechen. Das Internet erleichtert diese Kommunikation. In E-Mails kann der Empfänger z. B. persönlich angesprochen werden und ohne großen Aufwand können E-Mails automatisiert mit unterschiedlichen Inhalten an unterschiedliche Personen geschickt werden. Die Kandidatenwebsite kann jedem Wähler zu jeder Tageszeit genau die Informationen liefern, nach denen er sucht. Ihm wird die Möglichkeit geboten, sich über Veranstaltungen in seinem persönlichen Umkreis zu informieren. Blogs geben einen schnellen, unmittelbaren Einblick ins Wahlkampfgeschehen und die Möglichkeit, Gelesenes zu kommentieren.

Das Scheitern

Howard Dean galt noch im Januar 2004, wenige Tage vor den ersten Vorwahlen in Iowa und New Hampshire, als Favorit unter den demokratischen Kandidaten. Sein tatsächliches Ergebnis in den Vorwahlen enttäuschte jedoch: So wurde Dean in New Hampshire nur Zweiter hinter John Kerry, in Iowa sogar nur Dritter. Der „Gewinner im Netz" wurde zum „Verlierer an der Urne" (Wendler 2004). Letztendlich ging John Kerry als Sieger aus den Vorwahlen hervor und wurde auf dem Konvent der Demokraten am 29. Juli 2004 offiziell als Präsidentschaftskandidat nominiert.

Dass Deans bis zu den Vorwahlen sehr erfolgreich verlaufener Wahlkampf letztendlich scheiterte, hatte verschiedene Gründe. So wurden beispielsweise nur wenige Wochen vor den ersten Vorwahlen einzelne Informationen veröffentlicht, die Deans bis dahin weiße Kandidatenweste beschmutzten. Unter anderem wurde publik, dass Dean, der sich sonst für Transparenz einsetzte, selbst Dokumente aus seiner Zeit als Gouverneur unter Verschluss hielt (vgl. Page 2003). Als weiterer strategischer Fehler kann der Verzicht auf steuerfinanzierte Wahlkampfmittel gelten: Da es Dean bereits sehr früh gelungen war, hohe Spendensummen zu sammeln, während bei Kerry das Spendensammeln sehr zäh anlief, verzichtete die Kampagne auf öffentliche Finanzierung, da diese Ausgabehöchstbeträge mit sich gebracht hätte. Somit waren also Einnahmen und Ausgaben in unbegrenzter Höhe erlaubt. Dies stellte sich jedoch letztlich als strategischer Fehler heraus: Kerry war zwar gezwungen nachzuziehen, konnte aber problemlos auf ein stattliches Privatvermögen zugreifen, um sich aus Spendenengpässen herauszumanövrieren.

Aber auch aus theoretischer Sicht gibt es Kritikpunkte, die zum Scheitern bei den Vorwahlen beitrugen: Zu viel E-Business, zu wenig E-Politics, urteilt beispielsweise Bieber (2004). Deans Team habe eine rein ökonomische Perspektive auf das Internet gehabt, keine politische. Seine inhaltlichen Positionen zur Politik seien mehr und mehr in den Hintergrund getreten. Während Dean seine Kampagne mit Themen wie der Gesundheits- und Bildungspolitik oder seiner Opposition zum Irakkrieg startete, wurde mit fortschreitender Zeit der Name Dean mehr mit dem Begriff Internet in Zusammenhang gebracht als mit einer seiner politischen Positionen. Seine Art und Weise, Wahlkampf zu betreiben, sowie sein überraschender Erfolg habe eine Vielzahl von Berichten und damit große Popularität hervorgebracht – allerdings nicht in Bezug auf den Inhalt seiner Kampagne.

Eine andere, möglicherweise ergänzende Theorie stammt von Deans Ex-Berater Shirky (2004): Die Stoßkraft der Kampagne habe im Internet nicht ausgereicht, um sie vor und während der Vorwahlen auf die reale Welt zu übertragen. Bei Dean sei das Netz zwar am besten, lebendigsten und einfallsreichsten genutzt worden, aber daraus wurde die Fehlinterpretation gezogen, Dean läge in Führung im gesamten Wahlvolk. Die im Internet aktiven Anhänger Deans seien sich möglicherweise ihres Sieges zu sicher gewesen und hätten dabei vergessen, dass man für einen Stimmengewinn auch einen Bewusstseinswandel im Rest der Bevölkerung auslösen muss.

Obwohl Dean selbst mit seinem Wahlkampf letztendlich gescheitert ist, hat seine Onlinekampagne neue Maßstäbe an den Wahlkampf im Internet aufgestellt: Dean hat es durch das Internet geschafft, als ein Niemand aus Vermont ohne Geld und Beziehungen einer der wichtigsten Kandidaten zu werden. Er hatte eine bis dato nie da gewesene Summe über das Internet gesammelt und eine große Anhängerschaft für sich gewonnen. Seine Kampagne hat Trends gesetzt, die noch in derselben Wahlperiode von den anderen Kandidaten übernommen wurden. Blogs, Meetups und Gemeinschaften über das Internet waren von nun an auf nahezu allen Kandidatenwebsites zu finden.

4.3 E-Mail-Newsletter im US-Wahlkampf
Ein explorativer Vergleich der E-Mails von
Bush/Cheney und Kerry/Edwards im amerikanischen
Präsidentschaftswahlkampf 2004

Manuel Merz und Stefan Rhein

Wenn auch weniger sichtbar als die Anstrengungen der Kampagnen im WWW, so
waren doch E-Mail-Aktionen die wichtigsten Instrumente im amerikanischen Onlinewahlkampf 2004. Beinahe täglich sind Newsletter sowohl durch die Kampagne
George W. Bushs als auch durch die Kerry-Kampagne an ihre Abonnenten verschickt
worden. Dabei unterschieden sich die Newsletter beider Kampagnen kaum im Aufbau und in ihrer Machart. Stellvertretend für beide Kampagnen sei hier der Newsletter von Bush/Cheney 2004 besonders ausführlich dokumentiert.

Abonnement

Um den Newsletter der Bush-Kampagne zu abonnieren, musste man seine E-Mail-
Adresse während eines Besuches auf der Kampagnenwebsite eintragen. In dem Formular „Email Sign Up" wurden anschließend zudem persönliche Daten wie Name
und Adresse abgefragt. Freiwillig konnte man weitere Angaben zu Telefonnummer,
Instant-Messaging-Nummer, Universität und persönlichen Interessen machen. Angaben wie die Postleitzahlen der Anmelder waren Voraussetzung für Targeting-
Maßnahmen der Kampagne. In einem weiteren Schritt wurde man gefragt, ob man
sich einer Freiwilligen-Gruppe anschließen wolle. Es standen 32 Gruppen zur Auswahl, darunter „Frauen", „Feuerwehrmänner" und „High-Tech-Interessierte" (vgl.
Abb. 57). Sämtliche E-Mails beider Kampagnen beinhalteten in ihrem Fuß einen
Link, der es ermöglichte, den Newsletter wieder abzubestellen. Die Kerry-Kampagne
ergänzte diesen Link durch eine Entschuldigung an all jene, die die Nachricht unab-
sichtlich erhalten hatten.

E-Mail-Gestaltung

Die E-Mails konnten entweder im Nur-Text-Format oder als HTML-Nachricht empfangen werden (vgl. dazu S. 77 f.). Eine Wahl zwischen den beiden Verfahren hatten
die Empfänger während ihrer Registrierung auf dem Bush-Portal jedoch nicht. Nutzer, die HTML-E-Mails nicht empfangen wollten oder konnten, mussten später auf

Email Sign Up - Step 2 < Home

Be a Bush Volunteer!

By signing up today as a Bush Volunteer, you'll join the most important part of the 2004 election: the grassroots team to reelect President Bush. You'll also receive the latest inside information, news of upcoming visits, emails from campaign trail, and special campaign mementos!

If you would like to be a Bush Volunteer, tell us what coalition groups you would like to be a part of.

COALITION Groups

☐ African Americans	☐ Hispanics	☐ Pro-Life
☐ Arab Americans	☐ Home Schoolers	☐ Religious Conservatives
☐ Asian Pacific Americans	☐ Investors	☐ Seniors
☐ Catholics	☐ Jewish	☐ Small Business Owners
☐ Democrats for Bush	☐ Labor	☐ Sportsmen
☐ Educators	☐ Law Enforcement	☐ Students for Bush (18+)
☐ Farmers and Ranchers	☐ Lawyers	☐ Veterans
☐ Firefighters	☐ Military	☐ W Stands for Women
☐ First Responders	☐ Muslim	☐ Young Professionals 4 W
☐ Health Care Professionals	☐ Native Americans	☐ Youth
☐ Hi-Tech	☐ Natural Resources	

Yes, I would like to be a Bush Volunteer!

No Thanks, I just want email updates.

Abbildung 57: Interessengruppen bei der Anmeldung für den E-Mail-Newsletter auf der Bush-Kampagnenwebsite (www.georgewbush.com) am 30.10.2004

der Website die Einstellungen ihres Profils bearbeiten, um zur Nur-Text-Version zu wechseln. So konnte der Anteil von Nur-Text-Nachrichten zu Gunsten der HTML-E-Mails niedrig gehalten werden, sollten doch die Vorteile, die das HTML-Format für Layout und Nutzungsanalysen bietet, ausgeschöpft werden. Nur HTML-E-Mails eignen sich beispielsweise für umfassende Nutzungsanalysen (S. 106 ff.). Die Bush-Kampagne hat zu diesem Zweck im Quelltext der Nachrichten eine E-Mail-Identifikationsnummer angefügt (siehe Abb. 59). Sie ermöglicht es der Kampagne nachzuvollziehen, welche Nachrichten von wem zu welcher Uhrzeit geöffnet wurden. Die HTML-Nachrichten orientierten sich meist am Kampagnenlayout, manchmal waren sie jedoch bewusst abweichend gestaltet. Manche besonders aufwändigen Nachrichten erinnerten gar an das Erscheinungsbild eines Printmagazin.[26] Solche Raffinessen waren beim Nur-Text-Newsletter naturgemäß nicht möglich.

---

[26] z. B. die E-Mail „A Special Message from Governor Jeb Bush …" von GeorgeWBush.com am 07.07.2004

Host a Party for the President's big speech on Sept. 2!
If selected, your party could be broadcast on the floor of the convention.

Dear Stefan,

In April, Vice President Cheney was with us to Party for the President. In July, the First Lady joined us. On September 2nd, the special guest could be you.

You can play an important role in the nomination of the President. Several parties around the country will be selected to appear live, via satellite, broadcast on television and on the convention floor. The Convention could broadcast live from your party. Your party, and your guests, could help nominate the President and appear as part of the Republican National Convention program.

Will you join us? Will you host or attend a Convention Watch Party on September 2nd?

The excitement is building. The balloons are being filled. The stage is being constructed. New York is preparing for the Republicans to arrive and kick off the Party. In seven days, the President will accept the nomination of the Republican Party, and the balloons will drop on Madison Square Garden.

Will you be a part of the process?

www.GeorgeWBush.com/Party

By holding a Convention Watch Party, you might be chosen to participate on the floor of the convention, but you won't ever have to leave home.

We'll select the parties we'll broadcast soon. Will your home be one of them?

Sign up today at www.GeorgeWBush.com/Party and we might be saying, "Live from New York! It's you."

Sincerely,

Marc Racicot
Chairman

Forward to your friends and family:

Your Name:
Stefan Rhein
Your email address:
rhein@wahlkampf-m-internet.c
Comments for your message:

Email 1:
Email 2:
Email 3:
Email 4:
Email 5:

[Send]

Click here if you experience problems submitting the form above.

Was this Message Forwarded to you?
Sign up here if you received this email from a friend and would like to add yourself to our mailing list.

Unsubscribe
Go here if you no longer wish to receive your mailings at this email address.

```
<IMG ALT=""SRC=
"http://email.georgewbush.com/db/864641/206989851.gif"
WIDTH=1 HEIGHT=1>
```

Abbildung 59: Ausschnitt aus dem Quellcode einer E-Mail der Bush-Kampagne mit nachzu-
ladendem Bild und darin eingebetteter Tracking-ID

Der E-Mail-Text wurde regelmäßig durch Links ergänzt oder unterbrochen. Dadurch wurde für die Empfänger deutlich erkennbar, wenn sie aus der E-Mail auf die
Website wechseln sollten, um dort weiteren Anleitungen zu folgen. Oft wurden den
E-Mails zusätzlich noch themenfremde Links hinzugefügt. So beinhalteten E-Mails
der Kerry-Kampagne oft im Fuß der Nachricht auch dann einen Link auf die Spen-
denseite, wenn es sich bei der E-Mail selbst nicht um einen Spendenaufruf handelte.
Das Weiterleiten von E-Mails durch Abonnenten wurde von den beiden Kampagnen
unterschiedlich gelöst. Während die Nachrichten der Kerry-Kampagne durch den
Empfänger und dessen E-Mail-Programm weitergeleitet werden sollten, hatte die
Bush-Kampagne in ihre HTML-E-Mails eine besondere Weiterleitungsfunktion integriert (vgl. Abb. 58). Die Empfänger wurden am Ende der E-Mails aufgefordert, die
Absenderinformationen, die nötigen E-Mail-Adressen sowie optional einen persönlichen Kommentar in ein Formular einzutragen. Mit dem Bestätigen des Senden-
Buttons wurden dann alle Daten inklusive der unsichtbaren E-Mail-Identifikationsnummer an die Kampagne zurückgeschickt. Die Kampagne verschickte ihre Nachricht dann noch einmal an diese weiteren E-Mail-Adressen. Diejenigen, welche die
auf so untypische Art und Weise weitergeleitete E-Mail erhielten, wurden außerdem
aufgefordert, sich auch selbst für den Newsletter zu registrieren.

Frequenz

Für diese Studie wurden für den Zeitraum von sechs Monaten vor der Wahl bis zum
Wahltag (1. Mai bis 2. November 2004) alle (N = 257) E-Mails untersucht, die von
beiden Kampagnen an eine eigens dafür eingerichtete Testadresse versendet wurden.
In dieser Zeit gingen insgesamt 142 E-Mails der Kerry-Kampagne und 115 E-Mails
der Bush-Kampagne ein. Unter Umständen variierte die Anzahl der durch die Kampagnen versendeten E-Mails je nach dem bei der Anmeldung angegebenen Bundesstaat. Mit Tallahassee wurde bei der Anmeldung ein Wohnort im größten Battle-
ground-State Florida gewählt. Theoretisch können auch weitere Faktoren Einfluss
auf die Häufigkeit der E-Mails genommen haben, z. B. Frequenz und Umfang der
Portalnutzung oder das E-Mail-Nutzungsverhalten.[27]

198

Von der Bush-Kampagne wurden in diesem Zeitraum durchschnittlich vier bis fünf E-Mails pro Woche versendet (min. 1 bis max. 11 E-Mails pro Woche; M = 4,42; SD = 2,40). Die Kerry-Kampagne versendete durchschnittlich sogar fünf bis sechs E-Mails pro Woche (min. 2 bis max. 16 E-Mails pro Woche; M = 5,46; SD = 3,61). Die Auszählung ergab, dass erwartungsgemäß in den letzten vier Wochen vor der Wahl besonders viele Newsletter versendet wurden (vgl. Abb. 60). So gingen in diesem Zeitraum an einem Tag manchmal bis zu vier E-Mails einer Kampagne ein.[28]

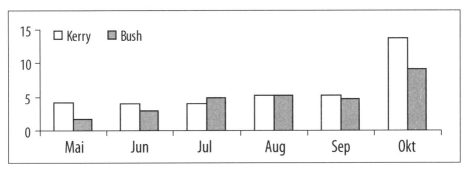

Abbildung 60: Anzahl der E-Mails pro Woche in den Monaten vor der Präsidentschaftswahl am 2. November 2004; Oktober inkl. 1. und 2. November

Personalisierung

In beiden Kampagnen wurden 80 % der E-Mails von der jeweiligen Kampagne selbst oder durch Kampagnenmitarbeiter versendet. Auch die Möglichkeit, einen prominenten Gastautor einzubeziehen, wurde von beiden Kampagnen häufig genutzt (jeweils 20 %). Die Kampagnen versuchten so, die Bedeutung der einzelnen E-Mails zu erhöhen und sorgten gleichzeitig für Abwechslung bei ansonsten sehr ähnlichen Nachrichten wie beispielsweise Spendenaufrufen (vgl. Abb. 61).

Neben der First Lady Laura Bush standen mit Jenna und Barbara Bush auch die Töchter des Präsidenten als Gastautoren zur Verfügung, ebenso Arnold Schwarzenegger, Schauspieler und Gouverneur von Kalifornien, Rudolf Giuliani, Ex-Bürgermeister von New York, die Senatoren John McCain und Zell Miller sowie Vize-Präsident Dick Cheney. Besonders auffällig war, dass die Bush-Kampagne mit 7 % viel häufiger als die Kerry-Kampagne (1 %) Familienmitglieder als Gastautoren einbezog (vgl. Abb. 62).

---

[27] Zu Analysezwecken wurden eingehende E-Mails regelmäßig geöffnet, eingebetteten Links wurde gefolgt. Spezielle Aktionen wie beispielsweise Spenden wurden dagegen nicht ausgelöst.

[28] beispielsweise vier E-Mails der Kerry-Kampagne am 26.10.2004

Laura Bush

Dear Stefan,

Tonight, my husband accepts our Party's nomination for the Presidency of the United States, and we begin a critical two-month period in the campaign. In two months, the American people will make an important decision for the future of our nation. And we'll work hard to ensure they make <u>the right choice</u> <u>for a better America by casting their vote for</u> <u>President George W. Bush and the Republican</u> <u>ticket</u>.

Abbildung 61: Kopf der E-Mail „A More Hopeful America" von Laura Bush am 02.09.2004

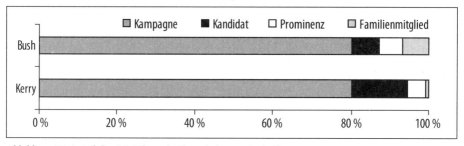

Abbildung 62: Anteil der E-Mails nach Absenderkategorie, in %

In der Regel machten die von Kampagnenmitarbeitern und im Namen von Prominenten versendeten E-Mails den Eindruck, sie wären persönlich, z. B. von George W. Bush selbst, verfasst, unterzeichnet und versendet worden. Zum einen wurde in den Absenderinformationen der Name des Unterzeichners verwendet, sodass der Empfänger in seinem Posteingang eine Nachricht „Von: President George W. Bush" vorfand. Zum anderen wurden für Unterschriften regelmäßig Grafiken genutzt (vgl. Abb. 63).

Individualisierung

Die Leser wurden regelmäßig mit ihrem Vornamen angesprochen, wiederholt auch innerhalb des Textes. Teilweise waren die E-Mails auch mit weiteren Datenbankinformationen wie z. B. Interessen und Wohnort verknüpft. So wurden beispielswei-

economy stronger, and the future better for every American.

Sincerely,

Laura Bush

Abbildung 63: Unterschrift von Laura Bush unter der E-Mail „A More Hopeful America" am 02.09.2004

se die Aufforderungen zur Teilnahme am „W Rocks"-Freiwilligenprogramm mit den jeweils zum Wohnort der Empfänger passenden Kontaktinformationen versehen (vgl. Abb. 64).

Your participation in W ROCKS will make a difference in the outcome of this year's elections and we need your help!

WHAT:	PHONE BANK
WHEN:	Saturday, August 7th, 2004
WHERE:	9200 South Dadeland Boulevard, Suite 110 Miami, Florida 33156
CONTACT:	Therese Rohrbeck
EMAIL:	trohrbeck@rpof.org
PHONE:	305-389-1380

Abbildung 64: Aufruf zur Teilnahme an einem Bush-Freiwilligenprogramm mit zum Wohnort passenden Kontaktinformationen in der E-Mail „Participate in W ROCKS" von Michelle Azel am 05.08.2004

Um im Folgenden E-Mails mit lokalem Bezug identifizieren zu können, wurden alle E-Mails, die in Absender, Betreff oder E-Mail-Text den Begriff „Florida" aufwiesen, als lokale E-Mail eingestuft. Davon ausgenommen wurden solche E-Mails, die den Begriff „Florida" nicht in lokalem Kontext enthielten, z. B. bei Spendenaufrufen an die Allgemeinheit, die im Zusammenhang mit der Hurrikansaison standen.
E-Mails mit lokalem Bezug kamen in beiden Kampagnen erst in den letzten Monaten des Wahlkampfes auf (vgl. Abb. 65). Ihr Anteil an den gesamten E-Mails entsprach bei Kerry 22 %, bei Bush 16 %. Meistens handelte es sich um die Ankündigung von Wahlkampfveranstaltungen. Die Kandidaten verfolgten bei der Lokalisierung unterschiedliche Ansätze: Während Kerry gerade in der Mobilisierungsphase vor der Wahl auf lokalisierte E-Mail-Aufrufe setzte, vertraute Bush mehr auf die Lokalisie-

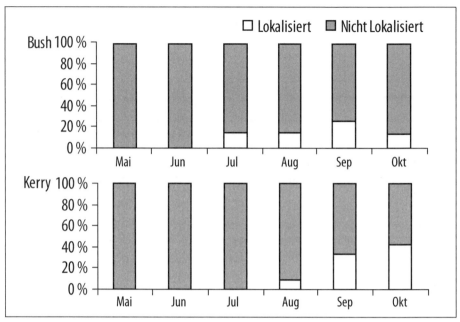

Abbildung 65: Anteil der E-Mails mit lokalem Bezug in den Monaten vor der Präsidentschaftswahl am 2. November 2004, in %; Oktober inkl. 1. und 2. November

rung seiner Website. Sein Freiwilligenbereich enthielt beispielsweise detailliert auf die eigene Nachbarschaft zugeschnittene Mobilisierungsaktionen (siehe S. 251 ff.). Zum Teil wurden Nachrichten auch nur an eine bestimmte Gruppe von Empfängern verschickt. Hatte beispielsweise eine Unterstützerin der Kerry-Kampagne als Interessengebiet Umwelt angekreuzt, so erhielt sie E-Mails der Gruppe „Enviros for Kerry-Edwards", die sich speziell mit umweltpolitischen Themen auseinandersetzten. Während andere Unterstützer, denen das Thema Umwelt weniger bedeutete, nicht mit diesen speziellen Informationen behelligt wurden, konnten die „Enviros" das Gefühl haben, mit ihrem Interesse für Umweltpolitik bei John Kerry gut aufgehoben zu sein.

Kampagnenziele

Um die E-Mails inhaltsanalytisch den verschiedenen Kampagnenzielen zuzuordnen, war es in der Regel nicht nötig, entsprechende Hinweise im Text der E-Mail aufzuspüren. Statt dieses aufwändigen und potenziell fehleranfälligen Vorgehens konnte bei der Inhaltsanalyse auf die zahlreich eingebetteten Links zurückgegriffen werden. Die Links waren ein sehr zuverlässiger Indikator für die mit einer E-Mail von der

Kampagne angestrebten Ziele. Führten diese Links beispielsweise auf die Spendenseite der Kampagne, so war das mit der E-Mail verfolgte Ziel bereits durchschaut.
Falls, wie bei einzelnen Fällen, durch die Analyse der Links keine klare Aussage über
die mit der E-Mail verfolgten Ziele der Kampagne getroffen werden konnte, haben
wir den Text der E-Mail nach entsprechenden Hinweisen durchsucht. Durch dieses
Verfahren ließen sich alle E-Mails verlässlich einem der folgenden Kampagnenziele
zuordnen: Bestärkung von Sympathisanten, Sammeln von Spenden, Freiwilligenarbeit und Beteiligung (Anwerbung von Freiwilligen, darüber indirekt auch Gewinnung neuer Sympathisanten und Beeinflussung der Medienberichterstattung) und
Mobilisierung zur Wahl (vgl. Abb. 66).

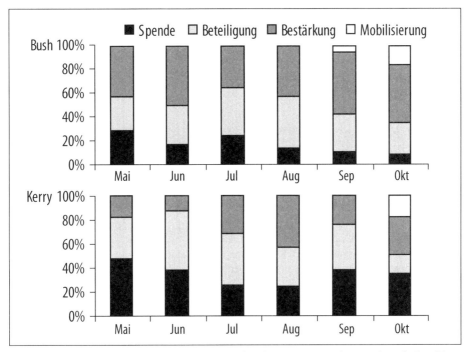

Abbildung 66: Anteil der E-Mails nach Kampagnenziel in den Monaten vor der Präsidentschaftswahl am
2. November 2004, in %; Oktober inkl. 1. und 2. November

Bestärkung von Sympathisanten

Fast die Hälfte der Bush-E-Mails im Beobachtungszeitraum (45 %) und immerhin
fast ein Drittel der Kerry-E-Mails (29 %) hatten primär bestärkende Funktion. In diesen E-Mails wurde vor allem auf neue Werbespots auf der Kandidatenwebsite, auf

Chat-Termine und auf Wahlkampfveranstaltungen vor Ort hingewiesen. In einer Nachricht des Bush-Kampagnenmanagers Ken Mehlman wurde beispielsweise anlässlich des amerikanischen Unabhängigkeitstags am 4. Juli auf ein Internetvideo verlinkt.[29] Das Video sollte vermutlich den patriotischen Geist der Entscheidungen George W. Bushs unterstreichen.

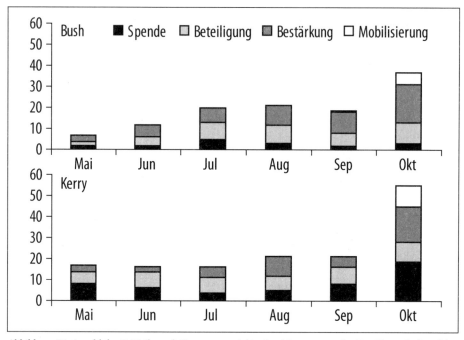

Abbildung 67: Anzahl der E-Mails nach Kampagnenziel in den Monaten vor der Präsidentschaftswahl am 2. November 2004; Oktober inkl. 1. und 2. November

Oft waren meinungsstärkende Aussagen aber auch nur Beiwerk zur Verwirklichung anderer Kampagnenziele, beispielsweise als Bestandteil von Aufrufen, sich aktiv zu beteiligen, zu spenden oder zu wählen. Auch die bereits genannten Gastautoren verbanden sehr häufig einen Aufruf zur Spende mit einer eindringlichen Argumentation zu Gunsten des Präsidenten. Solche E-Mails, die in erster Linie einem anderen Zweck dienten, wurden in die zu diesem Zweck passende Kategorie eingestuft.

Ein Blick auf den Oktober zeigt, dass die Kerry-Kampagne gerade in den letzten Wochen vor der Wahl verhältnismäßig weniger bestärkende E-Mails verschickt hatte als die Bush-Kampagne (Bush: 49 %; Kerry: 31 %). Zwar hatten beide Kampagnen in ab-

---

[29] E-Mail „Happy 4th of July from Bush-Cheney '04!" von Kampagnenmanager Ken Mehlman am 04.07.2004

soluten Zahlen in etwa gleich viele solcher E-Mails versendet (Bush: 18; Kerry: 17), im Gegensatz zur Bush-Kampagne verschickte die Kerry-Kampagne aber zusätzlich sehr viele Spendenaufrufe (Bush: 3; Kerry: 19; siehe Abb. 67).

Sammeln von Spenden

Die E-Mail-Empfänger wurden regelmäßig gebeten, Geld an die Kampagne zu spenden. Meist wurden die Bitten zu spenden mit einer tatsächlichen oder vermeintlichen Notwendigkeit begründet. Eine E-Mail der Bush-Kampagne vom 10. Juli 2004 bat beispielsweise um Spenden, um auf öffentliche Aussagen der Kerry-Kampagne reagieren zu können (vgl. Abb. 68).

> The Heart and Soul of America may disagree with a President, but they have respect for the office - a respect the Kerry campaign and its supporters seem unwilling, or unable to show in favor of vicious, venomous rhetoric.
>
> Help us fight these attacks by making a contribution today at **www.GeorgeWBush.com/Contribute**.
>
> With your help, we can show the liberal elite that the Heart and Soul of America doesn't believe in the politics of pessimism and hate spread by the Kerry-Edwards ticket, but prefers the politics of optimism and the President's positive agenda.
>
> **www.GeorgeWBush.com/Contribute**
>
> Help us ensure we have the resources to hit back the next time Kerry's coalition of out-of-the-mainstream surrogates call the president a "a cheap thug" or refer to the Administration as "a self-serving regime of deceit, hypocrisy and belligerence."
>
> **Help us continue spreading the President's hopeful message.**

Abbildung 68: Bush-Spendenaufruf in der E-Mail „Hateful, Negative Politics" von Campaign Manager Ken Mehlman am 10.07.2004

Die Auszählung der E-Mails nach Kampagnenzielen macht in diesem Punkt einen deutlichen Unterschied zwischen den beiden Kampagnen sichtbar: Der Anteil an Spendenaufrufen war bei der Kerry-Kampagne mehr als doppelt so hoch wie bei der Bush-Kampagne (Bush: 15 %; Kerry: 35 %). In den letzten Wochen vor der Wahl wurde dieser Unterschied sogar noch größer. Die Wirkung der in dieser Zeit eigentlich wichtigeren Bestärkungs-, Freiwilligen- und Mobilisierungs-E-Mails wurde dadurch bei Kerry vermutlich abgeschwächt.

Freiwilligenarbeit und Beteiligung

Etwa ein Drittel der im Beobachtungszeitraum verschickten Nachrichten sollten die Leserinnen und Leser zur aktiven Teilnahme an der Kampagne auffordern (Bush:

34 %; Kerry: 31 %). In diesen E-Mails wurde für alle Formen des Freiwilligenprogramms geworben, also z. B. für Housepartys (S. 248), Tell-A-Friend-Aktionen oder „Walk the Vote!" (S. 251). Beispielsweise versprach Terry Nelson, Political Director der Bush-Kampagne, in einer E-Mail, dass alle Aktivisten eine von George W. Bush unterzeichnete Urkunde erhielten, sobald sie fünf vordefinierte Freiwilligenaufgaben erfüllten (vgl. Abb. 69).

Here are your top five action items:

- **Recruit 5 Bush Volunteers**
  You have **recruited 0 volunteers** you only need 5 more to reach your goal!

- **Sign Up 5 Friends to Receive Email Updates**
  You have **signed up 0 friends** you only need 5 more to reach your goal!

- **Help Register 10 Voters**
  You have **asked 0 people** to register to vote you need 10 more to reach your goal!

- **Call 2 Talk Radio Shows**
  You have **contacted 0 talk radio shows** you need 2 more to reach your goal!

- **Write 3 Letters to the Editor**
  You have **written 0 news editors** you need 3 more to reach your goal!

Once you have completed your goals, you will be inducted into the Bush Volunteer Pioneers and receive your special proclamation signed by President George W. Bush.

Abbildung 69: Aufruf zur Bush-Freiwilligenarbeit in der E-Mail „Stefan, do you support the President?" von Political Director Terry Nelson am 23.07.2004

Mobilisierung vor der Wahl

Kurz vor Beginn der Briefwahlphasen in den einzelnen Bundesstaaten begannen auch die Get-out-the-Vote-Aktionen der Kampagnen. So befassten sich in Florida in den letzten zwei Monaten vor der Wahl 13 % der E-Mails beider Kampagnen mit der Wählerregistrierung und dem tatsächlichen Wählen. Einen Höhepunkt erreichte der Anteil mobilisierender E-Mails zwei Wochen vor der Wahl (Bush: 25 %; Kerry: 25 %). In einem solchen Aufruf George W. Bushs, den die Kampagne in Florida Ende September verschickte, wurden die Empfänger beispielsweise aufgefordert, von der Möglichkeit zur Briefwahl Gebrauch zu machen. Dazu sollten sie den Links auf die Website folgen, wo ein Formular zur Anforderung der Briefwahlunterlagen sowie die

Adresse des zuständigen Wahlamtes bereitgestellt waren.[30] In einer anderen E-Mail, geschrieben von Kampagnenmanager Ken Mehlman, wurden den Empfängern vier Schritte vorgestellt, wie sie zur Wählerregistration beitragen konnten: Sie wurden aufgefordert, ihre eigene Registrierung und auch die ihrer Familie sicherzustellen, Menschen zu erreichen, die bisher eventuell noch nicht registriert waren, und schließlich den Aufruf an Freunde und Bekannte weiterzuleiten (vgl. Abb. 70).

1. Make sure you are registered to vote. In Florida, just 7 days remain before voter registration closes. <u>Are you registered</u>? *Be sure.* All projections indicate this election will be a close race decided by a small margin. Your vote could make the difference. Take a moment, to complete or update your voter registration at **www.GeorgeWBush.com/Vote**. It only takes a moment.

2. Make sure your family members are registered to vote. If you have a small family, use the form at the bottom of this page to e-mail this note and encourage them to register. Have a bigger family? Need more space? You can **access or create your own Virtual Precinct** and send a message to family members across the country encouraging them to register or update their information. Once they register, you can use the same tool to send them updates from the campaign and directions to their polling place.

3. Think creatively about other people who may not be registered. Do you have a Christmas card list? Or sing in a church choir? Are you a member of a Veterans group? What about the other parents on your child's soccer team? Have you touched base with your old friends from school lately? Odds are a lot of those people aren't registered to vote, but they may support the President. In the words of the phone company, "reach out and touch someone." Send them a link to **our registration tool**. Get them registered and turn them out.

4. Make sure your friends know the best way to help. Use your Virtual Precinct to send this message to everyone you know who may want to help our campaign. If everyone who receives this message registers a few voters and passes the message on, we'll have the votes we need to win. To access or create your Virtual Precinct, visit **www.GeorgeWBush.com/VirtualPrecinct**.

Abbildung 70: Bush-Mobilisierungsaufruf in der E-Mail „The next step …" von Campaign Manager Ken Mehlman am 25.09.2004

---

[30] E-Mail „Vote Now" von President George W. Bush am 17.09.2004

4.4 Private Massen-E-Mails
Online-Kettenbriefe im amerikanischen Präsidentschaftswahlkampf 2004

Julia Vetter

Im Rahmen des US-Präsidentschaftswahlkampfes 2004 spielten neben den von der Kampagne versandten Newslettern auch unter Freunden, Bekannten, Kollegen und Familienmitgliedern ausgetauschte E-Mails eine Rolle. Diese E-Mails, deren Ursprung nicht immer nachvollziehbar war, sollten die Leser davon überzeugen, dass der gegnerische Kandidat nicht fähig ist, das Amt des Präsidenten auszufüllen. Verglichen mit den E-Mails aus den Kampagnen-Headquarters konnten solche E-Mails als noch persönlicher empfunden werden. Dazu trug zum einen bei, dass diese E-Mails privat unter Freunden verschickt wurden und nicht offiziell durch eine Kampagne. Zum anderen hatten sie auch einen anderen Aufbau, Inhalt und Stil sowie einen freundschaftlicheren Charakter als die offiziellen E-Mails. Für beide Kandidaten waren solche inoffiziellen E-Mails im Umlauf; dieses Fallbeispiel beschreibt E-Mails, die während des Wahlkampfes für die Wiederwahl von George W. Bush warben.

Aufbau

In den meisten E-Mails wurde der eigentliche Inhalt durch eine kurze, manchmal umgangssprachliche Vorrede eingeleitet. Diese erläuterte, warum die E-Mail lesenswert ist oder was den Autor bewegt hat, den nachfolgenden Text zu schreiben:

> *This was forwarded to me, but I took the liberty to delete all the addressees with the exception of the original sender. It coincides with other information I've received over the years from other sources. One of my "students" in the woodshop at Fort Belvoir was an enlisted aide and communications specialist at the White House and confided many of these episodes as well. Joe*

Im Hauptteil der E-Mails wurde dargestellt, warum der gegnerische Kandidat nicht gewählt werden sollte. Dabei hatten die E-Mails oft eine Gemeinsamkeit: Es ging nicht um Kritik an politischen Standpunkten. Behandelt wurden allein Themen, die den Kandidaten persönlich angriffen: hinsichtlich seines Lebensstils, seiner Vergangenheit oder seiner familiären Herkunft. Abschließend wurde meist um das Weiterleiten der E-Mail gebeten.

Inhalte

Es gab E-Mails, in denen Autor und Inhalt offensichtlich fiktiv waren, und solche, in denen zumindest nicht erkennbar war, ob der Autor existierte oder ob der Text einer Tatsache entsprach. Ein Beispiel für eine E-Mail, bei der die Autorin des Textes nachprüfbar real ist, ist die Polemik „Cash and Kerry" der konservativen Kolumnistin Ann Coulter, in der sie John Kerry unter anderem Zweckheiraten unterstellt:

> For over 30 years, Kerry's primary occupation has been stalking lonely heiresses. Not to get back to his combat experience, but Kerry sees a room full of wealthy widows as "a target-rich environment". This is a guy whose experience dealing with tax problems is based on spending his entire adult life being supported by rich women. What does a kept man know about taxes? [31]

Viele der E-Mails hatten einen ironischen Unterton. Ein Beispiel dafür ist ein Vergleich, wie Entscheidungen der Präsidenten Clinton und George W. Bush bewertet wurden. Dabei wird deutlich, dass der Autor, der sich als „verwirrt" durch „all das politische Zeug" bezeichnet, sehr wohl weiß, wen er wählen wird: George W. Bush. Oft wurde versucht, die Argumentation mit Fakten zu unterstützen:

> I'm Confused! I'm trying to get all this political stuff straightened out in my head so I'll know how to vote come November.
>
> Right now, we have one guy saying one thing. Then, the other guy says something else. Who to believe? Lemme see – have I got this straight?
>
> Clinton awards Halliburton no-bid contract in Yugoslavia ... good!
> Bush awards Halliburton no-bid contract in Iraq ... bad!
> Clinton spends 77 billion on war in Serbia ... good!
> Bush spends 87 billion in Iraq ... bad!
> Clinton imposes regime change in Serbia ... good!
> Bush imposes regime change in Iraq ... bad!

Erfahrungsberichte, aus denen allerdings nicht ersichtlich ist, wie viel der Realität entspricht, sollen durch ihre persönliche Note den Leser zum Nach- oder Umdenken anregen. Ein Beispiel ist der Brief eines Soldaten an Senator John Kerry, in dem er von den militärischen Ruhmestaten seines Vaters und seiner Söhne erzählt und diese mit denen des Senators vergleicht. Der Soldat kommt zu dem Schluss, dass Kerry

---

[31] Quelle: Ann Coulters Polemik „Cash and Kerry" in der Jewish World Review vom 29.01.2004 (www.newsandopinion.com/cols/coulter012904.asp).

kein „Commander in Chief" sein könne. Er habe ungerechtfertigt Auszeichnungen erhalten und diese genutzt, um sich nach Hause versetzen zu lassen.

Neben diesen E-Mails, die einen bewusst ironischen oder bewusst ernsthaften Ton anschlagen, gibt es auch solche, die zur Unterhaltung des Lesers durch Kreativität beitragen und ihn zum Schmunzeln bringen sollen. Ein Beispiel dafür ist dieses Gedicht über John Kerry von einem unbekannten Autor:

BIG JOHN (KERRY)

Every mornin' on the Hill you could see him arrive
Standing six-foot-four, weighing one-twenty-five
Kinda' scrawny at the shoulders and lacking a spine
And when he spoke at all, it was mainly to whine.
Big John, Big John, Big Bad John. […]

Wirkung

Durch die stetige Weiterleitung der E-Mails bleibt der ursprüngliche Sender verborgen. Es ist aber zu vermuten, dass diese E-Mails weiter verbreitet und – da von Bekannten gesendet – auch häufiger geöffnet wurden als Newsletter der Kampagne. Die kurze persönliche Ansprache des Autors oder Senders kann dazu beitragen, den Leser auf eine persönlichere, direktere und individuellere Art anzusprechen als es die Newsletter der Kampagnen vermögen.

4.5 JohnKerry.com
Das Wahlkampfportal von Kerry/Edwards 2004

Manuel Merz

Die Kandidatenportale von John Kerry und George W. Bush wurden im amerikanischen Präsidentschaftswahlkampf 2004 bei allen Kampagnenaktivitäten online und offline intensiv beworben. So wurden sie für viele unterschiedliche Gruppen zum Einstiegspunkt in die Onlineaktivitäten der Kampagnen. Wegen der hohen Ähnlichkeit der beiden Portale wird in diesem Kapitel, stellvertretend für beide Angebote, nur das Kandidatenportal „John Kerry for President" (www.johnkerry.com) betrachtet (vgl. Abb. 71). Das Bush-Portal unterschied sich von diesem vor allem durch seine boulevardeske Aufmachung (vgl. Abb. 73).[32]

Navigation

Die unterschiedlichen Besucher des Kerry-Portals konnten auf eine Vielzahl von zielgruppengerechten Angeboten zugreifen, darunter beispielsweise auf ein Blog, einen Pressebereich für Journalisten und das umfangreiche Freiwilligenprogramm, auf das in einem eigenen Fallbeispiel eingegangen wird (siehe S. 241 ff.). Die Navigation entsprach allgemeinen Standards. Auf der linken Bildschirmseite war eine weitgehend statische Navigationsleiste angebracht. Der eigentliche Seiteninhalt wurde in der Bildschirmmitte angezeigt. Rechts davon waren zum Seiteninhalt passende Links und zusätzliche Informationen zu sehen. Durch diese sehr systematische Navigation war die Portalseite trotz des unüberschaubaren Angebots auch intuitiv nutzbar.

Seitenkopf: Der Seitenkopf war überall identisch. Er enthielt neben Schriftzug und Logo des Kandidaten die wichtigsten Navigationsoptionen (Kampagnenblog, Freiwilligenzentrum und Spendenformular). Außerdem konnte man durch Eingabe der eigenen E-Mail-Adresse und Postleitzahl in ein kleines in den Seitenkopf eingepasstes Formular den Newsletter abonnieren. War man bereits im Freiwilligenbereich eingeloggt, wurde man stattdessen mit „Welcome back" und dem eigenen Vornamen begrüßt.

---

[32] Einen ersten Eindruck von den Wahlkampfwebsites aus den Vorwahlen 2003/04 vermittelt Felchner (2004). Baldauf (2002) stellt in ihrem Buch die Kandidatenportale von George W. Bush und Al Gore aus dem Präsidentschaftswahlkampf 2000 detailliert gegenüber. Anne-Katrin Hübel (2007) vergleicht in ihrer Magisterarbeit ausführlich die Interaktivität der Kandidatenwebsites von George W. Bush und John Kerry aus dem Präsidentschaftswahlkampf 2004.

Navigationsleiste: Die Navigationsleiste war ebenfalls auf jeder Seite unverändert sichtbar und befand sich wie allgemein üblich auf der linken Seite des Bildschirms. Über diese mit 35 verschiedenen Einträgen sichtbar überfrachtete Leiste konnte man zu den wichtigsten Unterseiten des Portals navigieren. Unter diesen Links platziert befand sich eine Suchmaske, mit deren Hilfe die gesamte Website nach Stichwörtern durchsucht werden konnte.

Seitenfuß: Jede Seite enthielt abschließend die Funktionen „Forward to a Friend" und „Printer Friendly Version". In einem optisch abgetrennten Bereich waren Links zu Pflichtinformationen wie Finanzierung, Copyright und Datenschutz eingerichtet. Damit waren diese Links zwar auf jeder Seite des Portals vorhanden, fielen durch ihre Position aber kaum auf.

Startseite

Zentrum der Startseite (vgl. Abb. 71) war ein Foto mit Bildunterschrift und einem kurzen Textblock. Darunter fanden sich Links zu thematisch passenden aktuellen Pressemitteilungen. Inhalt der Startseite waren meist aktuelle Themen, weshalb der gesamte Block nahezu täglich erneuert wurde.

Die weiteren Inhalte der Seite wurden kontinuierlich an aktuelle Bedürfnisse der Kampagne angepasst. So war hier beispielsweise für das zweite Fernsehduell ein eigener Bereich eingerichtet worden.[33] Darunter warb ein Block mit Bildern und kurzen Texten für das Wahlkampfreisetagebuch „On the Road". Eine ebenfalls dauerhafte Einrichtung war ein Block, der spezifische Interessengruppen zu angepassten Sonderseiten führte. Von „African Americans for Kerry-Edwards" bis zu „Young Voters for Kerry-Edwards" waren insgesamt 30 verschiedene, speziell auf die jeweilige Interessengruppe zugeschnittene Varianten des Portals verfügbar (S. 221).

Auf der rechten Bildschirmseite waren auch auf der Startseite zusätzliche Informationen abrufbar. Ein bunter Überblickskasten zählte Möglichkeiten zur aktiven Beteiligung auf und führte direkt zu Freiwilligencenter, Spendenformular und Eventübersicht. Eine Landkarte führte zu Sonderseiten der einzelnen Bundesstaaten (S. 221). Diese enthielten jeweils leicht angepasste Versionen der Portalstartseite, auf der regionale Ereignisse und Themen betont wurden.

---

[33] z. B. am 9.10.2004 mit Links zum Rapid-Response-Portal, zum Debate Center sowie zu verschiedenen Negative-Campaigning-Angeboten

Kerry Edwards

join the campaign! Enter Email Address | Zip Code | go

/ blog · * volunteer center · ★ contribute to DNC

Get Informed
John Kerry
Teresa Heinz Kerry
John Edwards
Elizabeth Edwards
Press Room
Official Blog
Rapid Response
On The Road
Communities
En Español

Plan for America
National Security
Economy & Jobs
Health Care
Energy Independence
Homeland Security
Education
Environment
More Issues...

Take Action
Contribute to DNC
Be a Volunteer
Volunteer Center
Recruit Friends
Voter Outreach
Contact Media
Raise Money
Plan/Attend Events

Multimedia
Videos
TV Spots
Photo Gallery
Downloads

Resources
Kerry Gear
Contact Us
In Your State
Register to Vote
My Profile

Search
[   ] go

FIGHTING TERRORISM

John Kerry and John Edwards will do whatever it takes to make America safe. That means coordinating our intelligence agencies, taking action on all key fronts, standing up for security whenever special interests stand in the way, and getting the needed resources to the first responders who defend America every day.

▸ New Kerry Ad Questions Bush Right Track, Wrong Track Comments

▸ Kerry Pledges to Fight a More Effective War on Terror

▸ Edwards Holds a Conversation with Women and their Families on Making America Safer and Stronger

CONTRIBUTE TO THE DEMOCRATIC PARTY

on the road

▸ **Philadelphia, PA**
September 24 - Kerry discusses waging the war on terror.

▸ **Columbus, OH**
September 23 - John Kerry meets with first responders in Ohio.

▸ **West Palm Beach, FL**
September 22 - Seniors talk about Medicare and Social Security.

▸ **Jacksonville, FL**
September 21 - Florida voters talk about health care with Kerry.

commentary

▸ **Jim Rassmann**
John Kerry saved my life. Now his heroism is being questioned.

▸ **John Edwards**
John Edwards will once again restore America as a beacon of hope.

communities

Kerry-Edwards communities share a common desire to improve education, attain access to affordable health care, create jobs, work towards a cleaner environment and a safer America:

▸ African Americans   ▸ Women

TAKE ACTION

BECOME A VOLUNTEER
Join our grassroots army today

★ **MAKE A CONTRIBUTION**
Contribute to the Democratic Party

RECRUIT YOUR FRIENDS
Ask friends to join our campaign

FIND/HOST A DEBATE PARTY
Join friends and neighbors to watch the September 30th debate

VIDEO: "DEFEND AMERICA"

GEORGE BUSH $200 BILLION IN IRAQ

▸ **PLAY VIDEO**

our plan for America

John Kerry and John Edwards will stand up for America's values and have a plan to build an America that is strong at home and respected in the world. They believe we can have a strong economy focused on good-paying jobs, a health care plan that reduces costs, an energy plan that frees us from Mideast oil, and they believe we can strengthen our military and lead strong alliances that keep America safe and secure.

▸ **read the plan**

bush-cheney: wrong for America

The America that George Bush has created is one with fewer jobs, increasing health costs and more obstacles to achieving the American dream.

▸ **visit the rapid response center**

get local

Help elect John Kerry and John Edwards. Get involved in your community today!

-- Select a State -- ▾

kerry gear

From stickers & yard signs to party supplies, find great gear to show your support for John Kerry &

Kandidatenportrait

Im stark personalisierten amerikanischen Wahlkampf waren die ersten vier Links der Navigationsleiste für Informationsseiten über den Präsidentschaftskandidaten John Kerry, seine Frau Theresa Heinz-Kerry sowie den Vizepräsidentschaftskandidaten John Edwards und dessen Ehefrau Elizabeth reserviert. Folgte man dem Link „John Kerry", so fand man eine Informationsseite über die persönlichen Ziele des Kandidaten und über sein Leben. Neben der zwei Bildschirmseiten füllenden Hauptseite mit bebildertem Text waren zu Biographie, Vision, politischen Erfolgen, Familie und – entsprechend der Kommunikationsstrategie des Vietnam-Veteranen – auch zum Militärdienst John Kerrys weiterführende Links verfügbar. Die Biographie teilte sich in einen umfangreichen nicht-tabellarischen Bereich, der mit Bildern zu wichtigen Stationen versehen war (vgl. Abb. 72), und eine kleinere zusammenfassende tabellarische Übersicht.

Rosemary, was a lifelong community activist.

 As he was about to graduate from Yale, John Kerry volunteered to serve in Vietnam. His leadership, courage, and sacrifice earned him a Silver Star, a Bronze Star with Combat V, and three Purple Hearts. In Vietnam, John Kerry saw the lives of his fellow soldiers put at risk because some leaders in Washington were making bad decisions.

When he returned home, he became a spokesman for Vietnam Veterans Against the War

Abbildung 72: Ausschnitt aus der ausführlichen Biographie John Kerrys auf dem Kerry-Kampagnenportal (www.johnkerry.com) am 27.09.2004

Presseseite

Auf der Presseseite der Kerry-Kampagne konnten Pressemitteilungen und Reden abgerufen werden. Zudem standen ausgesuchte Zeitungsartikel und Agenturmeldungen zur Ansicht bereit. Ein Downloadbereich für vom Kandidaten eingesprochene Audiobeiträge sollte Radiojournalisten die Arbeit erleichtern. Durch einen RSS-Newsfeed (S. 157) konnten Hinweise auf neue Pressemeldungen und Reden abgerufen werden. Über die E-Mail-Adresse „press@johnkerry.com" erhielten Journalisten eine direkte Kontaktmöglichkeit zur Kampagne. Presseanfragen an diese E-Mail-Adresse wurden – anders als sonstige Anfragen an die zentrale E-Mail-Adresse „info@johnkerry.com" – prioritär behandelt und von der Presseabteilung der Kampagne bearbeitet.

Blog

Das offizielle Kampagnenblog (blog.johnkerry.com) wurde mehrmals am Tag von Mitarbeitern der Kampagne mit Beiträgen gefüllt (vgl. Abb. 74). Die Nutzer des Blogs durften die Beiträge der Kampagne kommentieren und diskutieren, wobei unerwünschte Beiträge wie beispielsweise Werbung durch die Kampagne gelöscht wurden. Die Beiträge der Kampagne konnten nach Kategorien geordnet werden und standen auch als RSS-Newsfeed zum Abruf bereit.

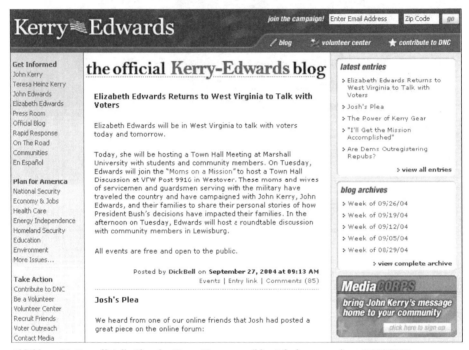

Abbildung 74: Das offizielle Blog der Kerry-Kampagne (blog.johnkerry.com) am 27.09.2004

Vom 4. August 2003, dem Start des Blogs in den Vorwahlen, bis zum 2. Oktober 2004, genau einem Monat vor dem Wahltermin, wurden an 425 Tagen über 2.140 Beiträge durch die Kampagne veröffentlicht, im Durchschnitt fünf Beiträge pro Tag.[34] Während zu Beginn nur wenige Beiträge pro Woche erschienen, waren es einen Monat vor der Wahl bereits mehr als zehn Beiträge pro Tag.[35]

---

[34] Diese Zahl berücksichtigt nur redaktionelle Beiträge und keine Fotoserien, da bei diesen oft jedes Bild als einzelner Beitrag veröffentlicht wurde.

Wie die Anzahl der Beiträge stieg auch die Zahl der Nutzerkommentare stetig an. Während der ersten Tage nach Eröffnung des Blogs wurden erwartungsgemäß nur sehr wenige Kommentare abgegeben, was bereits am vierten Tag auch zum Gegenstand der Kommentare selbst wurde. Auch im bereits etablierten Blog von Howard Dean (S. 227) war die Eröffnung eines Kampagnenblogs durch Kerry, damals Deans Konkurrent in den Vorwahlen, ein Thema.[36] Durch zunehmende Bekanntheit des Kerry-Blogs stieg die Anzahl der Kommentare schon nach wenigen Tagen auf über 400 pro Tag,[37] nach einem Jahr Betrieb war die Zahl einen Monat vor der Präsidentschaftswahl bereits auf über 2.500 Kommentare pro Tag angewachsen.[38]

Rapid-Response-Center

Das Rapid-Response-Center basierte auf derselben Technologie wie das offizielle Blog. Das Aussehen sowie die Funktionalität inklusive RSS-Newsfeed waren nahezu identisch. Ein großer Unterschied zum Blog war die fehlende Möglichkeit, Kommentare zu hinterlassen. Damit lag die vollständige Kontrolle über die Inhalte des Rapid-Response-Centers bei der Kampagne.

Besonders bei hochaktuellen Themen war die Schnelligkeit von Blogs von Vorteil. Während des ersten TV-Duells am 30. September 2004 wurde so beispielsweise von beiden Kampagnen über Rapid-Response-Blogs auf Fehler und Inkonsistenzen in der Argumentation des jeweiligen Gegners aufmerksam gemacht. Ziel des Rapid Response sind nicht in erster Linie die Wähler selbst: Fernsehredakteure und Zeitungsjournalisten müssen oft schon kurz nach Beginn eines Fernsehduells einen ersten Kommentar für die laufende Fernsehberichterstattung oder die Onlineausgabe einer Zeitung produzieren. Um die Berichterstattung nach dem Fernsehduell wirkungsvoll zu beeinflussen, kommt es also auf jede Minute an. Das Rapid-Repsonse-Blog war dazu neben E-Mail-Newslettern ein geeignetes Instrument.

Während die Kerry-Kampagne auch für die Fernsehduelle auf ihr Rapid-Response-Blog setzte, hatte Bush/Cheney speziell für die TV-Duelle sogar ein eigenes Rapid-Response-Portal aufgebaut (www.debatefacts.com). Das Fernsehduell konnte so abgehoben von Bushs normalem Rapid-Response- und Gegnerbeobachtungsangebot

---

[35] Zu besonderen Anlässen waren es sogar noch mehr Beiträge, z. B. 14 Beiträge am Tag des ersten Fernsehduells am 30. September 2004.

[36] z. B. im Kommentar von „SF Bay voter" am 8. August 2003: „Just took a look at Kerry's blog – BORING. Also, noted that all the comments sections pretty much has „0" comments. I guess no one is reading it. What a surprise!" (www.blogforamerica.com/archives/000989.html) [15.01.2005]

[37] z. B. 466 Kommentare am 11. August 2003, also genau eine Woche nach Eröffnung des Blogs

[38] z. B. 2.868 Kommentare am 28. September 2004

„Kerry Media Center" (www.georgewbush.com/kerrymediacenter) eigens inszeniert werden. Dabei wurde jedoch keine Unabhängigkeit vorgetäuscht, wie es der unparteiisch klingende Domainname „debatefacts.com" zunächst vermuten ließe. Alle Besucher wurden transparent auf eine Unterseite des Kampagnenportals weitergeleitet (www.georgewbush.com/debatefacts).

Reisetagebuch

Um einen Eindruck vom Engagement des Kandidaten bei Wahlkampfreisen zu vermitteln, hielt die Kerry-Kampagne auf dem Kandidatenportal eine eigene Unterseite für ein Reisetagebuch bereit. Der erste Blick fiel auf eine Landkarte auf der rechten Bildschirmhälfte. Auf ihr waren die jüngsten Reisestationen mit roten Punkten markiert. Im Zentrum der Seite standen jedoch die kurzen bebilderten Einträge zu den jüngsten Reisestationen John Kerrys, Theresa Heinz-Kerrys und John Edwards. Die Einträge waren umgekehrt chronologisch geordnet und beschrieben in wenigen Zeilen, wer für die Kampagne wo und zu welchem Anlass aufgetreten war. Am Ende jedes Blocks waren ein bis drei Links zu Abschriften von vor Ort gehaltenen Reden sowie zu Pressemitteilungen und Fotos zu finden. Über zentrale Links konnte man Tickets für besondere Kampagnenevents anfordern oder den Veranstaltungskalender (S. 224) nutzen. Über einen weiteren Link am Ende der Seite konnte man zu länger zurückliegenden Wahlkampfreisen navigieren. Dort fand sich auch eine Sonderseite zu der als Medienevent gestalteten 15-tägigen „Believe in America Tour" quer durch die USA.

Individualisierung nach Thema

Auf dem Portal waren 15 Themenseiten eingerichtet. Diese richteten sich an Interessierte, denen einzelne Themen wie Umwelt oder Arbeit besonders wichtig waren. Sieben dieser Themenseiten waren gar über eigene Links auf der allgemeinen Navigationsleiste vertreten. Die Themenseiten waren alle grundsätzlich nach dem gleichen Muster aufgebaut. Ein zum zentralen Thema passendes Bild leitete eine längere untergliederte Textpassage ein. Eine Unterseite verglich jeweils tabellarisch die Positionen von John Kerry und George W. Bush. Auf der rechten Bildschirmseite waren Links zu passenden Pressemitteilungen, Reden, Videos und konkreten Plänen des Kandidaten zu finden. Während Links zu Pressemitteilungen und Reden zu den entsprechenden Seiten des Pressebereichs führten, waren die Pläne entweder als Unterseite oder als eigenständiges PDF konzipiert. Diese mehrseitigen PDF-Dokumente enthielten neben den Handlungsabsichten des Kandidaten Kerry auch Negative-

Campaigning-Elemente. Wenn es sich anbot, waren zusätzlich Links zu passenden Zielgruppenseiten eingerichtet.

Individualisierung nach Zielgruppe

Diese Zielgruppenseiten waren von der Kerry-Kampagne mit „Communities" überschrieben und richteten sich jeweils an eine von 30 unterschiedlichen Gesellschaftsgruppen. Die sechs wichtigsten Zielgruppenseiten waren direkt über die Startseite erreichbar. Analog zu den Themenseiten leitete auch hier jeweils ein zur Gruppe passendes Bild eine längere untergliederte Textpassage ein, und wie schon bei den Themenseiten konnte man auch hier passende Pressemitteilungen, Reden, prominente Fürsprecher, tabellarische Kandidatenvergleiche und konkrete Pläne abrufen. Zentrale Funktion war aber ein Anmeldeformular, über das man sich auf der Website als Mitglied der jeweiligen Gruppe registrieren konnte. Die Kampagne konnte dann an die Mitglieder dieser Communitys gezielt auf die jeweilige Gesellschaftsgruppe angepasste E-Mails versenden. Um dies noch weiter zu optimieren, wurden bei manchen Zielgruppen zusätzliche Informationen abgefragt. Bei der Registrierung für die Community „Frauen" wurden zum Beispiel zusätzlich das Alter und das Interesse für noch spezifischere Gruppen wie beispielsweise „Geschäftsfrauen" oder „Mütter" erhoben. Für jede Gruppe standen außerdem speziell auf sie zugeschnittene Materialsammlungen (S. 161 f.) und Wahlkampfutensilien bereit. So konnte man über die Seite beispielsweise Anleitungen und Formulare in Form von PDFs abrufen oder auch Schilder und Sticker beim Wahlkampfshop bestellen.

Individualisierung nach Region

Auf regionalisierten Varianten der Startseite wurde alles, was speziell einen bestimmten Bundesstaat betraf, zusammengefasst. Links zu regionalen Pressemitteilungen, Videos und aktuellen Bildern von Wahlkampfreisen standen dort ebenso wie lokale Veranstaltungshinweise und regionale Wahlinformationen bereit.

Downloads

Auf den Downloadseiten der Kerry-Kampagne fanden sich neben verschiedenen Varianten des Kampagnenlogos (jeweils im JPG- und EPS-Format) auch Desktophintergründe in verschiedenen Größen, „Buddy Icons" für Instant Messenger und Banner für die eigene Homepage. Eine Unterseite erklärte, wie die Banner in die eigene Homepage integriert werden konnten.

Kontaktseite

Auf der Kontaktseite waren die Telefonnummern und Adressen der Kampagne und ihrer regionalen Büros aufgelistet. Verschiedene Formulare boten die Möglichkeit, Fragen zum Spenden oder zur Freiwilligenarbeit zu stellen und Auskünfte über Sachthemen anzufordern. Außerdem konnte man die Kampagne auf Fehler auf der Website hinweisen oder selbst technische Hilfe anfordern. Die Nutzer konnten ihre Anfrage dabei selbst einer bestimmten Kategorie zuordnen und erleichterten damit der Kampagne die Beantwortung. Hinweise auf technische Fehler konnten so automatisch dem verantwortlichen Bereich zugeordnet werden. Nach dem Ausfüllen des Formulars wurde man außerdem gefragt, ob man den Newsletter der Kampagne abonnieren oder Informationen zur freiwilligen Mitarbeit erhalten wolle.

Nutzerprofil

Jederzeit waren über eine eigene Unterseite Änderungen am eigenen Profil möglich. Angaben zu Namen, Postadresse und Telefonnummer konnten somit auch im Nachhinein noch geändert werden, nicht jedoch die angegebene E-Mail-Adresse. Weiterhin konnte man auf dieser Seite das E-Mail-Format des Newsletters ändern (HTML oder Nur-Text), ein neues Passwort wählen oder die ursprünglich angegebenen Interessen anpassen.

Videoplayer

Folgte der Benutzer einem Link, der zu einem Video führen sollte, öffnete sich ein Pop-up-Browserfenster. In diesem „Kerry-Edwards Media Console" genannten Fenster wurde das Video dann abgespielt. Dazu mussten beim ersten Öffnen die Bandbreite (Modem oder DSL) und das Videoformat (Windows Media, Real Video oder QuickTime) gewählt werden (siehe Abb. 75). Diese Einstellungen wurden auf dem Computer des Nutzers in einem Cookie festgehalten, konnten aber auch jederzeit über einen Link geändert werden. Innerhalb der „Media Console" konnte man auch zu weiteren Videoreportagen, Interviews, Reden und Wahlkampfspots navigieren (siehe Abb. 76).

Wahlkampfprogramm

„Our Plan for America" nannte sich das von John Kerry und John Edwards auch als Buch veröffentlichte Wahlkampfprogramm.[39] Neben einer herunterladbaren On-

---

[39] John Kerry und John Edwards (2004): Our Plan for America. New York.

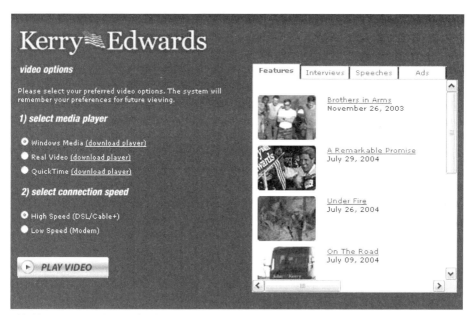

Abbildung 75: Einstellungen für den Videoplayer des Kerry-Kapagnenportals (www.johnkerry.com) am 10.10.2004

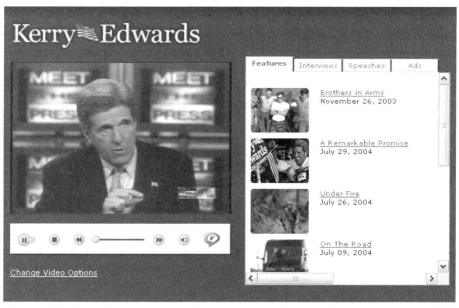

Abbildung 76: Videoarchiv und -player des Kerry-Kapagnenportals (www.johnkerry.com) am 10.10.2004

223

lineausgabe im PDF-Format enthielt die Seite einen mehrere Bildschirmseiten füllenden, reich bebilderten Überblick über die zentralen Aussagen des Programms.

Fotogalerie

Über die Fotogalerie konnten Journalisten wie Privatpersonen das öffentliche Fotoarchiv der Kampagne durchsuchen. Die Bilder durften meist uneingeschränkt genutzt werden, einzig ein Hinweis auf das Copyright von Kampagne und Fotograf musste mit angegeben werden. Waren einzelne Fotografien aus strategischen oder lizenzrechtlichen Gründen nicht für die weitere Veröffentlichung freigegeben, so war dies der Beschreibung des jeweiligen Fotos zu entnehmen. Für eine optimale Reproduktion standen viele Fotos zudem in mehreren Qualitätsstufen zum Download bereit. Die Fotogalerie war nicht nach Schlüsselwörtern durchsuchbar, einzig ein Filter nach Bundesstaat stand bereit. Außerdem war die Anzeige von Bildern zu ausgesuchten Kampagnenevents und die Anzeige von besonders populären Bildern möglich. Über einen Newsfeed (RSS 2.0 oder Atom) waren neue Bilder samt Beschreibung und Link zur Quelle abonnierbar. Dies machte beispielsweise eine automatische Integration in Bilddatenbanken möglich.

Eventkalender

Mit Hilfe des Eventkalenders konnte man nach Veranstaltungen in seiner Umgebung suchen, darunter Wahlkampfauftritte des Kandidaten und von Freiwilligen durchgeführte Houspartys. Es war nur die Eingabe der Postleitzahl nötig, um alle geplanten Veranstaltungen in einer Umgebung von bis zu 50 Meilen aufgelistet zu bekommen. Daneben konnten Eintrittskarten für Auftritte des Kandidaten bestellt werden.

Wahlkampfshop

Der Wahlkampfshop „Kerry Gear" (www.kerrygear.com) wurde von einem externen Dienstleister geführt. Für ihre Seiten verwendete die Firma zwar das Kerry-Edwards-Logo, und auch das Layout (siehe Abb. S. 146) erinnerte an das Kerry-Layout, der Shop wurde jedoch unabhängig von der Kampagne geführt. Das Angebot bestand aus Wahlkampfutensilien und Merchandisingartikeln wie Aufklebern, Ansteckern, Plakaten, T-Shirts und Kaffeetassen.

Spendenformular

Auf vielen Seiten des Portals waren Spendenaufrufe zu finden. Diese führten über Links meist direkt zum elektronischen Spendenformular der Kampagne.[40] Es konnte online gespendet werden, wobei Kreditkartenzahlung die einzig mögliche Zahlungsvariante war. Ein Fallbeispiel zu Onlinespenden in Deutschland finden Sie ab S. 271.

Freiwilligenprogramm

Das Freiwilligenprogramm der Kampagne war sehr umfangreich und reichte von der Rekrutierung weiterer Freiwilliger bis zur Organisation von Houseparties und anderen Wahlkampfaktionen. E-Mails waren bei diesen Aktionen meist das zentrale Element. Beispielsweise konnten Formulare und Mustertexte genutzt werden, um in wenigen Schritten und mit wenig Mühe viele Menschen zu erreichen. Das Ziel: Spenden sammeln und Wähler mobilisieren. Ein Punktesystem gab Aufschluss darüber, auf welchem Platz im Ranking aller teilnehmenden Freiwilligen man sich befand. Die Fallbeispiele zu den Freiwilligenprogrammen der Kerry- und Bush-Kampagne befassen sich ab S. 241 bzw. S. 251 ausführlich mit diesem Thema.

---

[40] Zum Zeitpunkt der Recherche, am 09.10.2004, durften die Kandidaten selbst keine Spenden mehr entgegennehmen. Deswegen führte der Link zu einem Spendenformular auf der Website des DNC (www.democrats.org).

4.6 Blog for America
Howard Deans offizielles Kampagnenblog 2004

Julia Vetter

„Blog for America" (www.blogforamerica.com) war das offizielle Blog der Kampagne Howard Deans in den US-Vorwahlen 2004. Es bestand seit März 2003 und war nach Selbstaussage das erste offizielle Blog eines Präsidentschaftskandidaten.

> *[Das Blog for America] war das Nervenzentrum der Kampagne. Die Blogsphäre war der Ort, wo wir Ideen, Feedback, Unterstützung, Geld bekamen – alles, was eine Kampagne zum Leben braucht. (Dean-Kampagnenmanager Joe Trippi 2004: 141)*

Zentrales Thema des Blogs waren der Gouverneur Howard Dean und sein Wahlkampf für die demokratische Präsidentschaftskandidatur 2004. Während dieser Wahlen war das Blog for America ein wichtiger Bestandteil der Onlinekampagne und trug entscheidend dazu bei, dass sich aktive Dean-Unterstützer untereinander und mit der Kampagne austauschen, eine Gemeinschaft formen und Aktivitäten organisieren konnten. Als nach Deans Scheitern in den Vorwahlen sein Kandidatenportal „Dean for America" in die Seite „Democracy for America" umbenannt wurde, blieb das Blog for America weiter bestehen. Thema war jetzt jedoch die Unterstützung der demokratischen Partei. Die folgende Beschreibung des Blog for America bezieht sich auf die Zeit als offizielles Blog der Dean-Kampagne.

Layout

Wie die meisten Blogs war auch das Blog for America in drei Spalten unterteilt (siehe Abb. 77). Auf der linken Seite war eine Liste mit Links zu anderen Blogs, zu themenverwandten Seiten wie „21st Century Democrats" (www.21stcenturydems.org) oder „Mothers opposing Bush" (www.mob.org) und zu Websites nationaler und regionaler Organisationen angebracht. Auf der rechten Seite war der Status der aktuellen Spendenaktion zu sehen, dargestellt durch den „Fundraising Bat", einen Baseballschläger, der zum Markenzeichen des Fundraisings der Dean-Kampagne geworden war und dessen Füllstand wie bei einem Thermometer den Anstieg der Spendensumme anzeigte. In der mittleren Spalte standen die eigentlichen Blog-Einträge.

Inhalte

Geschrieben von Kampagnenmitgliedern und unterstützt durch Gast-Blogger wie Schriftsteller, Politiker oder engagierte Dean-Unterstützer, erzählten die Einträge vom Alltag der Kampagne. Sie gaben einen Blick hinter die Kulissen, berichteten unterhaltsam und freudig von Ereignissen und motivierten nicht zuletzt die Leser unermüdlich, alles ihnen Mögliche zu tun, um Howard Dean zu unterstützen. Täglich konnten die Leser mit ungefähr zehn neuen Einträgen rechnen. Jeder Autor hatte seinen persönlichen Stil entwickelt. Dies trug dazu bei, dass das Blog eine vertraute, freundschaftliche Atmosphäre ausstrahlte. Es schien stets, als ob sich Leser und Autor gut kennen würden. Das eigentliche Leben wurde dem Blog jedoch durch die zahllosen Kommentare der Leser eingeflößt: Auf einen Eintrag der Kampagne folgten jeweils hunderte von Kommentaren, von einfachen „Go Dean!"-Rufen bis zu sorgfältig recherchierten Beiträgen (vgl. Abb. 78). Die Kommentierenden nahmen nicht nur Bezug auf die Einträge der Kampagne, sie warfen Fragen in die Runde, schlugen Ideen zur Förderung der Dean-Kampagne vor, nahmen Bezug auf Kommentare anderer, waren lustig, besorgt, kritisch und vor allem hoch motiviert. Auch Howard Dean, der sich selbst als technophob bezeichnete, hatte seinen eigenen Stil, wenn er im Blog schrieb. Ungeübt und mit der Kommunikation im Internet unvertraut, waren seine Einträge anfangs so flach und uninspiriert, dass mancher glaubte, Deans Beiträge seien gar nicht von ihm selbst. Man vermutete, sie seien entweder von einem nervösen Kampagnenmitarbeiter geschrieben oder sogar computergeneriert. Kampagnenmanager Trippi stieg in die Diskussion ein und schrieb: „Ich verstehe, was ihr meint, aber wenn ihr wirklich glaubt, dass diese Einträge von einem Ghostwriter sind, glaubt ihr nicht, wir würden es dann besser machen?" (Trippi 2004: 143)

Funktionsweise

Das Blog for America war sehr interaktiv angelegt: Der Leser sollte nicht nur die Einträge lesen können, es war auch erwünscht, die eigene Meinung mitzuteilen. Unter jedem Beitrag der Kampagne war ein kleiner Link zu finden, der die Leser zu den Kommentaren führte. Um selbst einen Kommentar schreiben zu können, bedurfte es keiner Registrierung, ausreichend war allein die Angabe von Name und E-Mail-Adresse.[41] Rechts neben dem Blog-Bereich wurden den Lesern Möglichkeiten aufgezeigt, selbst aktiv zu werden: Eine Reihe von Links führte Interessierte zu Spendenformular, Veranstaltungskalender, Meetups (S. 255) und Sonderaktionen.[42]

---

[41] Später wurde die Kommentarfunktion allerdings auf registrierte Nutzer beschränkt.

[42] wie zum Beispiel kurz vor den Vorwahlen in Iowa der Aufruf, Briefe an Wähler in Iowa zu schreiben

BLOG
for America
The Official Howard Dean Weblog

Campaign Links:
Blog for America Home
What is a Blog?
Dean for America Home
Contribute
Dean Commons
Forums
Generation Dean Blog
Howard Dean TV
Photo Gallery
Public Schedule

Official State Sites:
by State Name ▼
by Voting Date ▼

Featured Sites:
African Americans for
Dean
Arab Americans for Dean
Asian Americans and
Pacific Islanders for Dean
Blacks for Dean
Latinos for Dean
Meet the Blog Family
Out for Dean
Republicans for Dean
Seniors for Dean
Small Business for Dean
Team Dean Racing
Veterans for Dean Blog
Women for Dean
Write for Dean

Unofficial Dean Sites:
Action a Day
African Americans for
Dean
African Americans for
Dean Blog
Another Christian for
Dean
Asian Americans and
Pacific Islanders for Dean

Blacks for Dean
Blog Offerings
Bumpers for America

Catholics for Dean
Chat for America
Christians for Dean
College Students for Dean
Common Sense Mom
Crushies for Dean
Cyclists for Dean

Deadheads for Dean
Deaf Americans for Dean
Dean 2004 Portal
Dean Archive
Dean Defense Forces
Dean Grassroots Store
Dean Independents
Dean Issues Forum
Dean Majority
Dean Mall
Dean Media Team
Dean Nation
Dean Netroots

Friday, February 06, 2004

Help us Win Washington!

Greetings from the beautiful city of Seattle. After a long layover at JFK airport in NYC, Max (a fellow Meetup coordinator,) Ken (our database aministrator,) and I landed at the Seattle airport late Monday night. Being part of the insomniac DFA data team, Ken went straight to the office to get to work while Max and I went home to get some sleep.

On our way into the office the next morning, we were struck not only by the beauty of the mountainous landscape but also by the amazing quantity of Dean bumper stickers and signs. They were everywhere! There aren't any polls out here, at least none that I've heard, but I can tell you anecdotally that the feeling is good here.

The supporters seem pumped up and ready to change the course of this election season.

But don't let anyone fool you- we are going to have to fight for every last vote in order to overcome John Kerry's momentum and pull out the strong finish here that will give us a head of steam heading into Wisconsin. Help win Washington state on Saturday! Here are some things that you can do to help:

- Call Washington voters! Use **our phonebanking tool** to download your own names and **email me to start a phonebank of your own.**
- Stand in solidarity with Washington voters by wearing your Dean gear on Saturday. Can you imagine anything more powerful as a Washington voter than turning on your TV to see shots of Howard Dean volunteers showing their spirit from Bemidji to Boston?
- Call your friends and family. Call anyone you know who lives in Washington state and make sure that they are caucusing. You can find their caucus location online at washington.deanforamerica.com. Do you know anyone in Oregon or Idaho? Call them and encourage them to cross the border and help out on Saturday morning.

Thanks for all your help and keep on fighting the good fight!

David Temple

Posted by **Guest Writer** at 01:37 AM
Mail This Entry to a Friend | Link | TrackBack (0) | Comments (338)

Thursday, February 05, 2004

From the Road: Milwaukee, Wisconsin

Hi! We're in Wisconsin. We flew in this afternoon after spending the morning in Michigan.

Our trusty driver Chad picked us up at the airport. (Yes, Chad is the same trusty driver from New Hampshire. Chad relocated to Wisconsin to help fight the fight!)

Our first stop was a press conference with the Wisconsin and national press. The Gov told them how important a win in Wisconsin is. After the press conference we went to the Bean Head Cafe. The Bean Head is the site of Meet Ups in Milwaukee. Supporters met the Gov outside the cafe chanting, "The people united will never be divided!" The people in the Bean Head were pumped up! Our last stop of the night was at an SEIU phone bank where they were calling potential Dean supporters. The place was buzzing! The Gov made some phone calls and found some supporters!

We ended the night hearing the great news about the bat. Thanks everyone!

Tomorrow the Gov is up early phoning into radio stations in Washington (Spokane, Wenatchee and Seattle); Maine (Lewiston, Portland and Bangor) and Wisconsin (Madison). Later in the day he's going to take part in a roundtable discussion on jobs and the economy.

Thanks for all of your support. I'll let you know how things are going out here.

P.S. - I may need you Nurse Teri! I've caught the Gov's cold and all the flying isn't helping - yesterday I couldn't hear at all, but today I can hear out of one ear! I've finally found some Sudafed so I'm hoping for a recovery.

Posted by **Kate O'Connor** at 11:56 PM
Mail This Entry to a Friend | Link | TrackBack (0) | Comments (388)

Forward!

You did it!

You met and exceeded all expections.

Last night, the governor asked you to raise $700,000 for ads in Wisconsin, which we needed raised by Sunday. You blew out the top, you

Featured Entries:
▸ Governor Dean's Statement on Black History Month
▸ Dean Meets the Press – And Wins
▸ Counting the Delegates
▸ Joe Trippi: I still believe
▸ Roy Neel: Where We Go From Here

Take Action!
• Create your own Dean Postcard!
• Write Letters to Undecided Voters
• Join a House Party
• Get Dean Wireless

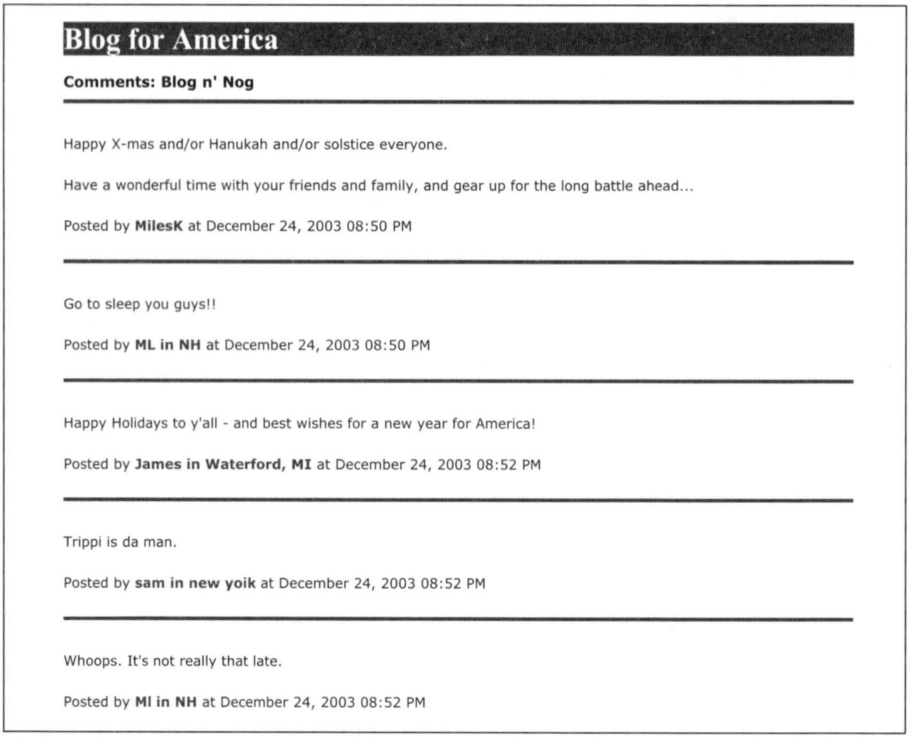

Blog for America

Comments: Blog n' Nog

Happy X-mas and/or Hanukah and/or solstice everyone.

Have a wonderful time with your friends and family, and gear up for the long battle ahead...

Posted by **MilesK** at December 24, 2003 08:50 PM

Go to sleep you guys!!

Posted by **ML in NH** at December 24, 2003 08:50 PM

Happy Holidays to y'all - and best wishes for a new year for America!

Posted by **James in Waterford, MI** at December 24, 2003 08:52 PM

Trippi is da man.

Posted by **sam in new yoik** at December 24, 2003 08:52 PM

Whoops. It's not really that late.

Posted by **Ml in NH** at December 24, 2003 08:52 PM

Abbildung 78: Kommentare zum Blog-for-America-Beitrag „Blog n' Nog" vom 24.12.2003

Erfolg

Das Blog war das inoffizielle Herz der Kampagne geworden. Nicht nur einmal brach es wegen Überlastung durch zu viele Leserkommentare zusammen. Das Webteam verbuchte solche Zwischenfälle jedes Mal als Erfolg und jubelte, bevor es sich daran machte, das Blog zu reparieren (vgl. Trippi 2004). Aber nicht nur im Blog for America wurde über Dean gesprochen. Vielmehr war er Teil eines großen Netzwerks aus Blogs von Dean-Unterstützern und unabhängigen Blogs wie „Daily Kos" (www.dailykos.com) und „Talking Points Memo" (www.talkingpointsmemo.com). Jeden Tag wurde die Kampagne in diesen Blogs thematisiert. Das Kampagnenteam nahm die Beiträge und Kommentare auch aus diesen unabhängigen Blogs ernst:

> *Wir überwachten nicht einfach nur die Blogs. Wir hörten zu. Wir nahmen ihr Feedback ernst. Manchmal änderten wir Deans Rede basierend auf einem Vorschlag aus einem Blog, oder wir verbesserten unsere Kampagnenstrategie. Ich*

kann nicht sagen, wie viele unzählige Male wir uns an das Blog gewendet haben,
um Hilfe zu bekommen. (Trippi 2004: 146)

Die besondere Atmosphäre des Blogs führte zu Erfolgen, die sonst nicht möglich gewesen wären. Legendär ist eine Spendenaktion der Dean-Kampagne, die sich gegen eine Fundraising-Maßnahme von Bush/Cheney richtete: Als Vizepräsident Cheney zu einem Essen einlud, das jeden Teilnehmer 2.000 Dollar kosten und somit die Wahlkampfkasse aufbessern sollte, kam ein Blog-Leser auf die Idee, Howard Dean beim Essen eines 3-Dollar-Sandwiches fotografieren zu lassen, dieses Foto auf die Website zu laden und Cheney herauszufordern. Während Cheney durch ca. 125 Teilnehmer ungefähr 250.000 US-Dollar einnahm, spendeten Tausende Dean-Anhänger kleinere Beträge, sodass innerhalb weniger Tage mehr als 500.000 Dollar zusammenkamen (vgl. Trippi 2004). Nicht nur, dass diese Idee von einem Leser an die Kampagne herangetragen worden war, das Blog for America und andere Blogs trugen auch dazu bei, dass dieser Spendenaufruf in ganz Amerika und darüber hinaus gelesen wurde.

Natürlich gab es auch Probleme: „Einer kopierte ‚Dean Sucks‘ auf 400 Seiten im Blog, wieder und wieder ‚Dean Sucks‘. Es zog sich über Seiten, sodass kein anderer Leser mehr einen Kommentar schreiben konnte." (Trippi 2004: 147) Die Dean-Kampagne setzte in solchen Fällen meist erfolgreich auf die Selbstregulation innerhalb des Blogs.

Weiterentwicklung von Blogs

Heutzutage verfügen Blogs wie beispielsweise „Daily Kos" (www.dailykos.com) über weiterentwickelte Funktionen: So lässt sich leichter erkennen, welche Kommentare sich auf den Eintrag des Daily-Kos-Autors und welche sich auf Kommentare anderer Leser beziehen: Nimmt ein Leser zu einem Kommentar Stellung, so erscheint sein Kommentar eingerückt unter dem Kommentar desjenigen, auf den er sich bezieht (siehe Abb. S. 113). Weiterhin ist es für die Leser möglich, Links in ihre Kommentare aufzunehmen. Zwar muss sich jeder Nutzer registrieren, bevor er Kommentare veröffentlichen kann, nach der Anmeldung besteht aber sogar die Möglichkeit, selbst ein eigenes Tagebuch anzulegen und damit im Rahmen des Daily Kos ein eigenes kleines Blog zu führen.

4.7 Bloggen ohne Kommentarfunktion
Das offizielle Kampagnenblog
bei Bush/Cheney 2004

Julia Vetter

Bestandteil des Bush-Kandidatenportals im Präsidentschaftswahlkampf 2004 war ein offizielles Kampagnenblog (www.georgewbush.com/blog). Dieses diente Bush/Cheney als Sprachrohr und als Antwort auf die vor allem bei den Demokraten bereits etablierten politischen Blogs. Vor allem Kommentare zu Veranstaltungen und Reaktionen auf Auftritte des demokratischen Herausforderers John Kerry waren unter den Themen zu finden. Für politische Kampagnenblogs untypisch, konnten nur durch Kampagnenmitarbeiter Beiträge verfasst werden. Leser des Blogs durften selbst keine Kommentare veröffentlichen.

Äußerlich war das Bush-Blog in zwei Bereiche untergliedert. Während sich rechts das eigentliche Blog befand, waren im linken Teil ein Archiv sowie Links zu anderen Bereichen des Kandidatenportals zu finden (siehe Abb. 79). Auffällig war, dass nur die Hälfte der gesamten Seite für das Blog selbst verwendet wurde. Dem Bereich für weiterführende Kampagnenlinks, Archive sowie Spendenaufrufe wurde ebenso viel Raum gegeben wie den Einträgen. Die Einträge der Kampagne waren kurz gehalten und enthielten zum Teil Auszüge aus Artikeln der Tagespresse oder aus TV-Sendungen sowie begleitende Informationen zu Wahlkampfveranstaltungen des Kandidaten, unterstützt durch Bilder oder Aussagen von beteiligten Personen. Das Hauptaugenmerk wurde jedoch auf die Analyse und Auswertung von Statements Kerrys gelegt. Damit setzte das Blog vor allem die Negativkampagne der Bush-Kampagne fort. Hier zur Veranschaulichung ein Textbeispiel aus dem Blog:

Bush Supporters Ready for Debate

Across the nation, Bush-Cheney '04 supporters are getting ready to watch the President in action during tonight's presidential election. The first debate, set for 9 p.m. EDT in Miami, will provide a close look at the differences between President Bush's optimism and resolve and John Kerry's vacillation, defeatism and personal attacks. Boca Raton News reports on how Floridians are preparing:

With the first debate between George Bush and John Kerry just hours away, Bush supporters in both Palm Beach and Broward counties are ready to watch their man face off tonight in Miami for the first time directly with Democrat John Kerry.

Among those who will be watching the debate closely is Micah Fisher, President of the Young Republicans of the Palm Beaches ...

"You have different groups that are polarized", he said. "I don't think the Democrats have a strong base. Democrats will vote for a candidate just because he is a Democrat. I think as this is a debate on foreign policy, people know where George Bush stands. They do not know where Kerry stands because he flip-flops." ...

In Broward County ... according to Christian Camara, Executive Director of the Broward Republican Party, Republican clubs throughout the county will be holding election-watching parties ...

"This will be the most closely watched of the three debates", Camara said. "Foreign policy is where the polarization in the country is in this election. Those who love President Bush love him because of his foreign policy decisions and those who hate Bush hate him because of his foreign policy decisions."

Camara said he and other South Floridians should feel honored that Miami was chosen for this very important event. "It is an honor for any city, especially Miami, to be showcased to the world like it will be", he said. "When a big event like this or a Republican or Democratic Convention comes to your city, the eyes of the world are on your hometown. And that is kind of cool."

Posted by GeorgeWBush.com at 02:32 PM

LINK   SEND TO FRIENDS   SIGN UP!

Sign up for breaking news, the inside scoop, action alerts, & event notices! E-mail Address [Join Now]

Blog | Party | Action Center | Vote Early | W Stuff

BUSH CHENEY '04 official campaign Blog — GeorgeWBush.com

FEATURED*Posts*

Are You Pumped Up Yet?
October 29, 2004 10:30 PM

"Whatever It Takes" -- You Respond
October 28, 2004 02:03 PM

9/11 Families: An Open Letter to the American People
October 27, 2004 11:53 PM

BUSH CHENEY '04 On the Road
Blog from the Campaign Trail

Morning Reads
Daily News, Buzz & Analysis

Barbara & Jenna's Journal

5 Ways to HELP NOW

① Volunteer
② Vote Early
③ Register to Vote
④ Write a Letter to the Editor
⑤ Host a Party

MAIN*Site*

STAY INFORMED
Pres. Bush's Agenda
Pres. George W. Bush
Vice President Cheney
Laura Bush
Lynne Cheney
News Room
Kerry Media Center
Video & Audio
Photo Album
Blog
Chat Center
En Español

GET INVOLVED
Be a Volunteer
Donate to GELAC
Action Center
Party for President
Calendar
Register to Vote
W Stuff

SERVICES
Volunteer Login
Donor Information
Site Map
Contact Us
Privacy Policy

COALITIONS
[Coalitions ▼]

[add to MY YAHOO!]

ARCHIVES

STATE BLOGS
[Pick a State ▼]

BY TOPIC
XML Barbara & Jenna
XML BC'04 Today
XML Campaign News
XML Compassion
XML Convention
XML Dems for Bush
XML Education
XML Endorsements
XML Environment
XML From the Field
XML Grassroots
XML Guest Blogs
XML Health Care
XML Jobs & Economy
XML Morning Reads
XML On the Road
XML Safety & Security
XML Students for Bush
XML The Raw Deal
XML Veterans for Bush
XML WStandsforWomen

BY MONTH
▪ October 2004
▪ September 2004
▪ August 2004
▪ July 2004
▪ June 2004
▪ May 2004
▪ April 2004
▪ March 2004
▪ February 2004
▪ January 2004
▪ December 2003
▪ November 2003
▪ October 2003

BLOG*Search*

[   ] [Find It]

Official Campaign Blog < Home

72 HOURS TO VICTORY!

OCTOBER 30, 2004

Major New Jersey Newspapers Endorse President Bush

There's a clear reason why President Bush is doing so well in New Jersey: his solemn commitment to protect our families and lead our nation to victory against the terrorists. This growing support is reflected in endorsements by major New Jersey newspapers, including the Trentonian and the Asbury Park Press.

The *Trentonian*'s endorsement takes on the Senator's Monday Morning Quarterbacking:

> The Kerry campaign has been a chronicle of second-guessing on our military operations in Afghanistan and Iraq to root out and destroy hotbeds of terrorism. A favorite bit of Kerry Monday morning quaterbacking, for example, is his campaign spiel that the Bush administration botched the effort to capture Osama bin Laden in Afghanistan by "outsourcing" the assignment to Northern Alliance forces, enabling the terror kingpin to slip through his encirclement atTora Bora. Contrast this rhetoric with Kerry's comments at the time (Dec. 14, 2001) in a televised interview on this very issue. "I think we have been smart," he said. "I think the administration's leadership has done it well. We are on the right track." Kerry then added: "I think we have been doing this pretty effectively. We should continue to do it that way."
>
> Thus Kerry's name seems unlikely ever to be mentioned in the same breath as tough presidents who were steadfast-- politically unpopular though it sometimes proved to be -- in standing their groundagainstmenaces that threatened this nation's security. Names such asFranklin Roosevelt, Harry Truman, John Kennedy, Lyndon Johnson, Ronald Reagan and the earlier George Bush come to mind. So does the name of the current president, George W. Bush.

The *Asbury Park Press* states that **we live in too dangerous a world** to elect someone as wavering and indecisive as John Kerry:

> Kerry has failed miserably. His inability to articulate consistent positions on key issues and run a credible campaign raise serious doubts about his convictions and his fitness to lead the country.
>
> Kerry's shifting positions on whether we should have gone into Iraq in the first place, what we should have done once we got there and what we should do now that we're there provide few clues as to what he actually would do if elected to office. The world is too dangerous a place to gamble on someone whose vision for achieving stability abroad is so murky.

Go **the New Jersey site** to get involved.

4.8 Chat oder Pseudochat?
Der offizielle Wahlkampf-Chat
von Bush/Cheney 2004

Stefan Rhein

Zu im Voraus angekündigten Terminen traten Mitarbeiter der Kampagne oder auch Mitglieder der Familie Bush im Chat-Center der Bush-Kampagnenwebsite zu einem einstündigen Interview an. Damit war der Chat einer der wenigen Ansätze der Bush-Kampagne, mit den Besuchern der Website in einen Dialog zu treten. Gleichwohl wurde offensichtlich, wie stark das Kontrollbedürfnis dieser Kampagne war: Während sich ein Chat üblicherweise dadurch auszeichnet, dass die Kommunikation synchron, also quasi in Echtzeit, verläuft, sind beim Bush-Chat die Fragen wahrscheinlich vorab ausgewählt und die Antworten von langer Hand vorbereitet worden. Es handelte sich hierbei also streng genommen nicht um einen traditionellen Chat (S. 153), sondern um einen Pseudochat (S. 156).

Chat Center < Home

FEATURED *chat*

November 1, 2004 at 11:30 am - 12:30 pm EDT
Matthew Dowd
Chief Strategist, Bush-Cheney '04
State of the Race
Matthew Dowd, BC '04 Chief Strategist, takes questions about the state of the race heading into Election Day and discusses his predictions based on polling and statistics.

November 1, 2004 at 6:00 pm - 7:00 pm EDT
Tom Josefiak
General Counsel, Bush-Cheney '04
Free and Fair
Tom Josefiak, BC '04 General Counsel, takes questions about the new election laws that seek to make elections more free and fair and discusses how you can help combat voter fraud and intimidation.

November 2, 2004 at 9:30 am - 10:30 am EDT
Ken Mehlman
Campaign Manager, Bush-Cheney '04
Victory
Ken Mehlman, BC' 04 Campaign Manager, takes questions about what the campaign is doing to ensure a big Bush-Cheney victory and discusses how he feels going into Election Day.

Abbildung 80: Chat-Ankündigungen auf dem Bush-Kampagnenportal (www.georgewbush.com) am 30.10.2004

Die Gästeliste im virtuellen Chat-Center war vielfältig. Zum Chatten erschienen mehrmals der Kampagnenmanager Ken Mehlman, die First Lady Laura Bush, die Schwester des Präsidenten Doro Bush Koch, seine Töchter Jenna und Barbara, aber beispielsweise auch Veteranen, ein ehemaliger Polizeichef und politische Prominenz. Themen und Termine wurden einige Tage im Voraus auf der Kampagnenwebsite (siehe Abb. 80) und über den E-Mail-Newsletter bekannt gegeben. Dem Leser wurde angedeutet, er habe mit dem Chat eine einzigartige Möglichkeit, Fragen an den Experten, Verantwortlichen oder Prominenten zu richten. Der Leser sollte einem Link folgen und seine Fragen am besten schon vorab einsenden. Zwar war es auch während des Chats noch möglich, Fragen zu stellen, aber der gesamte Aufbau des Chats lässt vermuten, dass spontane Fragen keine besondere Berücksichtigung mehr fanden.

Dem Eintritt in einen beginnenden oder schon laufenden Chat ging eine kurze Anmeldung mit Name, Wohnort und E-Mail-Adresse voraus. Der dann folgende Bildschirm zeigte den aktuellen Stand des Chats. Durch manuelles oder auf Wunsch auch automatisches Aktualisieren der Seite konnte man dem Verlauf des Gespräches folgen. Die neuen Fragen und Antworten wurden jeweils oberhalb des bisherigen Gesprächs eingefügt, sodass sich im Verlauf des Chats ein ausführliches Protokoll aufbaute. Diese Protokolle waren im Nachhinein im Chat-Center der Kampagnenwebsite geordnet einsehbar. Hier ein Ausschnitt aus dem Protokoll eines Chats mit Coddy Johnson, National Field Director, Bush/Cheney 2004, vom 27. Oktober 2004:

Lewis Reiman Jr from Utica MN wrote:

Short of a miracle how can we win good old Minnesota for the Pres? I hope Otto Bismark is right.

Coddy Johnson answered:

Lewis –

Please don't give up on Minnesota! This is a highly targeted battleground state, with the latest polls placing the President in a neck-and-neck race (check out the most recent Rasmussen and Mason-Dixon numbers, which put the President up 2: http://www.realclearpolitics.com/Presidential_04/mn_polls.html). This is why Democrats are running scared, and continue to send their top campaign principals into the state. I think you might see the President return in the not too distant future as well!

Your Minnesotan friends on the campaign are doing their part needed to bring the state home: last week alone, the campaign's volunteer army in the state made 132,000 volunteer phone calls and knocked on over 37,000 doors. Over the next 6 days, the MN campaign will easily quadruple that pace.

I hope you're out there with them, helping to bring it home.

Bei einem Chat lässt sich für die Teilnehmer prinzipiell nicht sicher feststellen, wie authentisch das Gespräch ist, d. h. welche Personen an dem Gespräch wirklich teilnehmen. Einhergehend mit dem von der Bush-Kampagne praktizierten Sammeln der Leserfragen vorab eröffnen sich somit weitgehende Kontrollmöglichkeiten. Es können beispielsweise die am besten geeigneten Fragen schon im Vorfeld ausgewählt und dem prominenten Chatteilnehmer vorab zur Beantwortung zugesendet werden. Die Antworten können dann ohne Zeitdruck genauer, ausführlicher und wirkungsvoller vorbereitet und abschließend vom Pressebereich überarbeitet werden. Für das Einpflegen des Gesprächs in das Content-Management-System zum Chattermin ist letztlich die Mitarbeit des Chatteilnehmers gar nicht mehr nötig. Auf diese Weise können Chats durch das bewusste Aushebeln der eigentlich charakteristischen Synchronizität der Chatkommunikation effizienter und effektiver gestaltet werden, wenn gleichzeitig, beispielsweise durch entsprechende Passagen, der Eindruck von Authentizität gewährleistet wird. Siehe dazu beispielsweise die abschließende Passage aus dem oben zitierten Chat vom 27. Oktober 2004, in der Coddy Johnson sich von den Lesern verabschiedet:

Coddy Johnson, National Field Director, Bush-Cheney '04 wrote:

Unfortunately, my hour with you is drawing to a close. I have to get back to my desk – and get on the phone with our friends and supporters in other states to get them moving and following your lead!

I've really enjoyed the chance to hear from you today, and to share in your excitement and enthusiasm for re-electing our President.

4.9 Freiwillige bei JohnKerry.com
Organisation und Durchführung von Freiwilligenaktivitäten bei Kerry/Edwards 2004

Stefan Rhein und Manuel Merz

Das Freiwilligenprogramm der Kerry-Edwards-Kampagne war äußerst umfangreich. Traditionelle Freiwilligenaktivitäten konnten durch den Einsatz des Internets an breitere Massen herangeführt und gleichzeitig effizienter gestaltet werden. So wurden z. B. für Anrufe in Radiosendungen die nötigen Informationen zu Frequenzen und Sendezeiten sowie Argumentationshilfen bereitgestellt. Zudem wurden traditionelle Aktivitäten durch neue Möglichkeiten wie das Vermitteln von Onlinespenden und das Versenden von Gruppen-E-Mails ergänzt. Vor allem zwei Faktoren motivierten Freiwillige zum Mitmachen: zum einen die Überzeugung, dass ihre Hilfe unabdingbar sei, um dem Kandidaten zur Wahl zu verhelfen, zum anderen unmittelbare Belohnungen wie der Zugang zu exklusiven Inhalten oder eine hohe Stellung innerhalb der Freiwilligengemeinschaft. Ein weiteres Fallbeispiel dokumentiert die Freiwilligenaktivitäten der Onlinekampagne George W. Bushs (S. 251), wobei im Wesentlichen auf die Unterschiede zur Kerry-Kampagne eingegangen wird.

Registrierung

Für einige der Freiwilligenaktivitäten der Kerry-Kampagne mussten sich Interessierte zuerst registrieren. Es handelte sich dabei um Aktionen zur Beeinflussung der Medienberichterstattung, zum Planen von Events und zum Spendensammeln mittels eigener Website. Registrierte Freiwillige hatten außerdem die Möglichkeit, mit ihren Aktionen Punkte zu sammeln und dadurch im Ranking aller angemeldeten Mitglieder aufzusteigen. Die Registrierung war einfach: Neben der Eingabe von Name, Adresse, Telefonnummer und E-Mail-Adresse sowie der Auswahl zwischen HTML- und Nur-Text-Newsletter-Abonnement war nur die Angabe von bis zu drei Interessengebieten nötig. Danach hatte man Zugang zum „Kerry Volunteer Center" (siehe Abb. 81). Dieses war unterteilt in sechs Bereiche und einen Hauptbildschirm, der mit „Dashboard" (Armaturenbrett) betitelt war. Die einzelnen Bereiche dienten dem Rekrutieren von Freiwilligen, der Ansprache von Wählern, der Ansprache von Medien, dem Sammeln von Spenden und dem Planen von bzw. dem Teilnehmen an Events. Auf die wohl wichtigste Form des Freiwilligenevents, die „Houseparty", soll dabei besonders eingegangen werden. Ein letzter Bereich war mit „My Site" bezeichnet und bot dem Freiwilligen die Möglichkeit, mittels einer individuellen Unterseite der Kampagnenwebsite in seinem eigenen Namen für die Kampagne Onlinespenden zu sammeln.

Hauptbildschirm

Der Hauptbildschirm, der nur registrierten Nutzern zur Verfügung stand, listete die für den Freiwilligen unmittelbar wichtigsten Informationen: zwei Vorschläge, welchen Aufgaben sich der Freiwillige widmen könnte, dringende Aufgaben, die unmittelbar erledigt werden sollten („Action Alerts"), sowie anstehende Events. Außerdem widmete sich der Bildschirm den Fortschritten der Nutzer: Sie konnten auf einen Blick erfahren, wie viele Punkte ihre Aktivitäten ihnen bisher eingebracht hatten. Den Punkten entsprach dann ein bestimmter Platz im Ranking aller Freiwilligen. Außerdem wurden sie über ihren Fortschritt bei einzelnen Aufgaben wie Freiwilligenrekrutierung und Medienansprache informiert, über die Gesamtsumme der Spenden, die sie gesammelt hatten, und über die Events, die sie veranstaltet oder denen sie beigewohnt hatten. Dabei war es jeweils möglich, über Links direkt in den damit verbundenen Bereich zu wechseln. Ein „Freiwilligentelefonbuch" ermöglichte es, nach anderen Freiwilligen in der Nachbarschaft zu suchen.

Rekrutierung weiterer Freiwilliger

Das Angebot zur Rekrutierung weiterer Freiwilliger basierte wie die meisten anderen Aktionen auf E-Mails. Den Nutzern wurde es in drei einfachen Schritten ermöglicht, eine vorgefertigte E-Mail optional mit eigenen Worten zu ergänzen und über die Kampagnenwebsite an bis zu 50 ihnen bekannte E-Mail-Adressen zu verschicken (siehe Abb. 82). Die Angeschriebenen sollten dann über einen besonders hervorgehobenen Link zum Anmeldeformular der Kampagne geleitet werden. Eine kurze Erläuterung der empfohlenen Vorgehensweise und eine Übersicht über bisherige Erfolge der Rekrutierungsbemühungen ergänzten das Angebot.

Ansprache von Wählern

Im Bereich „Voter Outreach" wurden mehrere Möglichkeiten vorgestellt, Wähler anzusprechen. Die Nutzer sollten Freunde bitten, sich für die Wahl zu registrieren und Briefwahlformulare anzufordern. Ebenso sollten sie ihre Freunde bitten, sich dem Kerry-Traveller-Programm anzuschließen, um in dessen Rahmen in wahlentscheidende Staaten zu reisen und den Wahlkampf vor Ort zu unterstützen. Die Nutzer wurden außerdem aufgefordert, schon frühzeitig E-Mail-Erinnerungen an Freunde zu verfassen, die die Kampagne dann erst am Wahltag versenden würde. Alle bisher

242

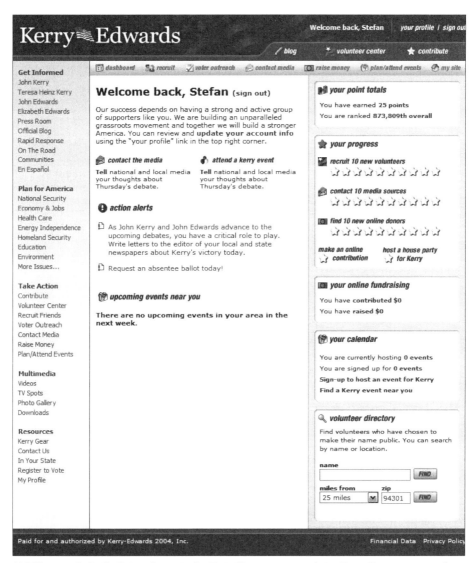

Abbildung 81: Individualisierte Startseite des Freiwilligenprogramms beim Kerry-Kampagnenportal (www.johnkerry.com) am 05.10.2004

genannten Aktivitäten funktionierten nach dem bereits beschriebenen Prinzip der Gruppen-E-Mail. Wiederum gab es auch eine Übersicht über die bisherigen Erfolge der Freiwilligen in diesem Bereich. Über Links konnten Nutzer außerdem selbst zu den jeweiligen Anmeldeformularen gelangen. Bei der Anmeldung für das Traveller-

243

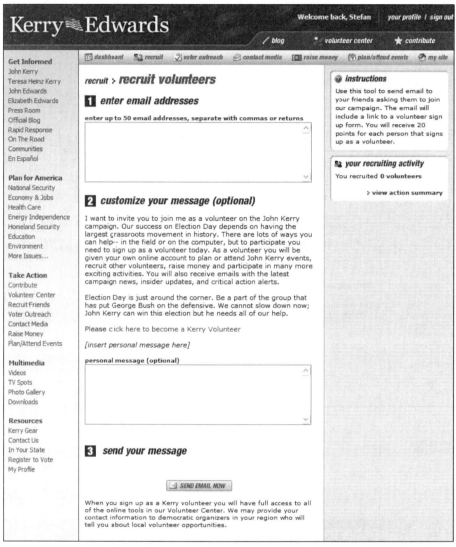

Abbildung 82: Freiwilligenrekrutierung durch Gruppen-E-Mails im Freiwilligenprogramm des Kerry-Kampagnenportals (www.johnkerry.com) am 05.10.2004

Programm wurden z. B. Daten zu Zielort und -zeit abgefragt. Außerdem wurde erfragt, ob die Freiwilligen selbstständig für eine Unterkunft sorgen oder bei lokalen Programmteilnehmern wohnen wollten, über welche besonderen Kenntnisse sie verfügten, z. B. Spanischkenntnisse, und welche Ausstattung, beispielsweise Notebooks, sie beisteuern könnten. Das Formular bot ebenfalls die Möglichkeit, sich mit einigen

Sätzen vorzustellen oder andere relevante Mitteilungen zu machen. Wollten sich Freiwillige selbst für die Wahl registrieren oder ihre Briefwahlunterlagen anfordern, öffnete sich ein Fenster mit der externen Anwendung „Election Resources" (Wahlinformationen). Diese führte sie anhand von Fragen bis zum Ausdruck der für Registrierung oder Briefwahl nötigen Formulare. Einzig die Formulare unterschreiben und an die angegebene Adresse verschicken mussten sie offline. Die Anwendung stellte darüber hinaus noch weitere Informationen bereit, wie von den Wählern einzuhaltende Fristen, die Adresse und eine Umgebungskarte des jeweiligen Wahllokals sowie weiterführende Links und eine Erklärung zum Datenschutz.

Beeinflussung der Medienberichterstattung

Ein bedeutender Bestandteil der Freiwilligenaktivitäten war die Ansprache von Lokalzeitungen und Radiostationen (siehe Abb. 83). Helfer wurden aufgefordert, zu vorgegebenen und wöchentlich wechselnden Schwerpunkten Briefe an den Chefredakteur ihrer Lokalzeitung zu schreiben und live in Radio- und Fernsehsendungen anzurufen. Dazu stand umfangreiche Hilfestellung zur Verfügung: ein Stilratgeber zum wirksamen Verfassen von Leserbriefen, allgemeine Tipps zu Anrufsendungen und kurz und bündig formulierte Argumente, die in den Anrufen und Briefen wiedergeben werden sollten. Ein „Station Finder" ermöglichte die Suche nach Radiostationen anhand von Postleitzahlen und listete die Suchergebnisse zusammen mit der Telefonnummer der Station und einem Link auf deren Website. Ebenso funktionierte auch die Suchmaschine für Lokalzeitungen, der „Publication Finder".

Um einen Leserbrief zu verfassen, mussten sich die Freiwilligen zunächst für eine oder mehrere der lokalen Zeitungen entscheiden. Anschließend wurden sie gebeten, einen Brief zu formulieren. Das Formular auf der Website, das die Freiwilligen verwenden sollten, enthielt zwar bereits die Absenderdaten, jedoch keinen vorgefertigten Text. Es blieb den Freiwilligen selbst überlassen, den Brief anhand der empfohlenen Argumentation und der anderen Hilfen zu verfassen. Abschließend konnten sich die Freiwilligen entscheiden, ob sie den Brief per E-Mail versenden oder ausgedruckt mit der Post verschicken wollten.

Freiwillige, die in einer Sendung zu Wort kamen oder deren Leserbriefe veröffentlicht wurden, wurden gebeten, dies der Kampagne über ein weiteres Formular mitzuteilen.

Spenden

Neben der Möglichkeit, selbst zu spenden, wurden Freiwilligen verschiedene Möglichkeiten gegeben, online Spenden zu sammeln: für den GELAC-Fond[43] der Kerry-

Abbildung 83: Hilfestellung zur Medienansprache im Freiwilligenprogramm des Kerry-Kampagnen-portals (www.johnkerry.com) am 05.10.2004

---

[43] Stand: Oktober 2004. In dieser Phase des Wahlkampfes war es den Kampagnen nicht länger erlaubt, selbst Spenden entgegenzunehmen. Diese Aufgabe übernahmen die jeweiligen Parteien, die dann offiziell unabhängig von den Kampagnen z. B. Werbespots schalteten. Der Kerry-GELAC-Fond (Kerry-Edwards 2004 General Election Legal and Accounting Compliance Fund) wurde angelegt, um nach der Wahl über ausreichende Mittel zu verfügen, um bei eventuell nötigen Nachzählungen beispielsweise Rechtsbeistände engagieren zu können. Im Jahr 2000 hatten sich die Demokraten nach den Unstimmigkeiten bei der Präsidentschaftswahl noch im Nachteil gesehen, weil sie zu diesem Zweck kurzfristig nicht ebenso viele Gelder wie die Bush-Kampagne zusammentragen konnten. Dem wollte man diesmal vorausschauend entgegenwirken.

Kampagne durch Spendenaufrufe per E-Mail oder durch eine persönliche Unterseite der Kampagnenwebsite („My Site"), oder zu Gunsten der Demokratischen Partei durch eine eigene Unterseite auf deren Website („ePatriot").

Die E-Mail-Spendenaufrufe funktionierten auf dieselbe Weise wie die Gruppen-E-Mails in den Bereichen Rekrutierung und Wähleransprache. Erfolge, die durch die Aktionen der Freiwilligen zu Stande kamen, wurden ihnen wiederum als Punkte angerechnet. Die persönlichen Spendenseiten „My Site" der Kerry-Kampagne und ePatriots der Demokratischen Partei basierten auf dem Prinzip der individualisierten HTML-Seite. Freiwilligen wurde eine Unterseite der jeweiligen Website zur Verfügung gestellt, die sie in bestimmten Punkten individuell gestalten konnten. Im Rahmen von „My Site" z. B. konnten Freiwillige aus vier vorgegebenen Texten mit unterschiedlichen Schwerpunkten wählen. Die URL der eigenen Seite (z. B. http://volunteer.johnkerry.com/mysite/?view=guest&ref=617553) konnten sie dann Freunden und Bekannten nennen, sodass diese sich über die Seite für den E-Mail-Newsletter registrieren, aber auch Spenden übermitteln konnten. (Das Fallbeispiel „Betty Buddies" auf S. 259 beschäftigt sich ausführlich mit dieser Möglichkeit des Fundraisings.)

Events

Bedeutender Bestandteil der Freiwilligenaktivitäten waren auch selbst organisierte Events: Housepartys, Telefon- und Unterschriftenaktionen und so genannte Canvasses, das Gehen von Tür zu Tür, um um Wählerstimmen zu werben. Diese Events konnten mit Hilfe der online bereitgestellten Werkzeuge in wenigen Schritten geplant und veröffentlicht werden (siehe Abb. 84): Zunächst legte man Ort und Zeit sowie das Motto der Veranstaltung fest. Nach Eingabe der E-Mail-Adressen derjenigen, die über die Veranstaltung benachrichtigt werden sollten, entschied man auch, ob und wie die Veranstaltung auf dem Kalender der Kampagnenwebsite öffentlich gemacht werden sollte. Wurden alle Daten zur Veröffentlichung freigegeben, konnte dies zur Folge haben, dass auch unangemeldete Gäste erschienen. Eine andere Option war, dass alle Daten außer der Adresse veröffentlicht wurden. So war es für potenzielle Gäste zwingend nötig, um eine Einladung zu bitten. Man konnte den Event aber auch als vollständig privat markieren, sodass er gar nicht erst auf der Kampagnenwebsite öffentlich gelistet wurde. Bemerkungen am Ende der Seite erläuterten die rechtliche Situation insbesondere für den Fall, dass auf der geplanten Veranstaltung Spenden gesammelt werden sollten. Der darauf folgende Bildschirm präsentierte eine Übersicht zur Veranstaltung und ermöglichte es, die Eventbeschreibung zu bearbeiten, weitere Gäste einzuladen, an alle Gäste E-Mails zu verschicken, oder auch die Veranstaltung abzusagen.

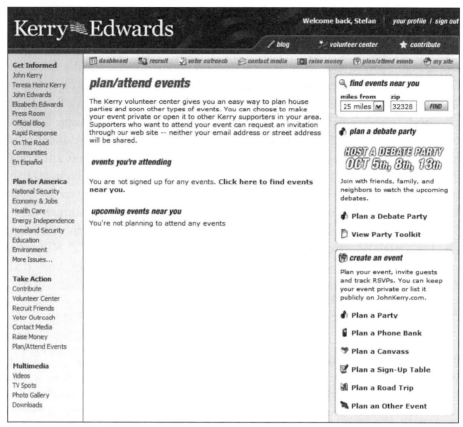

Abbildung 84: Hilfestellung zur Eventorganisation im Freiwilligenprogramm des Kerry-Kampagnen-portals (www.johnkerry.com) am 05.10.2004

Housepartys

Die wohl wichtigsten Grassroots-Events waren die so genannten Housepartys. Diese Partys wurden von Freiwilligen organisiert, um Spenden zu sammeln und neue Mit-streiter zu gewinnen. Sie fanden in öffentlichen Räumlichkeiten wie Restaurants und Clubs statt, aber auch in privaten Räumlichkeiten, z. B. Grillpartys im eigenen Gar-ten. Zu bestimmten Gelegenheiten wie dem Parteitag der Demokratischen Partei wurden die Partys unter ein entsprechendes Motto gestellt. Da so im ganzen Land zur selben Zeit Partys stattfanden, wurden diese Gelegenheiten auch genutzt, um Te-lefonansprachen durch Prominente zu organisieren. In diese Ansprachen, z. B. von John Edwards während der „Convention Watch Parties", konnten sich alle Veranstal-ter von Housepartys live einwählen. Für die Organisation der Housepartys standen

Materialsammlungen bereit. Diese beinhalteten ausführliche Tipps zur Organisation sowie Links zu weiteren Materialien wie Spendenformularen und Einladungskarten. Wollte man nicht selbst eine Veranstaltung organisieren, sondern an einer anderen Party teilnehmen, so konnte man sich durch Eingabe einer Postleitzahl die geplanten Events in der Umgebung anzeigen lassen.

Abbildung 85: Aufschlüsselung der individuellen Leistungen im Freiwilligenprogramm des Kerry-Kampagnenportals (www.johnkerry.com) am 05.10.2004

Belohnungssystem

Aktiven Freiwilligen wurde ständig bewusst gemacht, dass sie ihren Anteil zu einer bedeutenden Kampagne beitragen. Darüber hinaus sollte aber auch die Vergabe von Anerkennungspunkten für einzelne Aufgaben die Motivation der Freiwilligen gezielt fördern. So wurden den persönlichen Punktekonten beispielsweise automatisch fünf Punkte gutgeschrieben, wenn sie einen neuen Newsletter-Abonnenten gewonnen hatten. Einen Bekannten zu überzeugen, Briefwahlunterlagen anzufordern, brachte immerhin schon 100 Punkte, die Veranstaltung einer Houseparty ganze 250.

Auf einer Überblickseite wurden die bisher erreichten Punkte und Erfolge detailliert aufgeschlüsselt (siehe Abb. 85). Die eigene Platzierung im Ranking aller registrierten Freiwilligen konnte einem aber auch deutlich machen, welches Potenzial noch vorhanden war: So fanden sich neue Freiwillige erst einmal auf Platz 870.000 wieder.[44]

---

[44] beobachtet vier Wochen vor der Wahl (mit 25 Startpunkten, davon 20 für die Anmeldung als freiwilliger Helfer und fünf für das Bestellen des E-Mail-Newsletters)

4.10 Freiwillige bei GeorgeWBush.com
Elemente des Freiwilligenprogramms bei Bush/Cheney 2004

Stefan Rhein

Die Freiwilligenprogramme der Kerry- und der Bush-Kampagne waren sich in vielen Aspekten sehr ähnlich. Im vorhergehenden Fallbeispiel wurde das Programm bei John Kerry bereits ausführlich vorgestellt (S. 241). In einzelnen Bereichen waren die Freiwilligenaktivitäten der Bush-Kampagne jedoch weiter entwickelt oder sind aus anderen Gründen besonders hervorzuheben. Auf diese Aktivitäten soll im Folgenden näher eingegangen werden.

Walk the Vote!

Freiwillige konnten auf John Kerrys Kandidatenportal (www.johnkerry.com) Events wie beispielsweise Canvasses (von Tür zu Tür gehen, um um Stimmen zu werben; S. 247) online planen und organisieren. Die Bush-Kampagne ging in ihrer Online-Unterstützung für Canvasses, die bei Bush „Walk the Vote!" genannt wurden, noch einen Schritt weiter: Sie teilte die für einen gemeinsamen Einsatz gemeldeten Freiwilligen in Teams ein und stellte ihnen Anleitungen und Fragebögen in Form von herunterladbaren und ausdruckbaren PDF-Dokumenten bereit. Diese ausführlichen Anleitungen beinhalteten sogar detaillierte Wegbeschreibungen und die Namen, Adressen und Telefonnummern derjenigen Bürger, die die Freiwilligen aufsuchen sollten (siehe Abb. 86). Mit Hilfe des Fragebogens sollte dann vor Ort ermittelt werden, ob die jeweiligen Bürger schon gewählt hatten. Andernfalls sollten sie ermuntert werden, bald von ihrem Recht auf Briefwahl Gebrauch zu machen und dabei für George W. Bush zu stimmen. Die ausgefüllten Fragebögen mussten nach dem „Walk the Vote!" online an die Kampagne übertragen werden.

Party for the President

Bei der Organisation von Housepartys, im Rahmen der Bush-Kampagne „Party for the President" genannt, wurde direkt auf den „George W. Bush Online Store" verlinkt (siehe Abb. 87). Hier konnten Unterstützer Fanartikel vom Vorgartenschild bis zum Kaffeebecher erwerben. Ein „Party Pack" war mit Mütze, Anstecker, Aufkleber und Vorgartenschild für 19,95 US-Dollar erhältlich. Verlinkt wurde auch auf den Poster-und-Broschüren-Bereich. Neben DIN-A-4-Postern konnten dort Broschüren zur

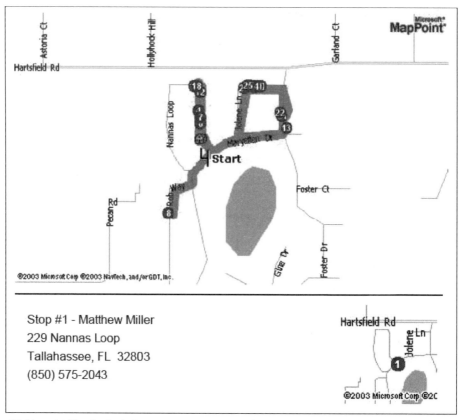

Abbildung 86: Von der Bush-Kampagne im PDF-Format bereitgestellte individuelle Route eines „Walk the Vote!" am 05.10.2004 (Name und Adressdaten geändert)

Agenda des Kandidaten und zur Mitarbeit in der Kampagne heruntergeladen und ausgedruckt werden.

Belohnungen

Während die Freiwilligenaktivitäten bei der Kerry-Kampagne ausschließlich mit Punkten belohnt wurden, wollte man bei Bush die Anerkennungen etwas greifbarer gestalten (siehe Abb. S. 120). Fünf Freiwillige zu rekrutieren, brachte dem Helfer beispielsweise eine ausdruckbare individualisierte Urkunde von George W. Bush ein, zehn registrierte Wähler ein signiertes Foto des Präsidenten. Weitere Anerkennungen waren Bildschirmschoner und exklusive Chateinladungen. Motivierend konnte zudem sein, auf der Kampagnenwebsite wegen besonderer Leistungen persönlich vorgestellt zu werden. Jeweils ein Freiwilliger wurde zu diesem Zweck auf der Start-

252

Abbildung 87: „Event Pack" im Bush-Wahlkampfshop (www.georgewbushstore.com) am 30.10.2004

seite mit Bild und Text vorgestellt, in der Rubrik „Leader Board" wurden die erfolgreichsten Freiwilligen genannt.

4.11 Gemeinsam für die Kandidatin
Meetups bei Betty Castor for US Senate 2004

Julia Vetter und Stefan Rhein

Die Onlineplattform Meetup (www.meetup.com) vermittelt persönliche Treffen im realen Leben. Der Anlass solcher Treffen ist dabei meist, sich über ein gemeinsames Interesse unterhalten zu können oder einem gemeinsamen Hobby nachgehen zu können. Auch für politisch Interessierte etablierten sich schnell eigene Meetups. Prinzipiell unabhängig, wurden sie alsbald von offiziellen Kampagnen in ihren Wahlkampf einbezogen, zunächst durch „Dean for America", später auch durch andere, meist demokratische Kampagnen wie „Betty Castor for US Senate".

Organisationsplattform

Meetup-Treffen sind informell, für jeden zugänglich und finden einmal monatlich statt. Was bei einem Treffen passiert, hängt vom jeweiligen Thema ab: Manche Meetups drehen sich um Freizeitaktivitäten wie das Üben einer Fremdsprache, andere sind noch zielgerichteter, zum Beispiel Meetups zur Unterstützung eines politischen Kandidaten. Wer ein Meetup sucht, gibt sein Interessengebiet ein und wählt aus der Liste an vorhandenen Meetups ein spezifisches aus. Durch das Eingeben einer Postleitzahl kann man herausfinden, ob und wann ein solches Meetup auch in der Umgebung stattfindet. Wer ein passendes Meetup gefunden hat, kann sich dafür anmelden. Ab diesem Zeitpunkt erhält man regelmäßig Informationen und Updates und kann auch an der Abstimmung zur Meetup-Agenda teilnehmen. Auch über den Ort des Treffens wird abgestimmt. In der Regel trifft man sich in Kneipen und Restaurants. Es gibt verschiedene Möglichkeiten, sich seiner Gruppe vorzustellen: durch ein Profil mit persönlichen Angaben und optional mit Foto, durch eine Nachricht am Schwarzen Brett oder durch das Kontaktieren des für die Treffen aktuell verantwortlichen Organisators. Die tatsächliche Teilnahme am nächsten Meetup bestätigt man im Vorhinein auf der Website. Gibt es noch keine Meetup-Gruppe zum favorisierten Thema in der eigenen Umgebung, kann man sich entweder benachrichtigen lassen, sobald ein erstes Meetup zum Thema stattfindet, oder man kann selbst eine Gruppe eröffnen. In diesem Fall wird man zum Organisator der Meetup-Gruppe und betreut ab sofort die Treffen.

Betty-Castor-Meetups

Während der amerikanischen Vorwahlen trafen sich schließlich auch Sympathisanten des demokratischen Kandidaten Howard Dean zu Meetups. Diese Meetups machten unter anderem dadurch Schlagzeilen, dass sich Unterstützer manchmal zu Hunderten in Bars und Restaurants trafen, um beispielsweise handschriftliche Briefe an Wähler zu verschicken. Alsbald verlinkten vor allem demokratische Kandidaten ihre offiziellen Kampagnen mit der unabhängigen Meetup-Plattform. Besonders interessant war für die Kampagnen, auf diesem Weg sonst nur schwer erreichbare Sympathisanten zu erreichen: Jugendliche sowie diejenigen, die sich nicht in traditionelle politische Strukturen vor Ort einbringen wollten.

Abbildung 88: Senatskandidatin Betty Castor bei einem Betty-Castor-Meetup (Foto: Meetup.com)

Beth Wolfram kam zusammen mit Larry Biddle und anderen ehemaligen Dean-Mitarbeitern zu Betty Castor for US Senate. Biddle als stellvertretender Kampagnenmanager, Wolfram als Verantwortliche für Meetups und Freiwilligenbetreuung. Zusammen brachten sie den Geist der Dean-Kampagne in das Castor-Team. „Meetups sind für uns unglaublich wertvoll", so Wolfram. „Sie finden an öffentlichen Orten statt und nicht bei der bestehenden lokalen Parteiorganisation. Es kommen junge Leute, die wissen, wie man mit dem Internet umgeht. Die sind an Politik interessiert, haben aber früher keine Möglichkeiten gesehen, sich zu beteiligen." Die Castor-Meetups (siehe Abb. 88) blieben zwar weiter unabhängig, aber die Kampagne versuchte, sie so weit wie möglich zu unterstützen und für sich zu nutzen. So nahm an jedem Betty-Castor-Meetup auch ein Ansprechpartner von Betty Castor for US Senate teil, bei dem sich die Teilnehmer über die offizielle Kampagne und deren Freiwilligentätigkeiten informieren konnten. Die Kampagne half aber auch beim Erstellen der Meetup-Agenda, so dass die Aktivitäten der Meetup-Gruppen mit den Kampagnenaktivitäten koordiniert werden konnten.

Als erste Kampagne führte das Castor-Team auf seiner Website eine Liste von allen im nächsten Monat geplanten Meetups. Zusätzlich zu den üblichen Links auf die Meetup-Plattform fanden sich dort bereits Ort und Zeit des nächsten Treffens sowie Ansprechpartner, Kontaktdaten und Anfahrtsbeschreibung. So konnten auch solche Interessierte an den Treffen teilnehmen, die nicht bei Meetup.com registriert waren. Während der Vorwahlen, bei denen mehrere demokratische Kandidaten um die Bewerbung für den Senatssitz kämpften, erschienen auf den verschiedenen Castor-Meetups regelmäßig 20 bis 25 Personen. Im ganzen Bundesstaat Florida waren 700 Mitglieder für Castor-Meetups gemeldet.

4.12 Freiwillige Spendensammler im Internet
Die Betty-Buddies von Betty Castor for
US Senate 2004

Stefan Rhein

Die „Betty Buddies"-Spendenaktion war Teil der „Betty Castor for US Senate 2004"-Kampagne. Unterstützer Betty Castors wurden dazu ermuntert, selbst im Internet als Spendensammler aktiv zu werden. Dazu wurde jedem Interessierten eine eigene Unterseite auf der Kampagnenwebsite (www.bettynet.com) bereitgestellt. Diese enthielt nicht nur alle für das Onlinefundraising nötigen Werkzeuge, sondern konnte durch Hochladen von Fotos, durch Auswählen von Farbstilen und durch Einbringen eigener Texte individualisiert werden (siehe Abb. 89). Durch E-Mails machten die freiwilligen Spendensammler Freunde und Bekannte auf ihre Seite aufmerksam. Mehrere Links führten dann von der Buddy-Seite zum Spendenformular der Kampagne, und jede Spende, die auf diese Weise zu Stande kam, brachte die Betty-Buddies ihrem jeweils selbst gewählten Fundraisingziel von bis zu 5.000 US-Dollar näher. Denjenigen, die beabsichtigten, mehr als 5.000 Dollar zu sammeln, standen andere Aktionen zur Auswahl.

Registrierung

Um Betty-Buddy zu werden, war eine Anmeldung in drei Schritten nötig. Nachdem ein Unterstützer die Auswahl getroffen hatte, Betty-Buddy zu werden, definierte er zunächst sein persönliches Fundraisingziel. Im zweiten Schritt wurden persönliche Daten abgefragt, die von Gesetzes wegen notwendig waren. Diese beinhalteten Name und Anschrift, aber auch Beruf und Arbeitgeber. Der zukünftige Spendensammler wurde außerdem gefragt, ob er sich auch an anderen Freiwilligenaktionen beteiligen wolle: Er konnte sich bereit erklären, E-Mail-Newsletter zu erhalten, eine Houseparty zu veranstalten oder dem lokalen Wahlkampfbüro zur Verfügung zu stehen. Im letzten Schritt wurde ausführlich auf geltende gesetzliche Bestimmungen hingewiesen. Ein Hinweis erläuterte, dass die Achtung der Regeln und das Verständnis der Gesetzeslage unerlässlich seien, bevor jemand mit dem Spendensammeln beginnen könne. Ein Willkommensbildschirm teilte die URL der eigenen Buddy-Seite mit und empfahl als ersten Schritt, eine E-Mail an Freunde und Verwandte zu versenden, um auf die Aktion aufmerksam zu machen – und so bereits die ersten Dollar für die Kampagne zu verdienen. Dazu wurden Pro-Castor-Argumente bereitgestellt, die in die

E-Mails eingefügt werden konnten. Die komplizierte URL im Stile von „http://www.
bettynet.com/site/TR?pg=personal&fr_id=1000&px=1051513" konnte man per
E-Mail-Antrag gegen eine griffigere Adresse austauschen lassen. Es konnte auch bestimmt werden, ob die Seite auf der Betty-Castor-Website öffentlich beworben werden sollte.

Gestaltungsmöglichkeiten

Aus der Sicht eines Betty-Buddys war das „Participant Center" (Teilnehmer-Center)
der Mittelpunkt der Fundraising-Aktivitäten. Von hier aus konnte man Änderungen
an der persönlichen Fundraisingseite vornehmen und E-Mail-Adressbuch, E-Mail-
Aktionen und Spendeneingänge verwalten. Das Participant Center umfasste folgende Funktionen:

Seite personalisieren: Das Seitenlayout der persönlichen Buddy-Seite konnte durch
Änderungen an Layout, Schriftart und Schriftfarbe angepasst werden. Inhaltliche
Veränderungen waren möglich durch das Hochladen von bis zu zwei Fotos und
durch das Umformulieren der voreingestellten Texte (siehe Abb. 90).

E-Mails versenden: E-Mail-Spendenaufrufe an Freunde und Bekannte sollten möglichst über die Betty-Buddy-Seite verschickt werden. Der Nutzer wurde zu diesem
Zweck gebeten, sein Adressbuch aus seinem Standard-E-Mail-Programm zu impor-
tieren. Für E-Mail-Aufrufe und Dankeschön-E-Mails gab es vorgefertigte Entwürfe,
die sich editieren ließen.

Spenden verfolgen: Nutzte der Betty-Buddy für seine Spendenaufrufe die E-Mail-
Funktionen seiner Seite, so wurde es ihm einfach gemacht zu verwalten, welche Auf-
rufe welchen Erfolg gebracht hatten und auf welche Antworten noch zu reagieren
war. Auch Spenden, die der Fundraiser offline entgegen genommen hatte, konnte er
hier registrieren.

Fortschritte verfolgen: Der Bereich „My Progress" stellte schließlich die Fortschritte
des Betty-Buddys in absoluten Zahlen, als Liniendiagramm sowie als Thermometer-
symbol dar. In einer Tabelle waren alle Spender und Spenden gelistet.

Hilfe: Hilfefunktionen waren in der zu Grunde liegenden Software „Convio Team
Raiser Center" bereits integriert und stets verfügbar. Dabei beschränkte sich die Hilfe
keineswegs auf technische Hilfestellung. Vielmehr wurden dem Nutzer auch gut ver-
ständliche Ratschläge zum Spendensammeln an sich geboten.

FOR U.S. SENATE

| Contribute | Action Central | Voter Info | Blog |

Logged in as:
test test

Edit Your Profile
Log Out
En Español
About Betty
Voter Information
Issues
Get Local!
Photo Album
Press Room
Bettyvision
BettyBuddies
Volunteer
Contact Us
Schedule Request

Welcome to my Betty Buddies Page!

Thank you for visiting my Betty Buddy page. I am helping Betty Castor because I believe she is the best candidate to replace Bob Graham in the US Senate!

I hope you will make a contribution today to support my efforts to get Betty elected to the US Senate!

Betty is my candidate for US Senate Because...

Betty Castor is committed to creating jobs and improving education because they are the keys to opportunity and security for everyone.

As president of the University of South Florida and Commissioner of Education, Betty helped create the I-4 High-Tech Corridor and the Healthy Kids program, which created good jobs and expanded access to health care.

In the tradition of Bob Graham, Betty will always support a strong national defense and uphold the values of hard work, integrity, and commitment to country and family.

Please contribute to my Betty Buddies campaign today!

Support Karen & Jeff!

My Progress

37%

Goal: $5,050.00
Achieved: $1,855.00

Fundraising Honor Roll

Bonnie M.
$50.00

Jack F.
$25.00

Carolyn A.
$25.00

Campaign News

Martinez Broke His Promise
Mel Martinez promised to run a clean campaign for U.S. Senate and blamed his staff for the ugly smear tactics that helped him beat Bill McCollum in the Republican primary.

Castor vows to help fund port security
MANATEE - While praising port officials for security improvements since 9/11, Betty Castor, the Democratic nominee for retiring Sen. Bob Graham's seat, said she could help them do more.

Firefighters Praise Castor's Commitment to Homeland Security
-Castor Vows to Provide Full Resources for First Responders-

If you think this page contains objectionable content, please inform the system administrator.

Abbildung 89: Persönliche Betty-Buddy-Spendenseite von Karen und Jeff Allstadt (www.bettynet.com/allstadt) am 02.10.2004

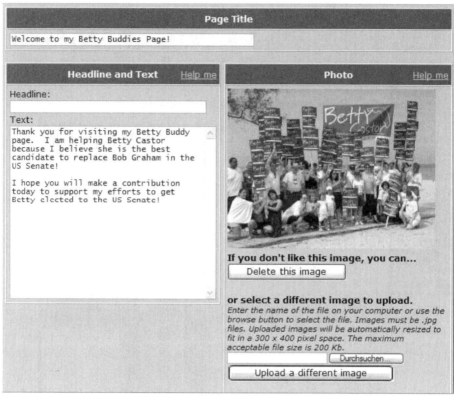

Abbildung 90: Individualisierung einer persönlichen Betty-Buddy-Spendenseite im Castor-Kampagnen-portal (www.bettynet.com) am 02.10.2004

Die fertige Betty-Buddy-Seite

Wurde man von einem Betty-Buddy angeschrieben, für Betty Castor for US Senate zu spenden, und war man dem angegebenen Link gefolgt, baute sich die persönliche Seite des Buddys als Unterseite des Castor-Kampagnenportals auf. Private Fotos und individuelle Texte machten die Seite sehr persönlich. Ein Thermometer symbolisierte den Fortschritt des Buddys, und ein Lauftext listete alle bisherigen Unterstützer sowie die von ihnen gespendeten Beträge (siehe Abb. 89). Mehrere Links führten auf die Spendenseite der Kampagne. Diese war ebenfalls auf den Betty-Buddy abgestimmt. Es wurde beispielsweise an mehreren Stellen im Text der Name des Betty-Buddy verwendet. Teil jeder Buddy-Seite waren auch allgemeine Beiträge wie aktuelle Nachrichten der Kampagne.

4.13 Flip-Flop-Olympics
Ein Onlinespiel als Teil der Negativkampagne von Bush/Cheney 2004

Julia Vetter

Das auf dem Animationsformat Adobe Flash (S. 141) basierende Spiel „Flip Flop Olympics" (www.georgewbush.com/olympics) war Teil der Negativkampagne von Bush/Cheney 2004. Es sollte die nach Ansicht des Bush-Lagers ständig wechselnden Positionen John Kerrys deutlich machen. Das Spiel ließ sich auch ohne Bezug auf irgendwelche Inhalte spielen. Stattdessen baute das Spielprinzip allein auf die Merkfähigkeit des Spielers. Ob seiner großen Unterhaltsamkeit wurde es sicher auch von überzeugten Demokraten gespielt. Dass die Flip-Flop-Olympics Teil des Bush-Wahlkampfes waren, hatte für den Nutzer dabei kaum eine Bedeutung. Gleichwohl hinterließ es unbewusst den starken Eindruck, Kerry sei ein Flip-Flopper.

Abbildung 91: Das Spiel „Flip Flop Olympics" (www.georgewbush.com/olympics) am 30.10.2004

Ziel des Spiels war es, sich die Reihenfolge unterschiedlicher Abstimmungen und Äußerungen John Kerrys zu einem politischen Thema zu merken und diese nachzuahmen. Dabei wurde weniger Wert auf den Inhalt der einzelnen Äußerung gelegt als vielmehr auf das angeblich wechselhafte Verhalten.

Startete man das Spiel, wurden dem Spieler die Entscheidungen Kerrys zu einem bestimmten Thema in Schriftform präsentiert und parallel von einem karikierten John Kerry dargestellt (siehe Abb. 91). Dieser hielt die entsprechenden Schilder hoch: Dafür, Dafür, Dagegen, Dafür, Dagegen, Dagegen ... Anschließend musste der Spieler selbst durch Anklicken der Schilder das Verhalten nachahmen. Lag er richtig, erhielt er die volle Punktzahl, lag er falsch, war das Spiel beendet. Vergeben wurden die Punkte in der Animation durch die Jurymitglieder Hillary Clinton, Howard Dean und Ted Kennedy, also hohe Prominenz der demokratischen Partei.

Es wurde im gesamten Spiel nur wenig Wert auf den Inhalt der Kerry-Äußerungen und seines Wahlverhaltens gelegt. Schriftlich wurden die Positionen nur in einem kleinen Fenster und nur auf ein bis zwei Sätze verkürzt dargestellt. So blieben dem Spieler auch die Hintergründe der wechselnden Einstellungen Kerrys verborgen, obwohl sich die Äußerungen zum Teil auf unterschiedliche Kontexte bezogen. Für den Erfolg im Spiel waren diese Details von keinerlei Bedeutung. Der Gedanke des Spiels war es vielmehr, beim Nutzer allein durch die munter wechselhaft blinkenden Dafür/Dagegen-Schilder den Eindruck zu hinterlassen, John Kerry sei ein Flip-Flopper.

4.14 Team Beckstein
Die Online-Community der JU Bayern 2008

Patrick Brauckmann

Mit einer sehr gelungenen Kampagnenseite hatte die Junge Union Bayern den Onlinewahlkampf zur Landtagswahl 2008 in Bayern eröffnet (siehe Abb. 92). Auf der
Website „Team Beckstein 08" (www.team-beckstein-08.de) war es möglich, sich seinen eigenen Avatar zu erstellen (siehe Abb. 94) und damit Beckstein als aktuellen
und möglicherweise auch zukünftigen Ministerpräsidenten Bayerns zu unterstützen.
Zusätzlich wurde auf einer Google-Map der aktuelle Standort der Unterstützer angezeigt (siehe Abb. 93), womit auch der Community-Gedanke sehr gut transportiert

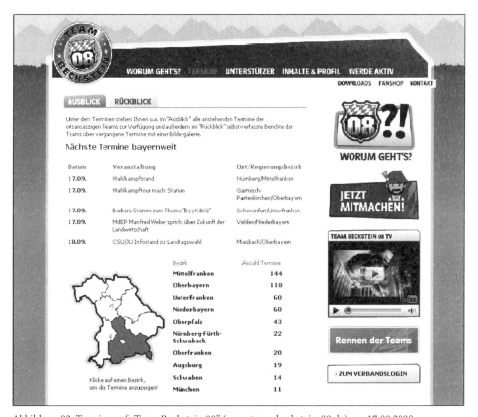

Abbildung 92: Termine auf „Team Beckstein 08" (www.team-beckstein-08.de) am 17.09.2008

wurde. Daneben diente die Plattform auch der lokalen Organisation von Veranstaltungen vor Ort. Sehr schön grafisch umgesetzt wurde die Auflistung der Avatare.

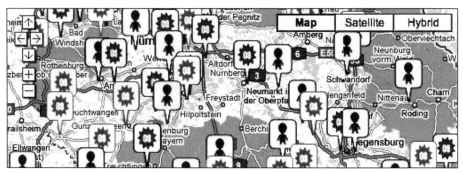

Abbildung 93: Google-Map mit den aktuellen Standorten der Unterstützer

Anne Meyer kritisierte die Aktion auf Stern.de: Eine „peinlich kleine" Zahl nannte sie die knapp 2.000 Unterstützer auf der Wahlkampfwebsite.[45] Am Ende stellte sie die entscheidende Frage: „Warum funktionieren die Online-Formate in Deutschland nicht?" Zunächst darf nicht vergessen werden, dass wir uns in Deutschland immer noch in der Phase des Experimentierens befinden. Da sind die „Jungen Wilden", wie beispielsweise die CSU-Jugend in Bayern, gerade erst dabei, das entsprechende Know-How aufzubauen und sich selbst auszuprobieren. Und das mit einem finanziellen Hintergrund, der in den USA nicht einmal den Kauf einer URL zulassen würde.

Abbildung 94: Beispiele für die Erstellung von Avataren

---

[45] Anne Meyer am 1. September 2008 auf Stern.de (www.stern.de/politik/636437.html)

Interview

„Unterstützer sollen zu Multiplikatoren werden"

Bernhard Kuttenhofer, Landesgeschäftsführer der Jungen Union in Bayern und Initiator von „Team Beckstein 08" über seine Motivation, das Projekt und über den Erfolg, den sich die CSU davon verspricht. Das Interview führte Patrick Brauckmann im August 2008.

Herr Kuttenhofer, herzlichen Dank, dass Sie sich Zeit für dieses Interview genommen haben. Mit der Website „Team Beckstein" haben Sie eine Unterstützersite für den Wahlkampf der CSU um den Spitzenkandidaten Günther Beckstein ins Leben gerufen. Wie ist die Idee entstanden?

Das Konzept beruht auf den Vorstellungen, die wir als Verband hatten, nämlich einerseits Unterstützern die Möglichkeit zu bieten, bei uns mitzumachen, und andererseits unseren Ortsverbänden zu ermöglichen, sich und ihre Aktionen vorzustellen, also etwas Interaktives zu machen. Umgesetzt hat das Ganze dann eine Agentur, die auf Communitys spezialisiert ist.

Wie ist das „Team Beckstein" konzeptioniert und an wen richtet es sich vorrangig?

Wir haben zwei Zielgruppen: Erstens Unterstützer, die nicht Parteimitglieder sein müssen, aber etwas für Günther Beckstein tun wollen. Sie können sich im Internet mit einem Unterstützerspruch verewigen oder einen Avatar basteln und können so Teil der Kampagne werden. Zweitens sind es unsere aktiven Ortsverbände, von denen wir in ganz Bayern über 1.000 haben. Sie sollen die Möglichkeit haben, ihre Aktionen zentral zu bewerben und Bilder davon hochzuladen. Das motiviert, weil sie so auch direkt Teil der Gesamtkampagne werden.

Wie sind die Zugriffszahlen und wie viele lokale Unterstützer und Gruppen gibt es mittlerweile?

Wir haben derzeit über 2.000 registrierte Unterstützer mit Avatar oder eigenem Bild und eigenem Unterstützerspruch. Die Ortsverbände haben derzeit über 400 Termine und Wahlkampfveranstaltungen selbständig hochgeladen und es werden täglich mehr.

Die Startseite zeigt eine Google-Map mit den lokalen Unterstützern. Wie werden diese, die ja als Nutzer der Webseite erst einmal unbekannt sind, in die Plattform und die Aktivitäten der Kampagne eingebunden?

Sie unterstützen die Kampagne dadurch, dass sie deutlich machen, dass wir flächendeckend Unterstützer haben und dass sie mit ihren Unterstützertexten auf alle möglichen Gründe hinweisen, warum Günther Beckstein der Richtige ist. Alle Unterstützer bekommen auf Wunsch ein „Actionpack" mit Werbemitteln und werden in Newslettern auf Termine und weitere Unterstützermöglichkeiten hingewiesen. Viele davon senden uns Tipps und Anregungen, die wir aufnehmen oder an die richtige Stelle weiterleiten.

Die JU-Kreisverbände können an einem so genannten „Rennen der Teams" teilnehmen. Dabei gibt es ein Punktesystem. Wie werden diese Punkte vergeben?

Jeder Unterstützer in einem Postleitzahlengebiet ergibt einen Punkt. Mehr Punkte gibt es für Veranstaltungen, die ein Team ausrichtet und ankündigt. Es gibt dabei verschiedene Kategorien, z. B. „Infostand" oder „Großveranstaltungen", die unterschiedlich viel Punkte bieten.

Wie organisieren sich diese Gruppen vor Ort, auch über die Team-Beckstein-Plattform?

Die Kerntruppe für die Teams vor Ort sind unsere aktiven Ortsverbände, die damit bereits eine schlagkräftige Truppe sind. Die Unterstützer sind die Ergänzung, die dann zu Terminen vor Ort geladen werden können. Das erfolgt aber durch Direktansprache durch unsere lokalen Verbände vor Ort und nicht durch uns zentral. Mobilisierungswahlkampf sollte weitgehend dezentral ablaufen.

Einzelne Unterstützer können sich Avatare anlegen, wobei die Auswahl ein wenig eingeschränkt ist – beispielsweise Anzughose, Fußballtrikot und Hirschgeweih zu kombinieren ist ein wenig ungewöhnlich, nicht? Gibt es einen Hintergedanken bei den Möglichkeiten sich einen Avatar erstellen zu können?

Es soll witzig sein. Andererseits aber auch Vielseitigkeit demonstrieren. Insgesamt sollte man die Repräsentanz von bestimmten Avatarmöglichkeiten aber nicht politisch überbewerten. Der Hirschkopf ist übrigens Teil des „Wolpertingers", einem bekannten bayerischen Fabelwesen.

Glauben Sie, dass Ihre Plattform zum Erfolg von Günther Beckstein beiträgt, also werden die Online-Unterstützer auch an der Urne entsprechend stimmen?

Ganz bestimmt. Es geht aber weniger darum, dass wir damit direkt mehr Wählerstimmen bekommen. Die Unterstützer sollen vielmehr zu Multiplikatoren werden und motiviert werden, im Wahlkampf aktiv vor Ort mitzumachen.

Zum Schluss erlauben Sie mir noch eine Frage, die immer wieder gern diskutiert wird: Wie viel Anleihen haben Sie bei der Konzeption der Team-Beckstein-Website am US-amerikanischen Präsidentschafts-wahlkampf genommen?

Wenig Konkretes. Der Teil, in dem Verbände ihre Termine und Bilder hochladen können, ist aus den USA nicht übertragbar, da es dort keine vergleichbare aktive Parteistruktur mit Orts- und Kreisverbänden gibt. Die Möglichkeit, einen Unterstützertext und einen Avatar zu generieren, habe ich auf keiner amerikanischen Website bisher gesehen. Inspiriert worden sind wir aber sicher bei dem Vorhaben, eine Seite zu bieten, die die Identifikation unserer Verbände vor Ort und potenzieller Unterstützer mit dem Wahlkampf erhöht und damit die Mobilisierung. Wir versuchen dies durch Interaktivität, durch Erhöhen des Wiedererkennungswerts. Also: Inspiration ja, aber die konkreten Elemente müssen anders sein: Wahlsystem und politische Kultur sind zu verschieden zwischen Deutschland und den USA.

4.15 Projektbezogen spenden
Onlinespenden bei Bündnis 90/Die Grünen

Stefan Rhein

Als erste Partei in Deutschland integrierten Bündnis 90/Die Grünen im Mai 2001 ein Onlinespendentool in ihre Website. Zwar zogen alle größeren Parteien nach und ermöglichten Spenden über das Internet, doch es blieb eine Besonderheit: Nur auf der Website der Grünen (www.gruene.de) standen verschiedene Projekte zur Auswahl, für die gezielt gespendet werden konnte.[46]

Spendenaufruf

Das Layout der Spendenseiten war an das Design der Grünen-Website angepasst (vgl. Abb. 95). Tatsächlich wurde der gesamte Spendenvorgang aber auf dem Server eines Drittanbieters durchgeführt. Dem Spendenvorgang vorangestellt waren Erläuterungen des Bundesschatzmeisters über die Bedeutung von Spenden an die grüne Partei und über die Parteigrundsätze zu Offenheit und Transparenz. Unter anderem fand sich hier auch ein Link zum aktuellen Rechenschaftsbericht der Partei. Das eigentliche Spendenformular der Grünen wurde ergänzt durch Links mit weiterführenden Informationen. Die Seite zur Spendenethik von Bündnis 90/Die Grünen erläuterte das Bestreben der Partei nach Transparenz, nannte Personenkreise, deren Spenden nicht angenommen werden können, und sicherte Spendenquittungen und Vertraulichkeit zu. Weiterhin wurde versichert, dass alle Spenden auf ihre Rechtmäßigkeit hin überprüft würden. Eine weitere Seite erläuterte den Schutz der persönlichen Daten: Während der Übertragung würde eine sichere Verbindung hergestellt (SSL), späterer Schutz durch die Geschäftsstelle würde garantiert. Und Sie wies darauf hin, dass persönliche Daten nicht an Dritte weitergegeben würden. Ein Link führte auf die Rubrik „Finanzen" der Grünen-Website. Hier waren u. a. der Haushalt der Partei und Rechenschaftsberichte einsehbar. Eine letzte Informationsseite erläuterte, wie Spenden von den Steuern abgesetzt werden können.

---

[46] Berücksichtigt wurden neben der Website von Bündnis 90/Die Grünen (www.gruene.de) auch die Portale von SPD (www.spd.de), CDU (www.cdu.de), FDP (www.fdp-buergerfonds.de) und PDS (www.sozialisten.de) mit dem Stand vom 09.01.2005.

Abbildung 95: Spendenseite von Bündnis 90/Die Grünen (www.gruene.de) am 09.01.2005

Durchführung

Dem Nutzer wurden mehrere Möglichkeiten zur Spende vorgeschlagen. Online ließen sich Spenden per Kreditkarte oder Lastschrift abwickeln. Alternativ wurden für Überweisungen die Kontodaten des Spendenkontos bereitgehalten. Für Nachfragen waren die Telefonnummer und die E-Mail-Adresse der Bundesgeschäftsstelle angegeben. Die Onlinespende erfolgte in vier Schritten: Auswahl eines konkreten Verwendungszwecks und Angabe der persönlichen Daten, Eingabe der Daten zum Zahlungsverkehr, Überprüfung der Angaben durch den Nutzer und Bestätigung des Vorgangs durch die Partei.

272

Abbildung 96: Zuordnung einer Spende zu konkreten Projekten bei Bündnis 90/Die Grünen (www.gruene.de) am 09.01.2005

Bündnis 90/Die Grünen waren die einzige der großen Parteien, die es dem Spender ermöglichte, seine Spende einem konkreten Projekt zuzuordnen. Neben einer allgemeinen Spende an die Partei standen z. B. am 09.01.2005 das „Grüne Projekt Bürgerversicherung" und Landtagswahlkämpfe zur Auswahl (vgl. Abb. 96). Auf dieser Seite wurden auch die persönlichen Daten des Spenders erfasst, wobei neben Namen und Adresse auch die E-Mail-Adresse abgefragt wurde. Erneut fand sich hier auch ein Link auf die Datenschutzerklärung. Nachdem der Spender zwischen Kreditkarte und Lastschrift als Zahlungsweg gewählt hatte, wurden die entsprechenden Informationen abgefragt (Kreditkarteninformationen bzw. Bankverbindung). Der vorletzte Schritt war die Überprüfung der eingetragenen Angaben durch den Spender sowie die Auswahl zwischen zwei Optionen: Es wurde erfragt, ob die erfassten Daten nur für den Zweck der Spende oder auch für den Empfang des Newsletters verwendet werden sollten. Der Abschlussbildschirm beinhaltete neben Dankesworten und einer Bearbeitungsnummer Links zum Abonnieren des Newsletters und zu Informationen über eine Parteimitgliedschaft. In einer abschließenden E-Mail wurden dem Spender nochmals die Registriernummer und Bemerkungen zur steuerlichen Absetzbarkeit übermittelt, so auch die Zusage, bei Spenden ab 50 Euro eine Spendenquittung per Post zu verschicken.

4.16 Nicht-regierungsfaehig.de
Die Negativwebsite der SPD 2002

Julia Vetter

Die Website „nicht-regierungsfaehig.de" war 2002 ein innovatives Format im deutschen Onlinewahlkampf. Mit ihr setzte sich die SPD im Bundestagswahlkampf mit den gegnerischen Parteien CDU, CSU und FDP und insbesondere mit dem Spitzenkandidaten der Union, Edmund Stoiber, auseinander. Als Rapid-Response-Plattform mit starkem Negative-Campaigning-Charakter sollte die Seite zum einen Positionen und Aussagen des Gegners aufgreifen und durch Fakten widerlegen. Zum anderen sollte sie aber auch satirisch, mit Animationen und Bildern, die Glaubwürdigkeit des politischen Gegners untergraben. Durch das multimediale Format konnten auch Zielgruppen angesprochen werden, die eigentlich nicht zu den politisch interessierten Internetnutzern gehören (vgl. Boelter 2002). Zudem sollten Wahlkampfhelfer und Multiplikatoren Argumentationshilfen erhalten (vgl. Boelter/Cecere 2003).

Ganz in Rot gehalten gab die Website dem Besucher schnell zu erkennen, dass die SPD Urheber dieser Seite war, selbst wenn das Parteilogo nur unauffällig in einer Ecke angebracht war (siehe Abb. 97). Gleichzeitig war unverkennbar, wer auf dieser Seite ins Visier genommen wurde: Der Blick des Besuchers fiel beim Aufrufen der Seite durch ein großes Fernglas auf eine Alpenlandschaft, vor der die Spitzenpolitiker der Union Edmund Stoiber, Angela Merkel und Friedrich Merz zu sehen waren. Darunter waren in großen Lettern der Name der Website und das Menü angebracht. Diese Elemente nahmen das obere Drittel der Seite ein. Die unteren zwei Drittel waren für Artikeltexte reserviert. Neben den Texten befanden sich Animationen in Form von sich verändernden Bildern, die Links zu bestimmten Texten oder Bildern darstellten. Die ständige Veränderung dieser Animationen erzeugte den Effekt der ständigen Veränderung der ganzen Website.

Inhaltlich war die Website in die Menüpunkte „Spaß bei Seite", „Abgestoibert", „Der Kandidat", „Das Team", „Das Programm", „Die Partei" und „Was bisher geschah" untergliedert. Jeder Menüpunkt war nochmals in ein Untermenü gegliedert und enthielt eine Reihe von Artikeln. Diese zielten alle auf die „Inkompetenz" Stoibers, der Union und ihres möglichen Koalitionspartners FDP ab. Obwohl aufwändig durch Menüpunkte und Untermenüs unterteilt, behandelten die Artikel alle sinngemäß dasselbe Thema, insofern konnte diese Aufteilung als willkürlich empfunden werden.

Neben den Texten gab es eine Reihe von kurzen, amüsant gemeinten Animationen, Audiodateien und Downloadmaterialien, die ebenfalls das Ziel verfolgten, Union und FDP ins Lächerliche zu ziehen: Versprecher Edmund Stoibers wurden in einem Stoiber-Rap musikalisch umgesetzt, eine Animation dokumentierte die Fahrt des Guidomobils, und beim so genannten Bundescasting konnte man Stoiber, Westerwelle und Möllemann ausbuhen, mit faulen Tomaten und dem Bayernkurier bewerfen.

Die Website war stark in sich vernetzt. Dem Besucher wurde beim Lesen eines Artikels eine Fülle von weiteren Texten, Bildern und Animationen aus anderen Menüpunkten angeboten.

Für den Bundestagswahlkampf 2005 veröffentlichte die SPD eine neue Negativwebsite „die-falsche-wahl.de", die diesmal weniger auf Humor basierte. Mit nüchternem schwarz-gelben, fast bilderlosen Design und vielen Textbeiträgen sollte vor den „Gefahren" einer Regierungskoalition von CDU/CSU und FDP gewarnt werden. Die CDU integrierte 2005 die ebenfalls sehr textlastige Negativwebsite „leere-versprechen.de" in ihren Onlinewahlkampf.

NICHT-REGIERUNGSFAEHIG.DE

Home # Spaß bei Seite # Abgestoibert # Der Kandidat # Das Team # Das Programm # Die Partei # Was bisher geschah #
Links # Impressum # E-Mail

Spaß bei Seite: Das schwarz-gelbe Glossar
Auch die FDP hat ein Wahlkampfteam
Im Bundestagswahlkampf soll das Wahlkampfteam der FDP in einer
bunten Palette von Veranstaltungen und Aktionen für die Politik der
Partei werben. Steuerpolitik, Arbeitsmarkt und Bildung sollen im
Mittelpunkt ihres Wahlkampfes stehen. Doch was erwartet uns
eigentlich bei den Spitzenpolitikern der FDP? Ein Blick auf die
Bundesländer genügt. ... mehr
Wir haben es schon lange geahnt: Jetzt ist auch die FDP nicht
regierungsfähig. ...wie es dazu kam

Stoiber gibt "Stoibers Welt" seinen Segen
NEU Edmund Stoiber hat der Kampa-Broschüre **"Stoibers
Welt"**, die zeigt, warum Stoiber Deutschland nicht gut tut, seinen
Segen gegeben. Er signierte sie in Münster mit einem zünftigen **"Mit
Gott Edmund Stoiber"**, bemerkte seinen Irrtum mit dem Stoßseufzer
"Mein Gott, das ist doch von Schröder". Gott hin oder her - auch wenn
der Kandidat den Wählern den wahren Stoiber vorenthält, mit dem
symbolischen Akt der Unterschrift unter seine rückständigen Positionen
aus Vorwahlkampfzeiten wird endlich wahr, was wahr war. Danke
Edmund!!!!

CDU-Basis will nicht modern sein
Der konservative Rand der Union meldet sich zu Wort. In einem
Protest-Brief an Edmund Stoiber und Friedrich Merz beklagt der
Vorsitzende des CDU-Gemeindeverbandes Hohetengen die Berufung
von Katherina Reiche ins Schattenkabinett. Stoibers Quotenfrau wird
persönlich angegriffen. „Die Folgen für die Kinder aus ‚Singlefamilien'
sind hinlänglich bekannt", heißt es in dem Schreiben. Wer für die
Familie sprechen wolle, müsse auch persönlich eine Familie
repräsentieren. Mit solchen Maßstäben misst also die Basis der Union.
Die Parteiführung verspricht in Wahlkampfzeiten eine moderne
Gesellschaft. Durch die Stimmung in der Partei wird sich dieser plötzlich
aufgekommene Hauch von zeitgemäßem Leben bald wieder legen.
Denn dies ist einmal mehr ein Beispiel dafür, dass CDU und CSU nicht
bereit sind für ein modernes Deutschland.

@mund - the politician formerly known as Stoiber -
hat das modernste aller Medien entdeckt: Via Internet will er auch den
letzten Wähler erreichen. Die schönsten Spuren, die der Kandidat im
Internet hinterlassen hat, haben wir hier für Sie zusammengestellt. Es
kommentiert der SPD-Bundestagsabgeordnete Carsten Schneider.
...zur Stoiber-Tour

Kein Vertrauen in Stoibers Kompetenzteam
Stoibers Kompetenzteam wird auch von den Wählern mehrheitlich als
Mogelpackung wahrgenommen. Der jetzigen Regierung trauen mehr
Wähler die Lösung der anstehenden Probleme zu. Stoiber liegt in der
Kompetenzfrage um 12 Prozentpunkte hinter Bundeskanzler Schröder
und auch sein Team schneidet schlechter ab. Am deutlichsten liegt
Außenminister Fischer mit 35 Prozentpunkten vor Wolfgang Schäuble.
Friedrich Merz liegt 27 Prozentpunkte hinter Finanzminister Eichel,
Günther Beckstein 24 hinter Innenminister Schily zurück. (Emnid für
Focus, 22.07.2002)

Abbildung 97: Startseite von „nicht-regierungsfaehig.de" am 25.07.2002

4.17 Das Presse-Center der CDU
Ein Onlineangebot für Journalisten

Julia Vetter und Manuel Merz

Über einen Link auf der CDU-Website (www.cdu.de) gelangte man Anfang 2009 zum Presse-Center der Website. Es stellte für Journalisten relevante Informationen wie Pressemitteilungen, Bildmaterial, Kontaktmöglichkeiten zur Partei sowie eine Übersicht über Veranstaltungen und Verweise zu anderen möglicherweise interessanten Quellen bereit. Im Zentrum der Seite standen in umgekehrt chronologischer Reihenfolge die jüngsten Pressemeldungen (siehe Abb. 98). Überschrift und Einführungstext wiesen auf den Inhalt der Pressemitteilung hin, ein Link führte zur vollständigen Version. Nach älteren Pressemitteilungen konnte in einem Archiv recherchiert werden. Rechts neben den Pressemitteilungen wurden in einer Spalte weitere für Journalisten interessante Kategorien aufgeführt: Kontakt, O-Ton-Service, Abo-Service, Presse-Archiv, Bilddatenbank, Termine.

Kontakt: Hinter dem ersten Link „Kontakt" verbargen sich alle wichtigen Kontaktdaten der Pressestelle. Mit Bild, Name, Telefonnummer und E-Mail-Adresse wurden der CDU-Pressesprecher und sein Stellvertreter vorgestellt. Weiterhin wurden Namen, Telefonnummern und E-Mail-Adressen der Mitarbeiterinnen aus dem Sekretariat sowie eine vollständige Postanschrift angegeben.

O-Ton-Service: Der O-Ton-Service war insbesondere für Radiojournalisten interessant. Ihnen wurden hier ausgesuchte Mitschnitte von Statements und Pressekonferenzen zum Download bereitgestellt.

Abo-Service: Über den „Abo-Service" konnten die E-Mail-Newsletter „email journalisten" und „email sprecher" mit Pressemitteilungen und Terminhinweisen abonniert werden. Hierzu wurden neben der E-Mail-Adresse auch der Name, die Postleitzahl sowie fakultativ die Adresse, das Geburtsdatum, die Telefonnummer und die Redaktion abgefragt. Zusätzlich musste eine Einverständniserklärung abgegeben werden, welche die Speicherung und Nutzung der personenbezogenen Daten erlaubte.

Presse-Archiv: Über eine Suchmaske konnten Pressemitteilungen nach selbst gewählten Suchbegriffen sowie nach verschiedenen Kriterien wie Autor, Thema und Erscheinungszeitraum durchsucht werden. Die auf die Anfrage passenden Pressemitteilungen erschienen dann wie auf der Startseite des Presse-Centers in umgekehrt chronologischer Reihenfolge und reduziert auf Überschrift und Einführungstext. Ein Link führte jeweils zum vollständigen Artikel.

Bilddatenbank: Die Bilddatenbank stellte Bilder, Plakate, Logos und Grafiken in Druckqualität zum kostenlosen Download bereit. Mit Hilfe einer Suchmaske konnte man über einen selbst gewählten Suchbegriff, über die Auswahl einer Kategorie (Personen, Plakate, Logos, Grafiken) oder über die Festlegung eines Zeitraums nach Bilddateien suchen. Das Suchergebnis zeigte zuerst eine Vorschau des Bildes, eine Beschreibung zum Inhalt, den Zeitraum, aus dem das Bild stammt, sowie teilweise eine Einschränkung, wie lang das Bild verwendet werden durfte.

Termine: Die wichtigsten Termine der CDU wurden in einer PDF-Datei zusammengefasst. Diese Datei zeigte unter Vorbehalt auf Änderungen Termine auf Jahre im Voraus an.[47]

---

[47] Beispielsweise enthielt die Datei mit dem Stand 21.01.2009 alle bisher festgelegten Termine bis 2014.

Jetzt die Mitte stärken.
Mitglied werden.

Die Mitte.  CDU

15.01.2009 10:43

| Home | Themen | Partei | Kontakt | Sitemap | International |

Suche Go

Newsletter

Presse-Center

Service-Bereich

Forum / Interaktiv

Mitgliedernetz

Benutzername

Passwort

Login

Registrieren

Probleme mit der Anmeldung?

CDU vor Ort

Homepages der Verbände

Die Internet-Auftritte der CDU-Gliederungen.

Spende

Jetzt spenden »

Helfen Sie uns mit Ihrer Spende

Ihr Engagement für eine starke CDU!

Infos der Fraktion

CDU/CSU-Fraktion

Die Informationen der Bundestagsfraktion.

Pressemeldungen

14.01.2009 | Ronald Pofalla | Berlin | 003/09

Staat kann bei Terrorcamps nicht tatenlos zuschauen

CDU-Generalsekretär Pofalla begrüßt den Beschluss des Kabinetts, der den Besuch von "Terrorcamps" unter Strafe stellt. Damit setze die Bundesregierung eine Forderung der CDU um und schließe eine Lücke im Strafrecht, erklärte Pofalla am Mittwoch in Berlin.

WEITER →

12.01.2009 | Roland Koch, Angela Merkel | Berlin | 002/09

Merkel auf CDU TV: Schlüsselland Hessen braucht Koch

Eine Woche vor der hessischen Landtagswahl am 18. Januar hat CDU TV Hessens Ministerpräsidenten Roland Koch auf seiner Wahlkampftour in Kelkheim und Wetzlar begleitet.

WEITER →

07.01.2009 | Ronald Pofalla | Berlin | 001/09

Sicherung von Arbeitsplätzen steht im Mittelpunkt

Nach den Worten von CDU-Generalsekretär Ronald Pofalla mache die derzeitige Entwicklung am Arbeitsmarkt deutlich, dass die "Sicherung und Schaffung von Arbeitsplätzen im Mittelpunkt des Handelns" stehen müsse.

WEITER →

21.12.2008 | Ronald Pofalla | Berlin | 135/08

Pofalla: Katze ist aus dem Sack

SPD-Chef Franz Müntefering hat im "stern" rot-roten Koalitionen auf Landesebene grundsätzlich zugestimmt. CDU-Generalsekretär Ronald Pofalla erklärte daraufhin, Müntefering ermuntere die SPD-Landesverbände zu weiteren "waghalsigen Politikexperimenten".

WEITER →

12.12.2008 | Ronald Pofalla | Berlin | 134/08

Deutschland ist Motor für Klimaschutz und Konjunktur

Generalsekretär Pofalla hat die Beschlüsse des EU-Gipfels begrüßt. Der Fahrplan bis 2020 sei "ein deutliches Zeichen für den Klimaschutz in Europa", betonte er. Die deutsche Wirtschaft habe jetzt eine verlässliche Grundlage für langfristige Investitionen.

WEITER →

12.12.2008 | Ronald Pofalla | Berlin | 133/08

Herzlichen Glückwunsch FDP zum 60. Gründungsjubiläum!

Generalsekretär Pofalla hat der FDP zu ihrem 60. Gründungsjubiläum gratuliert. Die Erinnerung an ihre Gründung könnten die Freien Demokraten mit einem selbstbewussten Blick in die Zukunft verbinden, schrieb Pofalla in einem Brief an FDP-Chef Westerwelle.

WEITER →

Kontakt

Die Pressestelle der CDU

Hinweise und Fragen können Sie als Journalist direkt an unsere Pressestelle richten. Hier finden sie die notwendigen Kontakt-Daten.

WEITER →

O-Ton-Service

Unsere aktuellen O-Töne

Mitschnitte von Statements und Pressekonferenzen.

WEITER →

Abo-Service

Unser Abo-Service:
Pressenews der CDU für Sie

Hier bestellen!

Abonnieren Sie den Presse-Newsletter der CDU

Die aktuellen Pressemeldungen der CDU direkt auf Ihren PC.

Presse-Archiv

Ältere Pressemitteilungen suchen?

Dann sind Sie in unserem Presse-Archiv genau richtig.

WEITER →

Bilddatenbank

Hier finden Sie Bilder zum Download in Druckqualität

In unserer Bilddatenbank finden Sie Fotomaterial zu aktuellen Ereignissen und Bilder von CDU-Politikern.

Termine

Wichtige Termine der CDU

Das **Kalendarium** der CDU als PDF-Dokument zum Download.

Abbildung 98: Das Presse-Center der CDU-Parteiwebsite (www.cdu.de) am 15.01.2009

4.18 Wahlfakten.de
Das Rapid-Response-Portal der CDU

Julia Vetter

Die Frage „Was ist Wahlfakten.de?" wurde vom Anbieter des Rapid-Response-Portals, der CDU, in einem gleich lautenden Menüpunkt selbst beantwortet:

> *Wahlfakten.de ist ein Angebot der CDU Deutschlands, sich gezielt über die Aussagen von Politikern zu informieren. Auf dieser Seite werden bei wichtigen politischen Ereignissen den Argumenten des politischen Gegners zeitnah und detailliert Fakten gegenübergestellt. Journalisten und politisch interessierte Bürgerinnen und Bürger können sich auf Grundlage der unterschiedlichen Argumente und Fakten schnell ihre eigene Meinung bilden, ohne lange recherchieren zu müssen. Das Archiv, das nach und nach mit Statements und Fakten gefüllt wird, bietet die Möglichkeit, sich jederzeit umfassend und detailliert zu informieren.*[48]

Rapid-Respose-Portale waren im amerikanischen Internetwahlkampf bereits gang und gäbe, als die CDU zum Bundestagswahlkampf 2002 als erste deutsche Partei eine Rapid-Response-Seite aufbaute. Man wollte auf Äußerungen von SPD-Politikern reagieren können und Interessierten die komfortable Möglichkeit bieten, sich an einer Stelle im Internet gezielt über die Position der Unionspartei zu informieren. Eröffnet wurde „Wahlfakten.de" während des SPD-Parteitages Ende 2001, als der Rede Gerhard Schröders Fakten aus anderen Quellen gegenübergestellt wurden (vgl. Scholz 2003). Auch im Bundestagswahlkampf 2005 wurde das Konzept unverändert weitergeführt, auch wenn die Aufmachung an das neue Design der CDU-Website (www.cdu.de) angepasst wurde.

Startseite von Wahlfakten.de war der Menüpunkt „Fakten", in dem in umgekehrt chronologischer Reihenfolge Äußerungen der gegnerischen Partei mit Ort- und Zeitangabe zitiert wurden. Diese Aussagen wurden anhand eines „Fakts" widerlegt, der durch verschiedene Quellen wie Zeitungen, Magazine, Expertenaussagen oder auch frühere Aussagen desselben Politikers untermauert wurde (siehe Abb. 99).

Im Archiv konnten die Nutzer aus bestimmten Themenbereichen von „Arbeitsmarktpolitik" bis „Zuwanderung und Integration" oder aus Veranstaltungen (zum Beispiel Parteitage, Bundestagsdebatten oder TV-Duelle) auswählen. Zum ausge-

---

[48] Quelle: www.wahlfakten.de/what/index.html [16.09.2005]

Abbildung 99: Startseite von „Wahlfakten.de" (www.wahlfakten.de) am 16.09.2005

wählten Thema lieferte das Suchergebnis ein oder mehrere Zitate der gegnerischen Seite und versuchte, sie anhand von Fakten zu widerlegen.

Der E-Mail-Service bot die Möglichkeit, den kostenlosen E-Mail-Newsletter von Wahlfakten.de zu abonnieren oder auch zu kündigen. Außerdem über die Seite abrufbar waren das Impressum, Kontaktinformationen und Nutzungshinweise. Ein Link führte stets zur Website des CDU-Bundesverbandes, über zwei Banner wurden zudem themenverwandte Websites beworben.[49]

---

[49] Am 16.09.2005 wurde z. B. anlässlich der bevorstehenden Bundestagswahl auf das „teAM Zukunft" (www.team-zukunft.cdu.de) und auf das Wahlprogramm der Union (regierungsprogramm.cdu.de) verlinkt.

Kapitel 5
Fragen aus der Praxis

Manuel Merz, Stefan Rhein und Julia Vetter

In diesem Kapitel haben wir die wichtigsten Fragen zusammengestellt, die beim Aufbau einer politischen Onlinekampagne und beim Einsatz der hier vorgestellten Instrumente aufkommen können – vom Bezug einer Internetadresse über Datenschutzpflichten bis hin zu Ideen für Freiwilligentätigkeiten. Wir beziehen uns bei der Beantwortung der Fragen auf eigene Erfahrungen, auf Interviews, die wir mit Wissenschaftlern, Beratern und Kampagnenmitarbeitern durchgeführt haben, und auf Literaturrecherchen, die unter anderem in den USA erschienene Handbücher einschließen.[50] Besonders hervorzuheben sind hier „Winning Campaigns Online" von Emilienne Ireland und Phil Tajitsu Nash (2001) und die Handbücher des Institute for Politics, Democracy, and the Internet (www.ipdi.org), darunter „Online Campaigning 2002" von Michael Cornfield (2002). Damit bietet dieses Kapitel eine fundierte Nachschlagequelle und eine Sammlung wertvoller Hinweise für die Praxis.

Planung

Was kann das Internet im Wahlkampf leisten – und was nicht?

Internetwahlkampf ist nur einer von mehreren Bestandteilen im Wahlkampf – aber ein wichtiger. Wahlkampf sollte immer über verschiedene Medien erfolgen, wobei alle diese Komponenten in ein Gesamtkonzept integriert sein sollten (integrierte crossmediale Kampagnenkonzeption). So können Synergien genutzt werden. Jedes Medium hat dabei Vor- und Nachteile: Web-Angebote müssen beispielsweise aktiv aufgerufen werden und selbst die Empfänger von E-Mail-Newslettern müssen diese zunächst einmal aktiv abonnieren. Derart aktiv werden aber nur Leute, die sich sehr für Politik interessieren und zugleich internetaffin sind. Das bedeutet, dass man mit Wahlkampf im Internet nur einen bestimmten Teil der Bevölkerung überhaupt erreichen kann (S. 33). Diese erreichbare Gruppe hat sich zudem zum größten Teil bereits für einen Kandidaten bzw. für eine Partei entschieden. Die über Wahlkampfangebote im Internet erreichbaren Bevölkerungsgruppen sind für Parteien aber dennoch äußerst interessant: Erfolgreiche Wahlkampfkommunikation im Internet wendet sich insbesondere an Medien (S. 35 ff.), unentschiedene Wähler (S. 41 f.) und eigene Sympathisanten (S. 41). Nicht anzusprechen braucht man dagegen Nichtwähler (weil diese die Website nicht besuchen werden) und politische Gegner (weil sich diese ohnehin nicht umstimmen lassen). Besonders die für den Wahlkampf wichtigen Meinungsführer (S. 38 ff.) kann man über Internetwahlkampf überdurchschnittlich gut erreichen: Studien haben ergeben, dass fast die Hälfte derjenigen, die schon einmal eine Politikerwebsite besucht hatten, politische Meinungsführer waren. Diese Gruppe ist für eine politische Kampagne besonders wertvoll, weil diese Menschen weitere

---

[50] Wie wähle ich die beste Software aus? (Ireland/Nash 2001). Soll ich weitere Adressen kaufen, damit mein Konkurrent sie nicht besetzen kann? (Cornfield 2000; Ireland/Nash 2001). Wodurch wird meine Website benutzerfreundlich? (Cornfield 2000; TNS Emind 2002). Wie mache ich meine Website bekannt? (Cornfield 2000, 2002; Ireland/Nash 2001; Barko/Wells 2004; Graf 2004). Wie erreiche ich, dass meine Leser auf die Website zurückkommen? (Cornfield 2000, 2002; Ireland/Nash 2001). Wie soll ich gegen Parodiewebsites vorgehen? (Ireland/Nash 2001). Wie gewinne ich viele Freiwillige für mich? (Ireland/Nash 2001; Darr/Robinson/Barko 2004). Wie kann ich Freiwillige sinnvoll einsetzen? (Ireland/Nash 2001; Darr/Robinson/Barko 2004). Was kann ich online für eine gute Zusammenarbeit mit der Presse tun? (Cornfield 2000, 2002; Ireland/Nash 2001). Was darf in meinem Online-Pressebereich nicht fehlen? (Ireland/Nash 2001). Wie kann mir das Internet bei Mobilisierungsaktionen helfen? (Ireland/Nash 2001; Cornfield 2002). Wie baue ich für meinen E-Mail-Newsletter eine Empfängerliste auf? (Cornfield 2000, 2002; Ireland/Nash 2001; Barko/Wells 2004; Graf 2004). Welches E-Mail-Format soll ich verwenden, HTML oder Nur-Text? (Barko/Wells 2004). Worauf soll ich beim Verfassen der E-Mails achten? (Cornfield 2000; Ireland/Nash 2001; Barko/Wells 2004). Kann ich in meinem E-Mail-Newsletter unterschiedliche Personenkreise individuell ansprechen? (Barko/Wells 2004)

Wähler gewinnen können. Hier können Sie ansetzen und gezielt Werkzeuge entwickeln, welche die Meinungsführer unterstützen.

Ist Internetwahlkampf auch bei Kommunalwahlen nötig?

Internetwahlkampf ist im Kommunalwahlkampf zwar weniger wichtig als in überregionalen Wahlkämpfen, verspricht aber dennoch einen Wahlvorteil für die Kandidaten. Auch bei Kommunalwahlen gilt also: Ein Onlineangebot für Journalisten und unentschiedene Wähler ist das Minimum. Diese Angebote sind bereits sehr zeit- und kostengünstig realisierbar. Wer das Internet noch stärker in den Wahlkampf einbinden will, der wende sich zudem an die eigenen Sympathisanten (S. 41). Hiervon können vor allem solche Parteien und Kandidaten profitieren, deren Sympathisanten am ehesten mit den aktiven Onlinern (S. 19 ff.) übereinstimmen, also Parteien mit junger, internetaffiner Wählerschaft und eher liberaler Ausrichtung.

Welche Kosten muss ich einplanen?

Das hängt ganz davon ab, was Sie mit Ihrer Website vorhaben. Befinden sich beispielsweise in Ihrer Zielgruppe besonders viele aktive Onliner, ist dies ein guter Grund, mehr in Ihr Onlinevorhaben zu investieren. US-Berater schlagen vor, fünf Prozent des gesamten Kampagnenbudgets für Onlineaktivitäten einzuplanen (vgl. Ireland/Nash 2001). Davon wird eine Hälfte für die Anschaffung von Equipment, Software, Inhalten usw. veranschlagt, die andere Hälfte für laufende Kosten (vgl. Cornfield 2002). Diese Zahlen sind jedoch nur bedingt auf Deutschland übertragbar, da Investitionen in den Onlineauftritt in den USA durch Onlinespenden ausgeglichen werden können. In Deutschland ist dies wegen der unterschiedlichen Spendentradition jedoch nicht zu erwarten. Die CDU hat im deutschen Bundestagswahlkampf 2005 zumindest „ein gutes Prozent" ihres Budgets für den Onlinewahlkampf verwendet (Hennewig 2005), bei den Grünen waren es vermutlich sogar etwa zehn Prozent (vgl. Bieber 2005). Was auf jeden Fall gilt: Machen Sie nicht den Fehler, zu viel im Voraus zu investieren. Kalkulieren Sie ausreichend Ressourcen für die laufenden Kosten ein, z. B. für redaktionelle Inhalte, Providergebühren und Wartung.

Wie viel Zeit muss ich für die Vorbereitung meiner Website einplanen?

Zunächst: Es ist nie zu früh, sich die wichtigsten Domains zu sichern und mit dem Erstellen einer E-Mail-Liste zu beginnen. Beginnen Sie mit dem Aufbau Ihrer Website, sobald Sie in Ihrer Ausstattung über das Nötigste verfügen. Planen Sie Zeit ein, um die Website testen zu lassen. Holen Sie dazu Kommentare und Kritiken von Mitarbeitern und Bekannten ein, bevor Sie Ihre Website online stellen.

Brauche ich für meinen Internetauftritt einen Spezialisten?

Bitte bedenken Sie: Wenn Sie Ihren Internetauftritt von Laien herstellen lassen, ist die Wahrscheinlichkeit hoch, dass er auch einen laienhaften Eindruck hinterlässt. Finden Sie stattdessen einen geeigneten Profi! Begutachten Sie sein Portfolio: Vermitteln frühere Projekte den professionellen Eindruck, den Sie sich für Ihre eigene Kampagne wünschen? Hat Ihr potenzieller Partner Erfahrungen mit Online-Communitys? Beherrscht er die Grundlagen für zielgruppengerechten Wahlkampf? Sobald ein benutzerfreundliches Content-Management-System im Einsatz ist, können Kampagnenmitarbeiter Vieles selbst erledigen. Aber auch hier sollte ein Kommunikationsprofi über alle Aktivitäten den Überblick haben.

Software

Welche Softwareanwendungen soll ich mir zulegen?

Sie haben viel vor mit Ihrer Website. Deshalb brauchen Sie für Ihren Internetauftritt auf jeden Fall ein Content-Management-System (S. 93 f.). Eine geeignete Benutzeroberfläche für Ihre Datenbank sollte Ihnen bei der Verwaltung der anfallenden Daten helfen. Achten Sie darauf, dass das Datenbanksystem möglichst kompatibel zu allen anderen Systemen Ihrer Kampagne ist. Gerade für größere Kampagnen ist es am effektivsten, alle Kontakte mit der Zielgruppe in einem einzigen System zu erfassen (sog. Customer-Relationship-Management-System). Die Adressen, die Ihnen die Besucher Ihrer Website übermitteln, sollten ja beispielsweise auch problemlos für Direct-Mailing genutzt werden können. Weiterhin benötigen Sie eine Lösung zur Verwaltung Ihrer Newsletter und die Möglichkeit zur Verarbeitung von Onlinespenden. Viele Angebote beinhalten übrigens gleich mehrere Lösungen in einem Produkt.

Kann ich auch ein rein webbasiertes Angebot wählen?

Auf jeden Fall, denn ein großer Vorteil dieser Angebote ist, dass man mit jedem mit dem Internet verbundenen Computer jederzeit auf die Daten zugreifen kann, also auch zu Hause oder unterwegs. Solche rein webbasierten Angebote sind z. B. für Websites, E-Mail-Newsletter und zur Abwicklung von Spendenzahlungen verfügbar. Achten Sie hier unbedingt auf die Möglichkeiten zum Datenimport und -export. Schließlich wollen Sie Ihre Daten bei Bedarf auch lokal, also auf Ihrem eigenen Computer, abspeichern können.

Muss ich Softwareanwendungen neu programmieren lassen?

In der Regel sollte dies nicht nötig sein, denn es gibt bereits eine reichliche Auswahl an bestehenden Lösungen. Kampagnen bis zum nationalen Level sollten auf jeden

Fall zu pflegeleichter Standardsoftware greifen. Besonders interessant sind dabei Lösungen, die speziell für Non-Profit-Organisationen oder für den Wahlkampf optimiert sind. Dies ermöglicht einen schnellen und unkomplizierten Einsatz der Software ohne hohe Entwicklungskosten. Auch für nationale Kampagnen genügt in der Regel Standardsoftware. Erst wenn diese definitiv nicht mehr ausreicht, sollte an eine Eigenentwicklung gedacht werden. Auch dann hat es aber keinen Zweck, das Rad neu zu erfinden. Lassen Sie falls nötig besser ein professionelles Content-Management-Basissystem an Ihre speziellen Bedürfnisse anpassen.

Was ist von Open-Source-Software zu halten?

Der Erwerb von Open-Source-Software ist im Gegensatz zu kommerziellen Angeboten meist kostenlos. Individuelle Anpassungen, Support, Providergebühren und Wartung verursachen zwar weiterhin Kosten, die Einstiegshürde liegt jedoch viel niedriger. Bekannte Open-Source-Software ist zudem oft sehr stabil und gut skalierbar. Ein gutes Indiz dafür ist, wenn die Software bereits für reichweitenstarke Internetangebote eingesetzt wird. Werfen Sie also unbedingt einen Blick auf Open-Source-Software, wenn es um Systeme beispielsweise für Blogs, Wikis, Web-Content-Management oder Customer-Relationship-Management geht (vgl. z. B. Greenberg 2007).

Wie wähle ich die beste Software aus?

Achten Sie auf eine einfache, intuitive Bedienung. Das spart nicht nur Nerven, sondern auch Geld: Sie können so eher Ehrenamtlichen Aufgaben übertragen und sich teure Anrufe bei der Support-Hotline ersparen. Wenn möglich, sollte der Softwareanbieter mit Ihren Mitarbeitern eine Schulung durchführen, das Mindeste ist aber ein ständig erreichbarer Support. Außerdem: Hat die Datenverwaltung eine sinnvolle Suchfunktion? Sind Abfragen möglich, die Ihnen bei strategischen Entscheidungen helfen können? Alle Datenausgaben sollten sich in gängigen Dateiformaten abspeichern lassen. Bereits beim Import von Daten, die Sie schon besitzen, sollte die Software übliche Dateiformate verarbeiten können. Ist in der Lizenz geregelt, an wie vielen Arbeitsplätzen Sie das jeweilige Programm gleichzeitig nutzen können? Wichtig kann auch die Ausbaufähigkeit des Produkts sein.

Domains

Wo erhalte ich eine Internet-Adresse?

Domains mit der deutschen Endung „.de" werden von der DENIC (www.denic.de) in Frankfurt verwaltet. Am besten gehen Sie aber zu einem der vielen Anbieter, die als Mitglieder der DENIC gelistet sind. Bei diesen zahlen Sie mit weniger als 10 Euro pro Domain und Jahr erheblich weniger als bei der DENIC selbst. Achten Sie darauf, dass Sie als Admin-C eingetragen werden. Das bedeutet, dass Sie auch tatsächlich die Rechte an der Domain bekommen. Nur so können Sie bei Bedarf problemlos mit der Domain zu einem anderen Provider umziehen. Um Rechtsstreitigkeiten zu vermeiden, sichern Sie sich Ihre Adressen am besten sofort. Falls ein Rechtsstreit nötig wird, konsultieren Sie unbedingt einen auf Domain- und Markenrecht spezialisierten Fachanwalt.

Wie soll meine Adresse lauten?

Wenn Sie bereits über eine Internetadresse verfügen, die sich bei Ihrer Zielgruppe etabliert hat, dann nutzen Sie diese am besten auch für Ihren Onlinewahlkampf. Vergewissern Sie sich außerdem, dass folgende Kriterien auf Ihre zukünftige Domain zutreffen:

– Sie passt intuitiv zu Ihrer Kampagne. Die Kandidatin Dr. Martina Meier werden Wähler z. B. als erstes unter „www.martina-meier.de" suchen. Geben Sie Ihren Nutzern keine Rätsel auf.
– Ihre Adresse ist kurz, einprägsam und beschwört keine Tippfehler herauf.
– Sie endet mit der für deutsche Internetangebote üblichen Endung: „.de"

Adressen mit anderen bekannten Top-Level-Domains (Endungen) wie „.com" oder „.net" können Sie dazukaufen und auf Ihre URL umleiten. Bei Adressen, die aus Vor- und Nachnamen zusammengesetzt sind, hat es sich in Deutschland etabliert, einen Bindestrich zwischen die Namen einzufügen. Wegen möglicher Missverständnisse sollten Sie aber auch die Variante ohne Bindestrich reservieren und auf Ihre URL umleiten. Ähnlich verhält es sich bei Umlautdomains. Registrieren Sie alle sinnvollen Varianten und leiten Sie die Besucher auf Ihre Hauptadresse um.

Soll ich weitere Adressen kaufen, damit mein Konkurrent sie nicht besetzt?

Registrieren Sie nur solche Domains, hinter denen Wähler ernsthaft Informationen über Sie erwarten. Verlieren Sie keine Ressourcen, um möglichst viele Adressen zu registrieren, die sich potenziell gegen Sie verwenden ließen. Man kann das Internet nicht aufkaufen: Es gibt einfach zu viele Möglichkeiten, sinnvolle Adressen zu bilden.

Websites

Wodurch wird meine Website benutzerfreundlich?

Benutzerfreundlichkeit (Usability) ist entscheidend für einen guten Webauftritt. Es gibt mittlerweile viel Literatur, die helfen soll, die Usability speziell von Internetauftritten zu verbessern. Einige Regelwerke (z. B. Hom 1998; Lynch/Horton 2001), Checklisten (z. B. Harms/Schweibenz/Strobel 2002) und Tests (z. B. Nielsen 1997; Schweibenz/Thissen 2002) sind sogar frei im Internet verfügbar. Besonders wichtig sind die folgenden Grundregeln:

Standardkonforme Navigation: Achten Sie unbedingt darauf, dass die Navigation den üblichen Standards entspricht. Die wichtigsten Seiten sollten beispielsweise über eine statische Navigationsleiste von überall aus zu erreichen sein, genauso wie die Startseite, eine Sitemap und die Kontaktinformationen. Mit drei Klicks zum Ziel – so lautet die goldene Regel für einfache Navigation. Versetzen Sie sich in die Lage Ihrer Besucher, die sich nicht auf der Website auskennen, aber trotzdem schnell ihr Ziel erreichen wollen. Verschachteln Sie Ihre Website also nicht in zu vielen Ebenen. Eine Suchfunktion hilft beim Auffinden von Informationen.

Konsistentes Design: Angenehm für Besucher wird eine Website außerdem dadurch, dass sie optisch konsistent ist. Achten Sie innerhalb der Website auf ein einheitliches Erscheinungsbild der einzelnen Seiten. Ihre Besucher sollten nicht teilweise auf lange Textseiten, dann wieder auf Seiten voller Bilder stoßen. Vielmehr sollten Sie ein grundsätzliches Schema immer beibehalten, die einzelnen Seiten sollten sich vor allem in Aufbau und Farbgebung immer ähneln.

Online/Offline-Konsistenz: Konsistenz sollte auch zu den Offline-Medien bestehen. Wählen Sie z. B. für die Gestaltung Ihre Kampagnenfarben. Aber auch die Inhalte sollten mit den Positionen und dem Image übereinstimmen, welche der Kandidat außerhalb seiner Internetpräsenz vertritt. Achten Sie schon bei der Ausarbeitung der Kampagnenorganisation darauf, dass Online- und Offline-Aussagen koordiniert werden.

Lesefreundlichkeit: Denken Sie bei all Ihren Texten daran, dass das Lesen am Bildschirm ermüdender ist als das Lesen von gedruckten Texten. Achten Sie also auf Lesefreundlichkeit Ihrer Texte. Fassen Sie Sätze und Texte eher kurz, strukturieren Sie Texte durch Zwischenüberschriften und lockern Sie sie durch Bilder oder Grafiken auf. Versuchen Sie, die Texte nicht viel länger als eine Bildschirmseite zu machen.

Kurze Download-Zeiten: Benutzerfreundlichkeit hat auch eine technische Seite. Über eine Download-Zeit von weniger als 15 Sekunden mit einem analogen Modem werden sich auch Besucher mit Breitbandanschluss freuen. Vor allem die Startseite sollte so schnell wie möglich präsent sein. Mit Hilfe spezieller Web-Publishing-Software oder moderner Bildbearbeitungsprogramme schaffen Sie auch den Spagat zwischen qualitativ hochwertigen Bildern und einer trotzdem kurzen Download-Zeit.

Kompatibilität: Stellen Sie sicher, dass Ihre Website mit allen gängigen Browsern kompatibel ist. Anfang 2009 teilten sich die Browser „Internet Explorer" und „Firefox" den deutschsprachigen Browsermarkt. Interessant ist dabei die noch relativ hohe Verbreitung der veralteten Version „Internet Explorer 6.0" (18 %): Diese Version unterstützt die aktuellen Webstandards nicht und macht deswegen beim Erstellen von Websites besonders viel Arbeit. Weitere bekannte Browser waren „Safari", „Google Chrome" und „Opera".[51]

Wie oft sollte ich meine Website aktualisieren?

Das hängt von zweierlei ab: Zum einen, welche Art von Informationen Sie zur Verfügung stellen, zum anderen, wie oft Informationen über Ihren Kandidaten in anderen Medien verbreitet werden. Ein Menüpunkt „Nachrichten" verlangt mindestens wöchentlich Aktualisierung. Material wie Fotos vom Kandidaten sollte dann erneuert werden, wenn es dazu Anlass gibt. Informationen, die auch über andere Medien verbreitet werden (zum Beispiel das Wahlkampfprogramm) sollten zeitgleich auch online erhältlich sein. Dasselbe gilt für Reden, TV- und Radio-Auftritte sowie für Presseartikel.

Wie mache ich meine Website bekannt?

Websites im Internet bekannt zu machen, hat sich zu einem eigenen Geschäftsbereich entwickelt. Auf entsprechende Dienstleistungen sind Sie jedoch gar nicht angewiesen, wenn Sie Ihr Webangebot von einem Profi entwickeln lassen und dabei die folgenden vier Punkte beachten:

Offline-Kampagne: Drucken Sie Ihre Internetadresse auf Flyer und Plakate. Bedrucken Sie Kugelschreiber, Kaffeetassen, Schlüsselbänder, kurz, jeden Wahlkampfartikel, den Sie verteilen, mit der Adresse. Platzieren Sie die Adresse an gut sichtbaren Orten bei öffentlichen Auftritten Ihres Kandidaten, zum Beispiel auf einem Banner hinter dem Rednerpult oder auf dem Podest, auf dem der Kandidat steht.

---

[51] Webmasterpro Webanalyse (www.webmasterpro.de) am 12. Februar 2009

Suchmaschinenoptimierung (SEO): Sorgen Sie dafür, dass Ihre Website in großen Suchmaschinen (z. B. Google, MSN, Yahoo) an erster Stelle erscheint, wenn Interessierte nach Ihrem Kandidaten suchen. Zwar kann man Websites bei vielen Suchmaschinen kostenlos anmelden, aber um einen guten Listenplatz zu erreichen, ist das selten ausreichend. Achten Sie deshalb schon bei der Konzeption der Website auf Suchmaschinenfreundlichkeit. Nutzen Sie beispielsweise Web-Content-Management-Systeme, die es Suchmaschinen von vornherein leicht machen. In den Ergebnissen einer Suchmaschinenanfrage fallen außerdem zuerst die jeweiligen Seitentitel auf. Achten Sie also darauf, dass die Titel aller Seiten aussagekräftig sind. Statt „Homepage" sollte beispielsweise besser der Name des Kandidaten mit aufgeführt sein. Manche Suchmaschinen machen auch von der Beschreibung einer Seite in den so genannten „Meta Tags" Gebrauch. Achten Sie also auch auf eine griffige Beschreibung Ihrer Website in den Meta Tags und geben Sie treffende Schlüsselwörter an. Andere Suchmaschinen setzen diejenigen Seiten an den Anfang ihres Suchergebnisses, auf die häufig von anderen Seiten verlinkt wird. Halten Sie bei der Suchmaschinenoptimierung in jedem Fall die Regeln der großen Suchmaschinenanbieter genau ein. Wer mit unerlaubten „Tricks" gegen diese Regeln verstößt, kann mit einer niedrigen Platzierung bestraft werden. Achten Sie deshalb bei SEO-Dienstleistern unbedingt auf deren Seriosität.

Link-Partnerschaften: Setzen Sie Links zu befreundeten Seiten und bitten Sie die Verantwortlichen dort, dasselbe mit Ihrer Seite zu tun. Dies macht noch weitere Synergieeffekte nutzbar: Besucher der verknüpften Websites werden teilweise auch auf Ihre Seite wechseln. Besonders beliebt ist dies in Netzwerken von befreundeten Blogs, die meist in Form so genannter „Blogrolls" (Listen mit Links zu anderen Blogs) aufeinander verweisen.

Domainname: Ein guter Domainname führt potenzielle Besucher bereits durch intuitives Ausprobieren einer Internetadresse direkt auf Ihre Website. Ein schlechter Domainname dagegen wird so manchen vom Besuch abhalten. Lesen Sie deshalb unbedingt den Eintrag „Wie soll meine Adresse lauten?" (S. 290).

Onlinewerbung: Für zeitkritische Aktionen, und wo es auf gutes Timing ankommt, können Sie darüber hinaus gezielte Bannerwerbung und Suchwortanzeigen schalten. Am besten lassen Sie sich hierzu von einem seriösen Dienstleister beraten.

Wie erreiche ich, dass die Besucher auf meine Website zurückkommen?

Geben Sie ihnen einen Grund dazu! Halten Sie die Website informativ, unterhaltsam und auf dem neuesten Stand. Hilfreich ist dabei aktuelles Material, das zu erneuten

Besuchen auf der Website motiviert. Versetzen Sie sich möglichst gut in die Situation Ihrer Leserinnen und Leser. Erste Anhaltspunkte zur Soziodemographie und zur Motivation Ihrer Zielgruppen finden Sie in den Kapiteln 1 und 3 dieses Buchs.

Wie soll ich gegen Parodiewebsites vorgehen?

Gar nicht. Sobald Sie öffentlich gegen eine Parodiewebsite vorgehen, lenken Sie damit nur die Aufmerksamkeit auf diese Website und verleiten auch noch diejenigen, die bisher die Parodiewebsite nicht kannten, zu einem Besuch.

Was muss ich im Impressum aufführen?

Ihre Website muss auf jeden Fall ein Impressum führen, sonst könnte Sie schon bald die teure Abmahnung eines Konkurrenten erreichen. Die Gesetze, aus denen die Impressumspflicht hervorgeht, sind das Telemediengesetz (TMG) und der Staatsvertrag für Rundfunk und Telemedien (RStV), die Sie online unter anderem auf der Plattform „Gesetze im Internet" (www.gesetze-im-internet.de) und auf den Websites der Landesmedienanstalten finden. Das Impressum muss folgende Angaben enthalten:

– Name und Anschrift des inhaltlich Verantwortlichen
– Anschrift und Kontaktdaten der Kampagne, u. a. E-Mail-Adresse und Telefonnummer
– ggf. die Umsatzsteuer-Identifikationsnummer
– bei eingetragenen Vereinen auch Vertretungsberechtigte, Registergericht und Registernummer.

Durch einen Haftungsausschluss, oft auch Disclaimer genannt, können Sie deutlich machen, dass Sie externe Links zwar grundsätzlich überprüfen, bevor Sie sie in Ihre Website integrieren, dass Sie für deren Inhalt aber keine Haftung übernehmen. Platzieren Sie Ihr Impressum so, dass es überall auf Ihrer Website erkenntlich und gut erreichbar ist.

Was muss ich zum Datenschutz beachten?

Gerade für Onliner ist der Datenschutz ein besonders wichtiges und sensibles Thema. Ebenso wenig wie die Impressumspflicht dürfen Sie also den Datenschutz auf die leichte Schulter nehmen. Eine wichtige Gesetzesgrundlage für den Datenschutz im Internet ist ebenfalls das Telemediengesetz (TMG). Zur Auswertung des Verhaltens einzelner Nutzer müssen Sie in Deutschland beispielsweise die Nutzungsdaten pseudonymisieren. Sie dürfen sie keinesfalls mit personenbezogenen Daten zusammenführen. Informieren Sie einen Nutzer schon vor der Eingabe seiner E-Mail-Adresse oder anderer Daten über Umfang, Art und Zweck der Datenerhebung und -verarbeitung. Dies können Sie zum Beispiel über einen Link zu einer Seite „Hinweise zum Datenschutz" lösen. Klären Sie Ihre Nutzer auf jeden Fall auch darüber auf, dass sie jederzeit Widerspruch gegen die Nutzung ihrer Daten einlegen können und ein Recht auf Auskunft über die gesammelten Daten haben. Für Newsletter gilt: Für die Erhebung von Daten über die E-Mail-Adresse hinaus benötigen Sie zusätzlich das ausdrückliche Einverständnis der Abonnenten, z. B. durch Häkchensetzen neben einer entsprechenden Erklärung. Keinesfalls darf der Newsletterbezug von der Angabe zusätzlicher Daten abhängig sein.

Blogs

Was gibt es bei Kampagnenblogs zu beachten?

Ein gutes Kampagnenblog gibt seinen Leserinnen und Lesern das Gefühl, einen direkten und authentischen Zugang zur Kampagne zu haben. Wer ein erfolgreiches Kampagnenblog schreiben will, muss oft viel Zeit investieren und über einen persönlichen und unterhaltsamen Schreibstil verfügen. Die Kandidaten selbst sind zudem oft aus Zeitmangel nicht als Hauptautoren geeignet. Übertragen Sie diese Aufgabe am besten einer festen Person innerhalb Ihrer Kampagne. Diese muss eine Schnittstellenfunktion zwischen Kampagne und Blog-Community erfüllen können. Einerseits berichtet sie als integrierter Teil der Kampagne an die Community, zum anderen fungiert sie als Sprachrohr der Blog-Community gegenüber der Kampagne. Dabei handelt sie immer im Rahmen der Kommunikationsstrategie der Kampagne. Sie hat damit letztlich eine ähnliche Funktion wie ein Pressesprecher gegenüber Journalisten. Diese anspruchsvolle Aufgabe können am besten beliebte, bereits erfahrene Bloggerinnen und Blogger erfüllen, die sich in der Bloggerszene schon einen Namen gemacht haben. Andere Kampagnenmitarbeiter und die Kandidaten sollten eher als Gastblogger einbezogen werden. Ganz besonders wichtig ist es, sich beim Verfassen von Beiträgen immer die erreichbare Zielgruppe (siehe S. 109 f.) vor Augen zu halten. Ebenfalls wichtig sind Benutzerfreundlichkeit und die Beachtung von etablierten Gepflogenheiten. Informationen dazu finden Sie z. B. bei „PR Blogger" (www.prblogger.de/tipps_rund_um_weblogs). Beispielsweise sollten Sie niemals Kommentare löschen, nur weil Ihnen deren Inhalt nicht gefällt. Dies wird in der Regel sofort bemerkt und erschüttert das Vertrauen der Community in das Blog.

Wie fördere ich die Interaktion in meinem Blog?

Es werden bei weitem nicht alle Leserinnen und Leser auch Kommentare hinterlassen (S. 110). Nur wenn Ihr Blog insgesamt gut besucht ist, werden sich also die einen oder anderen beteiligen (vgl. z. B. Heltsche 2005). Beachten Sie zudem die vorangegangenen Hinweise zu Bekanntheit und Motivation und gestalten Sie Ihre Beiträge interessant und unterhaltsam. Da die Hemmschwelle für den ersten Kommentar besonders hoch ist, schreiben viele Kampagnen in der Startphase die ersten Diskussionsbeiträge selbst, ohne dass dies allerdings für die Leserinnen und Leser ersichtlich wäre. Ist eine Diskussion erst einmal in Gang gesetzt, entwickelt sie sich fortan meist selbstständig weiter. Natürlich können Sie die aktive Teilnahme an Diskussionen auch systematisch belohnen (S. 120).

Videos

Was muss ich bei Webvideos inhaltlich beachten?

Halten Sie sich stets die über Videoportale erreichbare Zielgruppe vor Augen (S. 133 f.). Generieren Sie möglichst solche Inhalte, die für diese Gruppe interessant sind. Wenn die Videos in dieser Gruppe gut ankommen, dann werden sie an Freunde weiterempfohlen und entwickeln sich so zum Selbstläufer. Damit diese Gruppe auf Ihre Videos überhaupt aufmerksam wird, nutzen Sie bestehende Videoportale wie YouTube als technische Plattform. Für die Kampagnenstrategie besonders wichtige Videos können Sie zudem aktiv bewerben. Die allgemeinen Grundregeln für TV-Beiträge gelten selbstverständlich genauso online: Vermeiden Sie also unbedingt lange oder langweilige Beiträge! Die Sehgewohnheiten im Internet verlangen sogar noch kürzere und kurzweiligere Clips. Ihre Zielgruppe schaltet ab, wenn Sie zuerst einen Vorspann oder eine lange Einleitung zeigen. Kommen Sie also am besten immer gleich zum Punkt. Nutzen Sie erfolgreiche YouTube-Beiträge als Vorbild. Thematisch sind erfolgreiche Clips oft „entweder kontrovers oder komisch" (Moorstedt 2008: 83). Vermeiden Sie zudem typische Offliner-Themen (z. B. sichere Rente, Problematik von Raubkopien) und greifen Sie stattdessen wenn möglich verstärkt Netzthemen auf (z. B. Vorratsdatenspeicherung, Bürgerrechte). Die Kandidaten selbst eignen sich in der Regel nicht als Moderatoren. Sie sollten vielmehr regelmäßig als „Gäste" auftreten. Um persönliche Nähe zur Kampagne zu vermitteln, sind dokumentarische Insider-Beiträge aus der Kampagnenarbeit gut geeignet. Solche Einblicke hinter die Kulissen erlauben auch die privatere Darstellung der Kandidaten.

Welche Hintergrundmusik kann ich in Webvideos verwenden?

Bei Internetvideos gibt es immer wieder Probleme rechtlicher Natur. Es ist beispielsweise sehr wichtig, dass Sie ausschließlich Videos anbieten, zu denen Sie auch alle Rechte besitzen. Neben TV-Mitschnitten und Ähnlichem betrifft dies insbesondere auch die Hintergrundmusik. Verstöße können von Ihrer Konkurrenz gegen Sie verwendet werden. Die rechtliche Situation ist derzeit wenig übersichtlich (siehe z. B.

Spließ 2006). Auf der sicheren Seite sind Sie, wenn Sie ausschließlich freie Musik nutzen (beispielsweise Musik, die unter einer geeigneten Creative-Commons-Lizenz veröffentlicht wurde). Wollen Sie dagegen auch zum GEMA-Repertoire gehörende Musik verwenden, dann wird es komplizierter und teurer. Hier lohnt sich ein Blick in die Nutzungsvereinbarungen der verschiedenen Video-Sharing-Plattformen: Manche bezahlen bereits pauschale Gebühren an die Verwertungsgesellschaften. In diesem Fall müssen Sie sich zumindest in diesen Portalen nicht mehr darum kümmern.

Spenden

Mit wie vielen Spenden kann ich rechnen?

Das lässt sich für Deutschland nicht so einfach voraussagen. In den USA sprechen Experten von der „1-Prozent-Regel" (Ireland/Nash 2001: 44). Das bedeutet, dass durchschnittlich jeder hundertste Besucher eine Spende abgibt. Die Höhe der durchschnittlichen Spende hängt also auch mit der Größe der Kampagne zusammen. Im Unterschied zu Deutschland besteht in den USA allerdings eine langjährige Spendentradition, zumal auch die Wahlkampf-Finanzierung anders als in Deutschland zu einem großen Teil auf Spenden basiert. Insofern werden in den USA während des Wahlkampfes weitaus höhere Spendensummen eingenommen als in Deutschland.

Trotzdem kann es sich auch in Deutschland lohnen, sich der Mühe des Spendensammelns zu unterziehen. Gerade die Möglichkeit, online eine Spende abzugeben, reduziert für den Spendenempfänger den sonst damit verbundenen Aufwand. Über Micropayment (S. 145) lassen sich zudem auch minimale Spendenbeträge noch gewinnbringend abwickeln. Während bei Schecks oder Bargeldspenden noch viel Zeit und Kosten in Dankesschreiben und in die Verbuchung auf dem Konto investiert werden müssen, können Onlinespenden schnell und automatisiert ablaufen.

Für ein höheres Spendenaufkommen geben Sie bei Spendenaktionen am besten Zeit- und Zielvorgaben an. Die Spendenaufrufe sollten außerdem mit möglichst konkreten und aus Spendersicht wichtigen Projektvorhaben begründet werden. Beachten Sie aber auf jeden Fall die Satzung Ihrer Partei oder Ihres Vereins, z. B. bei der Frage, an wen die Spendengelder letztlich gehen müssen.

Worauf muss ich beim Sammeln von Onlinespenden achten?

Machen Sie die Transaktionen sicher! Am besten wenden Sie sich dabei an einen erfahrenen Drittanbieter, der die Transaktionen übernimmt. Wenn Sie über eine sichere Technik verfügen, können Sie das Gefühl der Sicherheit auch an Ihre Besucher vermitteln. Verweisen Sie auf eine Erklärung, in der genau beschrieben wird, wie die

Transaktion abläuft und warum sie sicher ist. Verlinken Sie außerdem auf die Datenschutzerklärung, in der Sie erklären, wozu die Benutzerdaten verwendet werden.

Bieten Sie potenziellen Spendern verschiedene Möglichkeiten, eine Spende abzugeben. Nicht jeder besitzt z. B. eine Kreditkarte. So sollten Besucher also auch die Möglichkeit haben, ihre Spende mittels Lastschriftverfahren oder unter Verwendung elektronischer Zahlungsverfahren (S. 145) abzugeben. Möchten einige ihre Daten nicht elektronisch übermitteln, sollten sie auch ein Formular ausdrucken und per Post verschicken können, das Sie zum Lastschrifteneinzug berechtigt. Für traditionelle Überweisungen am Bankschalter und für Homebanking sollten Sie zusätzlich auch die Daten Ihres Spendenkontos veröffentlichen.

Machen Sie die Spende auch für Ihre Kampagne sicher! Manche Zahlungsvarianten beinhalten für die Kampagne Risiken. So führen beispielsweise versehentliche oder bewusste Falscheingaben beim Lastschriftverfahren oft zu kostenpflichtigen Rückbelastungen und bei unautorisierten Abbuchungen nicht zuletzt auch zu schlechter PR. Prüfen Sie deshalb die Angaben des Spenders unbedingt auf Plausibilität. Noch wirkungsvoller sind zusätzliche Prüfungen durch Rückfrage, Adressdatenbankabgleich oder Drittanbieter. Ein guter Dienstleister für die Abwicklung von Onlinespenden nimmt Ihnen auch diese Risiken ab.

Freiwilligenarbeit

Wie gewinne ich viele Freiwillige für mich?

Orientieren Sie sich an zwei Punkten: Machen Sie es Freiwilligen so einfach wie möglich, sich zu beteiligen, und belohnen Sie die Beiträge. Dies beginnt schon bei der Registrierung. An mehreren Stellen Ihrer Website sollte ein Link Besucher zum Registrierungsformular führen. Sie können auch bei der Newsletterregistrierung nachfragen, ob sich Interessenten am Freiwilligenprogramm beteiligen möchten. Unter den gestellten Aufgaben sollten sich auch solche finden, die leicht oder sehr leicht auszuführen sind. Unterstützer können z. B. Werbematerialien im Fenster aushängen oder per E-Mail Standpunkte an Freunde weiterleiten. Bereiten Sie dazu alles so weit wie möglich vor: beispielsweise Poster zum Download oder Standpunkte und Argumente, die Freiwillige nur noch zu übernehmen brauchen. Belohnen Sie unbedingt die Bemühungen Ihrer Freiwilligen, z. B. durch Zugang zu exklusiven Inhalten oder durch Anerkennung in Form von Prämienpunkten. Eröffnen Sie dazu beispielsweise Wettbewerbe wie diesen: Erledigte Aufgaben werden mit vordefinierten Punkten prämiert. Wer am meisten Punkte sammelt, wird auf der Website an prädestinierter Stelle mit Bild und Text vorgestellt.

Wie kann ich Freiwillige sinnvoll einsetzen?

Nutzen Sie die Beziehungen Ihrer Freiwilligen, sie sind oft Meinungsführer! Lassen Sie sie weitere Unterstützer anwerben. Stellen Sie dazu die nötigen E-Mail-Werkzeuge online bereit. Außerdem können Freiwillige in ihrem Bekanntenkreis die Argumente verbreiten, die sie selbst überzeugt haben, sich für Ihre Kampagne einzusetzen. Leserbriefe sind eine weitere Möglichkeit, wie sich freiwillige Unterstützer für Ihre Kampagne einsetzen können. Lassen Sie Ihre Freiwilligen kleine Veranstaltungen organisieren, beispielsweise Grillpartys oder TV-Duell-Treffen. Hierzu können Ihre Unterstützer Freunde und Bekannte einladen und gleichzeitig Informationsmaterialien auslegen. Am Wahltag können die Freiwilligen ihren Bekanntenkreis dazu auffordern, gemeinsam ins Wahllokal zu gehen. Auch die Unterstützung bei Wahlkampfreden, beispielsweise durch Animation, konnte sich in der Praxis bereits bewähren (vgl. Schatilow 2006).

Pressearbeit

Was kann ich online für eine gute Zusammenarbeit mit der Presse tun?

Gehen Sie auf die Bedürfnisse der Journalisten ein. Diese unterliegen einem großen Zeitdruck. Stellen Sie also alle Materialien, die Journalisten benötigen könnten, auf Ihrer Website zur Verfügung. Noch wichtiger allerdings sind auf den einzelnen Redakteur zugeschnittene E-Mails, mit denen Sie Pressemitteilungen, Reden und Updates versenden können. Stellen Sie ausschließlich verlässliche Informationen bereit.

Was darf in meinem Online-Pressebereich nicht fehlen?

Am wichtigsten sind Kontaktinformationen zu den Mitarbeitern, die mit der Presse zusammenarbeiten. Zudem sollte Ihr Online-Pressebereich noch folgende Elemente beinhalten:

Pressemitteilungen: Pressemitteilungen unterstützen Journalisten bei ihrer Suche nach Neuigkeiten aus der Kampagne. Weniger Bedeutung haben Materialien in anderen Formaten, zum Beispiel Video- oder Audio-Clips von Auftritten des Kandidaten. Denken Sie daran, in allen Pressemitteilungen auf Ihre Website aufmerksam zu machen.

Standpunkte: Halten Sie Zusammenfassungen über die Positionen Ihres Kandidaten bereit. Setzt sich Ihr Kandidat beispielsweise für Gesundheitsvorsorge ein, fassen Sie seine Ansichten zu diesem Thema kurz zum Nachlesen zusammen.

Links zu unparteiischen Quellen: Verweise zu unparteiischen Quellen untermauern die Glaubwürdigkeit Ihrer Informationen. Verlinken Sie also beispielsweise auf passende Onlineartikel in lokalen oder landesweiten Zeitungen.

Fotos: Professionelle Fotos und Grafiken sind unerlässlich. Stellen Sie eine Auswahl an Fotos auf Ihrer Website zum Download zur Verfügung: ein klassisches Portrait, Bilder des Kandidaten in unterschiedlichen Umgebungen, evtl. auch mit der Familie, und natürlich Bilder von den jüngsten Auftritten. Damit die Bilder von der Presse auch genutzt werden können, sollten die Fotos eine entsprechend hohe Auflösung haben. Weil das Laden dieser hochauflösenden Bilder jedoch länger dauern kann, sollten Sie auch eine Vorschau mit geringer Auflösung anbieten.

Mobilisierung

Wie kann mir das Internet bei Mobilisierungsaktionen helfen?

Bei Mobilisierungsaktionen sind persönliche Ansprache und gutes Timing besonders wichtig. Hierzu bieten sich insbesondere E-Mail-Aktionen an. Fahrdienste oder z. B. das Verteilen von Broschüren können so noch effizienter organisiert werden. Versenden Sie außerdem an die Abonnenten Ihres Newsletters am Vorabend und auch noch am Wahltag Erinnerungs-E-Mails und Microblogging-Nachrichten, um zum Urnengang zu motivieren. Fordern Sie Ihre Unterstützer darin auf, auch mögliche Nichtwähler aus dem persönlichen Umfeld zum Wahllokal mitzunehmen. Nutzen Sie Ihre Website und Ihren Newsletter auch schon im Vorfeld, um auf die Vorteile der Briefwahl aufmerksam zu machen.

Meetups

Was können Meetups leisten?

Das Besondere an Meetups ist, dass sie formal von der Kampagne unabhängig sind. Hier treffen sich politisch Interessierte, die Spaß daran haben, mit Gleichgesinnten zusammenzukommen, und die meist auch bereit sind, Zeit und Arbeit zu investieren. Meetups bieten dabei Kampagnen die Möglichkeit, an Menschen heranzutreten, die zwar ein ausgeprägtes Interesse an Politik haben, gleichzeitig aber den traditionellen politischen Strukturen eher skeptisch gegenüberstehen. Bei größeren Offlinetreffen sollten Abgesandte Ihrer Kampagne anwesend sein, um professionell Ratschläge zu geben. Wenn es von der Meetup-Gruppe gewünscht wird, kann Ihre Kontaktperson die Meetup-Aktivitäten mit den Aktivitäten der Kampagne koordinieren oder sogar als Organisator fungieren. Im Gegensatz zu den bei der Kampagne registrierten Freiwilligen wollen sich Meetup-Teilnehmer jedoch oft nicht langfristig an die Kampagne binden.

Gibt es Alternativen zur Meetup-Plattform?

Seit 2009 gibt es die Meetup-Plattform (www.meetup.com) auch in einer deutschen Sprachversion. Damit ist die Plattform erstmals auch für Deutschland geeignet. Es gibt aber auch sinnvolle Alternativen: Veröffentlichen Sie den monatlichen Meetup-Termin auf Ihrer eigenen Website. Hier können auch Vorschläge über Treffpunkt und Agenda gesammelt und zur Abstimmung gestellt werden. Kontaktdaten zu den Meetup-Organisatoren erleichtern bei Fragen die Kontaktaufnahme.

E-Mail-Newsletter

Wem darf ich meine E-Mails schicken?

Jedem, der sich dafür registriert hat. Versenden Sie auf keinen Fall unerwünschte E-Mails (sog. Spam). Diese verärgern nicht nur die Empfänger, sondern können auch schlechte Publicity, Abmahnungen und Geldstrafen zur Folge haben (vgl. Kaufmann 2004). Im Moment sind Sie mit dem Double-Opt-In-Verfahren (S. 87) auf der sicheren Seite. Das bedeutet, dass die Newsletter-Empfänger ihre E-Mail-Adressen zunächst in ein Formular eintragen. Eine automatisch erstellte E-Mail heißt sie dann willkommen, und erst, wenn die Empfänger das Abonnement erneut bestätigen, etwa über einen Link in der Benachrichtigungs-E-Mail, werden sie der Empfängerliste hinzugefügt.

Das Internetrecht ist ständig in Bewegung, es empfiehlt sich daher unbedingt ein Blick in die relevanten Gesetzestexte, darunter vor allem das Telemediengesetz (TMG), das Gesetz gegen unlauteren Wettbewerb (UWG) sowie der Staatsvertrag für Rundfunk und Telemedien (RStV). Bei spezifischen Fragen lassen Sie sich am besten von einem Fachanwalt beraten.

Wie baue ich für meinen E-Mail-Newsletter eine Empfängerliste auf?

Kaufen Sie keinesfalls Adressen dazu, auch nicht von vermeintlich renommierten Anbietern. Unaufgefordert zugesandte Newsletter richten meist mehr Schaden an als Nutzen. Hier ein paar Tipps zum Aufbau einer eigenen Empfängerliste für Ihre E-Mail-Newsletter:

- Es sollte auf Ihrer Website durchgängig die Möglichkeit bestehen, sich für den E-Mail-Newsletter zu registrieren.
- Treten Sie an Vereine und Interessenverbände heran, die Ihnen politisch nahe stehen. Bitten Sie darum, in deren eigenen Newslettern mit einem

Link auf Ihre Website oder auf Ihr Registrierungsformular erwähnt zu werden.

– Bitten Sie die Empfänger Ihrer E-Mails, die Nachrichten an Freunde und Bekannte weiterzuleiten. Integrieren Sie Links in die E-Mails, über die sich die Empfänger dann selbst registrieren können.

– Stellen Sie auf Ihrer Website einen HTML-Code-Baustein zur Verfügung, der es Ihren Unterstützern möglich macht, das Registrierungsformular auch in ihre eigenen Homepages zu integrieren.

– Interessante E-Mails werden von Ihren bestehenden Abonnenten weitergeleitet, was auch zu zusätzlichen Abonnements führen wird.

Was soll ich neben der E-Mail-Adresse noch erfragen?

Damit Sie die Empfänger in Ihren E-Mails persönlich ansprechen können, fragen Sie bei der Registrierung auch nach deren Namen. Die Anschrift verrät Ihnen, zu welchem Wahlbezirk ein Empfänger gehört. Noch gezielter können Sie Nachrichten verschicken, wenn Sie auch erfragen, für welche Politikfelder sich der Abonnent interessiert. Es kann auch Sinn machen, Newsletter in verschiedenen Sprachen anzubieten, z. B. in Deutsch und Türkisch.

Aber: Fragen Sie gleich am Anfang nicht allzu viel, die Abbrecherquote steigt sonst extrem an. Erfragen Sie also zuerst nur das Allerwichtigste und erst danach Optionales. Grundsätzlich muss auch die alleinige Eingabe der E-Mail-Adresse ausreichen, um einen Newsletter zu abonnieren. Die Angabe von Daten über die E-Mail-Adresse hinaus darf nämlich laut Telemediengesetz (TMG) keine Voraussetzung zum Empfang eines Newsletters sein.

Welches E-Mail-Format soll ich verwenden, HTML oder Nur-Text?

Beide – und zwar in Form von Multipart-E-Mails (S. 78). Diese beinhalten die Daten für beide Formate. Das E-Mail-Programm des Empfängers zeigt dann selbstständig das richtige Format an. HTML-E-Mails bieten viel mehr Möglichkeiten als Nur-Text-Nachrichten, z. B. E-Mail-Tracking und die Verwendung von Grafiken und Formularen. Manche Programme können aber von vornherein nur reine Text-Nachrichten darstellen. Zudem lassen manche Nutzer aus Sicherheitsgründen in ihren E-Mail-Programmen die Darstellung von HTML-E-Mails nicht zu. Lassen Sie also am besten Ihre Empfänger selbst entscheiden, welches Format ihnen lieber ist.

Worauf soll ich beim Verfassen der E-Mails achten?

Schreiben Sie nur, wenn Sie auch etwas zu sagen haben! Seien Sie prägnant, Ihre Leser haben wahrscheinlich nicht allzu viel Zeit. Unterschätzen Sie auf keinen Fall die

Bedeutung des Betreffs. Neben den Absenderinformationen ist er das Erste, was die Empfänger von Ihrer Nachricht wahrnehmen. Viele Newsletteranwendungen haben Funktionen, um den jeweils optimalen Betreff auszutesten.

Bieten Sie Ihren Lesern etwas: Das besondere Erlebnis vielleicht, vom Kandidaten persönlich eine Nachricht empfangen zu haben, wirklich interessante Informationen zu einem Thema oder Möglichkeiten, sich für den Kandidaten einzusetzen. Halten Sie sich beim Schreiben stets die erreichbare Zielgruppe vor Augen. Beschränken Sie sich auf ein Thema pro E-Mail. Integrieren Sie Links, dann können sich Interessierte auf Ihrer Website bei Bedarf weiter informieren.

In den Fuß der E-Mail gehören die Kontaktinformationen und auf jeden Fall eine Möglichkeit, sich aus der Empfängerliste wieder auszutragen. Auch für E-Mail-Newsletter gelten die Impressumspflicht (S. 294) und die Datenschutzbestimmungen (S. 294 f.).

Beachten Sie auch: Die Gestaltung der E-Mails endet nicht beim Text. In HTML-E-Mails können Sie Bilder und Formulare verwenden. Machen Sie davon Gebrauch! Besonders authentisch und persönlich wirken E-Mails beispielsweise, wenn sie mit einer persönlichen Unterschrift schließen. Fügen Sie diese dazu als Grafik in Ihre E-Mails ein.

Wie oft sollte ich Newsletter verschicken?

Die Frage nach der Frequenz lässt sich pauschal nicht beantworten. Am besten fragen Sie Ihre Abonnenten gleich bei der Registrierung, wie viele Informationen sie jeweils wie häufig bekommen wollen. Nach Start der Wahlkampagne können Sie sich bereits mehrmals monatlich per E-Mail melden, in heißen Wahlkampfphasen mindestens einmal pro Woche. Eine zu hohe Frequenz führt dagegen zu Desinteresse gegenüber Ihrem Newsletter oder sogar zu vermehrten Austritten aus der Liste. Probieren Sie es aus! Aus den Reaktionen Ihrer Leser werden Sie schnell erfahren, wie Sie die Frequenz optimal halten.

Kann ich in meinem E-Mail-Newsletter unterschiedliche Personenkreise individuell ansprechen?

Kennen Sie die Anschrift oder die politischen Interessen Ihrer Adressaten, können Sie ganz spezifische Nachrichten verschicken. Schreiben Sie also beispielsweise Umweltinteressierten zu Ihren umweltpolitischen Standpunkten. Wichtig ist nur, diese Daten im Vorfeld auch zu erheben.

Warum wird mein Newsletter von Spamfiltern abgefangen?

Dies kann unterschiedliche Gründe haben. Schließen Sie zuallererst aus, dass Sie nicht tatsächlich Spam-Nachrichten versenden: Versenden Sie E-Mail-Newsletter nur nach ausdrücklicher Aufforderung und bieten Sie eine nutzerfreundliche Möglichkeit an, den Newsletter wieder abzubestellen. Achten Sie auch darauf, nur solche Server zum E-Mail-Versand zu verwenden, die nicht auf Spam-Blacklists aufgeführt sind. Dies kann auch versehentlich passieren, beispielsweise falls Sie Opfer eines Angriffs mit Schadsoftware geworden sind. Manche Spamfilter nutzen auch Texterkennung zur Abwehr von Spam. Testen Sie also jeden Ihrer Newsletter vor dem Versand mit verschiedenen Spamfiltern auf Falscherkennungen.

Wähleranfragen

Wie schnell muss ich auf E-Mail-Anfragen von Wählern reagieren?

Unzuverlässigkeit beim Beantworten von E-Mail-Anfragen führt bei Wählern meist zu Frust (vgl. Klaus/Röttger 1998). Um nicht den Eindruck zu vermitteln, Ihre Kampagne wäre desinteressiert oder unorganisiert, beantworten Sie ernsthafte E-Mail-Anfragen aus Ihrem Wahlkreis also möglichst innerhalb von 48 Stunden.

Muss ich wirklich jede E-Mail beantworten?

Nicht nur für Ihre Kampagne ist das Versenden von E-Mails unkompliziert und preiswert. Auch für Bürger sind E-Mails eine schnelle und bequeme Form der Kommunikation. Praktische Tipps zum effizienten Beantworten von E-Mail-Anfragen finden Sie ab S. 77.

Glossar

Julia Vetter

Als Nachschlagequelle für weitere, hier nicht aufgeführte Begriffe empfehlen wir die freie Enzyklopädie Wikipedia (de.wikipedia.org).

Administrator: Ursprünglich Bezeichnung für den Verwalter eines Computernetzwerkes, später auch für den technischen Betreuer eines Onlineangebots. Besitzt gegenüber anderen Nutzern erweiterte Rechte, zum Beispiel das Recht zur Vergabe von Benutzerkonten oder zum Löschen von Beiträgen.

asynchrone Kommunikation: Kommunikation mit Zeitverzögerung zwischen Sender und Empfänger, z. B. Korrespondenz per Brief (vgl. auch → synchrone Kommunikation).

Atom: technischer Standard für → Newsfeeds

Banner: Werbefläche auf einer Website. Ein Klick auf das Banner löst eine vordefinierte Aktion aus, z. B. öffnet sich ein Pop-up-Fenster oder der Besucher wird auf eine andere Website weitergeleitet.

Blog: Logbuchartiges Webangebot (→ S. 109)

Browser: → Webbrowser

Buddy Icon: Symbol, das Nutzer ihrem Profil in bestimmten → Instant Messengern zuordnen können. Das Buddy Icon wird in der Liste der anderen Teilnehmer neben dem Namen des Nutzers angezeigt.

Chat: Chatten (plaudern) bezeichnet im Internet die schriftliche Unterhaltung zweier oder mehrerer Personen in Echtzeit (→ S. 153).

Client-Server-Prinzip: Ein Client-Server-System besteht aus Clients, die Verbindungen mit einem Server aufbauen. Clients enthalten nur die Benutzeroberfläche und Benutzerschnittstelle der Anwendung. Der Server stellt Ressourcen und Funktionalität zentral bereit. Im Kontext von Websites bezeichnet der Begriff Client den Webbrowser des Besuchers. Server ist hier der Webserver, auf dem die Website gespeichert ist.

CMS: → Content-Management-System

Content-Management-System: im Internet → Web-Content-Management-System

Cookie: Ein Cookie (Keks) ist eine Datei, die beim Besuch einer Website auf dem Computer des Nutzers gespeichert wird, um den Nutzer bei einem erneuten Besuch auf der Website wieder zuordnen zu können (→ S. 99).

E-Mail-Tracking: → Usertracking

Fundraising: Akquisition finanzieller Mittel (z. B. Spenden)

Graswurzelbewegung: Die Wirkungsrichtung einer Graswurzelbewegung geht von der politischen Basis aus (→ S. 55).

Grassroots-Kampagne: → Graswurzelbewegung

Houseparty: Wahlkampfinstrument, bei dem Unterstützer einer Partei oder eines Kandidaten informelle Partys ausrichten. Ziel ist es, Spenden zu sammeln und neue Sympathisanten und Aktivisten zu gewinnen (→ S. 248, S. 251).

HTML-E-Mail: E-Mail-Format, mit dem in einer E-Mail u. a. der Text formatiert und Grafiken sowie Hyperlinks eingefügt werden können (→ S. 77).

Hyperlink: Verweis auf einen Inhalt (Dokument, Film, Webauftritt), zu dem man durch Anklicken des Hyperlinks gelangt (im Internet vgl. → URL).

Instant Messenger: Software, mittels der sich zwei Personen in Echtzeit über das Internet schriftlich unterhalten können. Im Unterschied zum webbasierten Chat findet die Unterhaltung nicht in einem öffentlich zugänglichen virtuellen Raum statt, sondern verläuft über eine Software direkt von Computer zu Computer.

Internet-Relay-Chat: Schriftliche Kommunikation mehrerer Personen über das Internet, verläuft chat-typisch in Echtzeit und ist vergleichbar mit einem Gespräch in einer Gruppe.

Link: → Hyperlink

Meetup: Informelles Treffen von Personen aus einer Region, die ein gemeinsames Interesse teilen (→ S. 255).

Meta Tag: Informationen, die einer HTML-Datei vorangestellt werden, um Aufschluss über deren Inhalt und Aufbau zu geben.

Negative Campaigning: → Negativkampagne

Negativkampagne: Wahlkampfstrategie mit Schwerpunkt auf dem Attributieren des politischen Gegners (→ S. 263, S. 275)

Newsfeed: → S. 157

Nur-Text-E-Mail: E-Mail-Format, das ausschließlich Textinformationen übermittelt und daher beispielsweise keine Text-Formatierungen zulässt (→ S. 77).

PDF: Portable Document Format. Dateiformat, in dem Text- und Bild-Daten festgehalten werden können. PDF-Dateien werden auf unterschiedlichen Ausgabemedien identisch angezeigt. Änderungen von Format und Inhalt sind durch die Leser in der Regel nicht möglich.

Podcast: Distributionsform für Audio- und Videodateien (→ S. 114)

Rapid Response: Vorgehen, bei dem unverzüglich und öffentlich auf Äußerungen des Gegners reagiert wird (→ S. 283, S. 219).

RSS: Really Simple Syndication. Gruppe von Protokollen für → Newsfeeds

Server/serverseitig: → Client-Server-Prinzip

synchrone Kommunikation: Kommunikation in Echtzeit (z. B. persönliche Unterhaltung, Telefongespräch, Chat; vgl. auch → asynchrone Kommunikation).

Targeting: Marketingstrategie, bei der die Kommunikation zielgerichtet nur an bestimmte Bevölkerungsgruppen gerichtet wird.

Tracking: → Usertracking

URL: Uniform Resource Locator. Einheitliche Adresse einer Ressource im Internet (z. B. http://www.wahlkampf-im-internet.de).

Usertracking: Aufzeichnung des Nutzerverhaltens (→ S. 99)

Website: Webauftritt. Gesamtheit eines spezifischen Informationsangebotes im World Wide Web, das in der Regel aus mehreren Unterseiten (Webpages) besteht (→ S. 93).

Weblog: → Blog

Webbrowser: Software, die das Word Wide Web nutzbar macht (→ S. 93).

Web-Content-Management-System: Software zum Verwalten von Websites (→ S. 93)

Anlagen

Merkmal	Mikrozensus (04/2001)	Stichprobe (ungewicht.)	Stichprobe (gewichtet)
Geschlecht			
weiblich	51,4 %	51,0 %	51,7 %
männlich	48,6 %	49,0 %	48,3 %
Alter			
16-25 Jahre	12,0 %	12,7 %	12,3 %
26-45 Jahre	37,9 %	47,2 %	40,5 %
46-65 Jahre	31,1 %	28,9 %	32,3 %
66-99 Jahre	19,0 %	11,2 %	14,9 %
Bildungsstand			
noch Schüler	4,6 %	2,5 %	4,6 %
Hauptschulabschluss	47,7 %	23,0 %	47,7 %
Realschule/POS 10	27,5 %	30,3 %	27,5 %
Abitur/Fachabitur	20,2 %	44,1 %	20,2 %

Tabelle 9: Gewichtung nach Bildungsstand

Zielgruppe	Kriterium	Operationalisierung
Journalisten	*Zu dieser Gruppe waren keine Daten vorhanden.*	
Meinungsführer	Politisch Gesprächsbereite	Unterhalten sich oft mit Freunden oder Arbeitskollegen über Themen, die sie für politisch wichtig halten
Eigene Sympathisanten	*Zu dieser Gruppe waren keine Daten vorhanden.*	
Unentschiedene Wahlberechtigte	Wahlberechtigte ohne Parteineigung	Mindestens 18 Jahre alt; deutsche Staatsangehörigkeit; neigen keiner politischen Partei zu
Fremde Sympathisanten	*Zu dieser Gruppe waren keine Daten vorhanden.*	
Nichtwähler	*Zu dieser Gruppe waren keine Daten vorhanden.*	
Freiwillige	Politisch Einsatzfreudige mit Parteineigung	Neigen einer politischen Partei zu; haben mindestens einmal innerhalb der letzten 12 Monate eines der folgenden Dinge getan: an einer Demonstration teilgenommen, an einer Onlinepetition teilgenommen, einen Leserbrief geschrieben (online oder offline)
Spender	Frühere politische Spender mit Parteineigung	Neigen einer politischen Partei zu; haben mindestens einmal innerhalb der letzten 12 Monate für einen politischen Zweck gespendet

Tabelle 10: Normative Kriterienbildung

Zielgruppe	BRD Gesamt	Internet- nutzer	Pol.-HP- Nutzer
Journalisten	n/a	n/a	n/a
Meinungsführer	29 %	38 % ***	48 % ***
Eigene Sympathisanten	n/a	n/a	n/a
Unentsch. Wahlberechtigte	43 %	43 %	35 % **
Fremde Sympathisanten	n/a	n/a	n/a
Nichtwähler	n/a	n/a	n/a
Freiwillige	19 %	21 % *	35 % ***
Spender	6 %	6 %	9 % *

Tabelle 11: Anteile der Zielgruppen (vgl. Tabelle 10)

Literaturverzeichnis

Aarons-Mele, Morra (2008): Grassroots Activism is More than a Campaign. In: Allison H. Fine, Micah Sifry, Andrew Rasiej und Josh Levy (Eds.): Rebooting America. Ideas for Redesigning American Democracy for the Internet Age. New York. S. 122-125

Abold, Roland (2005): Wahlkampf in der Blogosphäre. Weblogs im Vorfeld der Bundestagswahl 2005. BACES Discussion Paper (9). Online im Internet (PDF). Host: Otto-Friedrich-Universität Bamberg. URL: http://www.baces.uni-bamberg.de

Albrecht, Steffen, Maren Lübcke, Rasco Perschke und Marco Schmitt (2005): Hier entsteht eine neue Internetpräsenz. Weblogs im Bundestagswahlkampf 2005. kommunikation@ gesellschaft 6. Online im Internet (PDF). Host: Johann-Wolfgang-Goethe-Universität Frankfurt am Main. URL: http://www.kommunikation-gesellschaft.de

Althaus, Marco (2002): Strategien für Kampagnen. Klassische Lektionen und modernes Targeting. In: Marco Althaus (Hrsg.): Kampagne! Neue Strategien für Wahlkampf, PR und Lobbying. Münster. S. 11-44

Althaus, Marco (2003a): Desktop Targeting. Zielscheiben im Wahlkreis. In: Marco Althaus und Vito Cecere (Hrsg.): Kampagne! 2. Neue Strategien für Wahlkampf, PR und Lobbying. Münster. S. 151-167

Althaus, Marco (2003b): Management der Konfrontation. Vom Luftkampf zum Wahlkampf. In: Marco Althaus und Vito Cecere (Hrsg.): Kampagne! 2. Neue Strategien für Wahlkampf, PR und Lobbying. Münster. S. 96-117

Althaus, Marco (2007): Der Jedermann als Lobbyist. Grassroots-Modelle in den USA und Europa. In: Marco Althaus (Hrsg.): Kampagne! 3. Neue Strategien im Grassroots Lobbying für Unternehmen und Verbände. Münster. S. 12-158

Althaus, Marco und Jan-Peter Hinrichs (2004): Strategien für Kampagnen. Vom Targeting zum Themen-Management. Online im Internet (HTML). Host: politik-digital.de. URL: http://www.politik-digital.de/archiv/hintergrund/kampagne2.shtml

Baldauf, Manuela (2002): Wahlkampf im Web. Eine Untersuchung der offiziellen Webseiten von George W. Bush und Al Gore im US-Präsidentschaftswahlkampf 2000. Wiesbaden

Barko Germany, Julie (Ed.) (2005): The Politics-To-Go Handbook. A Guide to Using Mobile Technology in Politics. Online im Internet (PDF). Host: George Washington University. URL: http://www.ipdi.org

Barko Germany, Julie (2008a): E-Constituent Relationship Management for State Legislators. Online im Internet (PDF). Host: George Washington University. URL: http://www.ipdi.org

Barko Germany, Julie (Ed.) (2008b): Best Practices for Political Advertising Online. Online im Internet (PDF). Host: George Washington University. URL: http://www.ipdi.org

Barko Germany, Julie und Peter Churchill (Ed.) (2007): Constituent Relationship Management. The New Little Black Book of Politics. Online im Internet (PDF). Host: George Washington University. URL: http://www.ipdi.org

Barko Germany, Julie und Riki Parikh (Ed.) (2007): Person-to-Person-to-Person. Harnessing the Political Power of Online Social Networks and User Generated Content. Online im Internet (PDF). Host: George Washington University. URL: http://www.ipdi.org

Barko Germany, Julie und Kevin Wells (Ed.) (2004): The Political Consultants' Online Fundraising Primer. Online im Internet (PDF). Host: George Washington University. URL: http://www.ipdi.org

Beenen, Gerard, Kimberly Ling, Xiaoqing Wang, Klarissa Chang, Dan Frankowski, Paul Resnick und Robert E. Kraut (2004): Using social psychology to motivate contributions to online communities. Computer Supported Cooperative Work. Proceedings of the 2004 ACM conference on Computer supported cooperative work. Online im Internet (PDF). Host: ACM Press. URL: http://doi.acm.org/10.1145/1031607.1031642

Bell, Jeannette und Tim Geelhaar (2005): Liste der Weblogs und Podcasts zur Wahl '05. Online im Internet (HTML). Host: politik-digital.de. URL: http://www.politik-digital.de/edemocracy/wahlkampf/bundestagswahl05/linklistewahlblogs050609.shtml

Bendrath, Ralf (2009): Microblogging und soziale Bewegungen. Online im Internet (HTML). Host: Markus Beckedahl. URL: http://netzpolitik.org/2009/microblogging

Bergmann, Knut (2002): Der Bundestagswahlkampf 1998. Vorgeschichte, Strategien, Ergebnis. Wiesbaden

Bhagat, Vinay (2002): The Internet. A Powerful Relationship Management Tool for Fundraisers. In: James M. Greenfield (Ed.): The Nonprofit Handbook. Fundraising. 3rd ed. New York. S. 16-48

Bieber, Christoph (2000): Politische Online-Inszenierungen. In: Hans J. Kleinsteuber (Hrsg.): Aktuelle Medien-Trends in den USA. Wiesbaden. S. 265-279

Bieber, Christoph (2004): Deans Fehler im Online-Wahlkampf. Online im Internet (HTML). Host: politik-digital.de. URL: http://www.politik-digital.de/edemocracy/wahlkampf/us04dean.shtml

Bieber, Christoph (2005): Der Online-Wahlkampf 2005. Supporter-Sites, Negative Campaigning, Weblogs. Online im Internet (HTML). Host: Bundeszentrale für politische Bildung. URL: http://www.bpb.de/themen/Z22XZ9.html

Biesel, Martin (2003): Fundraising. Bürgerfonds 18/2002. Kampagne mit Gewinn. In: Marco Althaus und Vito Cecere (Hrsg.): Kampagne! 2. Neue Strategien für Wahlkampf, PR und Lobbying. Münster. S. 229-244

Bihr, Peter (2008): Weblogs und Politikjournalisten. Die Bedeutung von Weblogs für die Arbeit von Politikjournalisten. Saarbrücken

Bimber, Bruce und Richard Davis (2003): Campaigning Online. The Internet in U.S. Elections. Oxford

Bitkom (2008): 25 Millionen schauen Videos im Internet. Online im Internet (PDF). Host: Bundesverband Informationswirtschaft, Telekommunikation und neue Medien. URL: http://www.bitkom.org/de/presse/8477_55722.aspx

Block, Michael (2004): Der Kampagnen-Plan. Online im Internet (HTML). Host: politik-digital.de. URL: http://www.politik-digital.de/archiv/hintergrund/kplan.shtml

Boelter, Dietrich (2002): Online-Campaigning im Härtetest. Die Online-Kampagnenstrategie der SPD im Bundestagswahlkampf 2002. PR-Guide. Online im Internet (HTML). Host: Gesellschaft Public Relations Agenturen. URL: http://www.pr-guide.de

Boelter, Dietrich und Vito Cecere (2003): Online-Campaigning 2002. Die Internet-Strategie der SPD. In: Marco Althaus und Vito Cecere (Hrsg.): Kampagne! 2. Neue Strategien für Wahlkampf, PR und Lobbying. Münster. S. 366-384

Böttcher, Anne und Nicole Stelzner (2003): Junge Wahlkampfteams im Europawahlkampf 2004. Leitfaden. Online im Internet (PDF). Host: Juso-Hochschulgruppen. URL: http://www.jusohochschulgruppen.de/papiere/19898.html (offline)

Bortz, Jürgen und Nicola Döring (2002): Forschungsmethoden und Evaluation für Human- und Sozialwissenschaftler. 3. Aufl. Berlin

Bosnjak, Michael und Bernad Batinic (1999): Determinanten der Teilnahmebereitschaft an Internet-basierten Fragebogenuntersuchungen am Beispiel E-Mail. In: Bernad Batinic, Andreas Werner, Lorenz Gräf und Wolfgang Bandilla (Hrsg.): Online Research. Methoden, Anwendungen und Ergebnisse. Göttingen. S. 145-157

Brauckmann, Patrick (2007): E-Campaigning als effizientes Instrument der politischen Lobbyarbeit? Eine Analyse am Beispiel der Naturschutzverbände in der Bundesrepublik Deutschland. Berlin

Braun, Gabriele (2002): Leitfaden durch das E-Mail-Marketing-Software-Dickicht. Direkt Marketing. Zeitschrift für ganzheitliche Kundenorientierung (4/2002). S. 58-63

Coenen, Christopher (2005): Weblogs als Mittel der Kommunikation zwischen Politik und Bürgern. Neue Chancen für E-Demokratie? kommunikation@gesellschaft 6. Online im Internet (PDF). Host: Johann-Wolfgang-Goethe-Universität Frankfurt am Main. URL: http://www.kommunikation-gesellschaft.de

Cornfield, Michael (2000): Online Campaigning. A Primer. George Washington University

Cornfield, Michael (2002): Online Campaigning 2002. A Primer. Online im Internet (PDF). Host: George Washington University. URL: http://www.ipdi.org

Cornfield, Michael (2003): Persuasion Too? Campaigns & Elections (10-11/2003). S. 46

Cornfield, Michael (2004): Politics Moves Online. Campaigning and the Internet. New York

Cornfield, Michael, Jonathan Carson, Alison Kalis und Emily Simon (2005): Buzz, Blogs, and Beyond. The Internet and the National Discourse in the Fall of 2004. Online im Internet (PDF). Host: The Pew Internet and American Life Project. URL: http://www.pewinternet. org/ppt/BUZZ_BLOGS__BEYOND_Final05-16-05.pdf

Cornfield, Michael und Lee Rainie (2003): Untuned Keyboards. Online Campaigners, Citizens, and Portals in the 2002 Elections. Online im Internet (PDF). Host: George Washington University. URL: http://www.ipdi.org

Cornfield, Michael und Jonah Seiger (2003): The Net and the Nomination. Online im Internet (PDF). Host: George Washington University. URL: http://www.ipdi.org

Darr, Carol C. (Ed.) (2006): Politics Online Conference 2006. Conference Magazine. Online im Internet (PDF). Host: George Washington University. URL: http://www.ipdi.org

Darr, Carol C. (Ed.) (2007): Politics Online Conference 2007. Conference Magazine. Online im Internet (PDF). Host: George Washington University. URL: http://www.ipdi.org

Darr, Carol C. und Julie Barko Germany (2004): Under the Radar & Over the Top. Online Political Videos in the 2004 Election. Online im Internet (PDF). Host: George Washington University. URL: http://www.ipdi.org

Darr, Carol C. und Joseph Graf (Ed.) (2007): Poli-fluentials. The New Political Kingmakers. Online im Internet (PDF). Host: George Washington University. URL: http://www.ipdi.org

Darr, Carol C., Brandon Robinson und Julie Barko Germany (2004): Putting Online Influentials to Work for Your Campaign. Online im Internet (PDF). Host: George Washington University. URL: http://www.ipdi.org

Dausend, Peter und Martin Lutz (2004): SPD-Mitglieder rufen zum Kanzlersturz auf. Online im Internet (HTML). Host: Die Welt. URL: http://www.welt.de/print-welt/article332481/SPD_Mitglieder_rufen_zum_Kanzlersturz_auf.html

Diekmannshenke, Hajo (2000): Die Spur des Internetflaneurs. Elektronische Gästebücher als neue Kommunikationsform. In: Caja Thimm (Hrsg.): Soziales im Netz. Sprache, Beziehungen und Kommunikationskulturen im Internet. Opladen. S. 131-155

DiPasquale, Cara, Kris Karnopp und Crystal Yednak (2003): Web site created to bring together Internet users finds another calling – as an organizing tool for political advocates. In: Chicago Tribune vom 17.04.2003. S. 33

Döring, Nicola (2001): Belohnungen und Bestrafungen im Netz. Verhaltenskontrolle in Chatforen. Gruppendynamik und Organisationsberatung. Zeitschrift für angewandte Sozialpsychologie 32 (2). S. 109-143

Döring, Nicola (2003a): Politiker-Homepages zwischen Politik-PR und Bürgerpartizipation. Publizistik. Vierteljahreshefte für Kommunikationsforschung 48 (1). S. 25-46

Döring, Nicola (2003b): Sozialpsychologie des Internet. Die Bedeutung des Internet für Kommunikationsprozesse, Identitäten, soziale Beziehungen und Gruppen. 2. Aufl. Göttingen

Döring, Nicola (2006): Mobile Weblogs. Chancen und Risiken im unternehmerischen Umfeld. In: Picot, Arnold und Tim Fischer (Hrsg.): Weblogs professionell. Grundlagen, Konzepte und Praxis im unternehmerischen Umfeld. Heidelberg. S. 191-212

Eck, Klaus und Thomas Pleil (2006): Public Relations beginnen im vormedialen Raum. Weblogs als neue Herausforderung für das Issues Management. In: Picot, Arnold und Tim Fischer (Hrsg.): Weblogs professionell. Grundlagen, Konzepte und Praxis im unternehmerischen Umfeld. Heidelberg. S. 77-94

van Eimeren, Birgit und Beate Frees (2005): Nach dem Boom. Größter Zuwachs in internetfernen Gruppen. ARD/ZDF-Online-Studie 2005. Media Perspektiven (8/2005). S. 362-379

van Eimeren, Birgit und Beate Frees (2007): Internetnutzung zwischen Pragmatismus und YouTube-Euphorie. ARD/ZDF-Onlinestudie 2007. Media Perspektiven (8/2007). S. 362-378

van Eimeren, Birgit und Beate Frees (2008a): Internetverbreitung. Größter Zuwachs bei Silver-Surfern. Ergebnisse der ARD/ZDF-Onlinestudie 2008. Media Perspektiven (7/2008). S. 330-344

van Eimeren, Birgit und Beate Frees (2008b): Bewegtbildnutzung im Internet. Ergebnisse der ARD/ZDF-Onlinestudie 2008. Media Perspektiven (7/2008). S. 350-355 van Eimeren, Birgit, Heinz Gerhard und Beate Frees (2003): Internetverbreitung in Deutschland. Unerwartet hoher Zuwachs. ARD/ZDF-Online-Studie 2003. Media Perspektiven (8/2003). S. 338-358

van Eimeren, Birgit, Heinz Gerhard und Beate Frees (2004): Internetverbreitung in Deutschland. Potenzial vorerst ausgeschöpft? ARD/ZDF-Online-Studie 2004. Media Perspektiven (8/2004). S. 350-370

Emmer, Martin (2005): Politische Mobilisierung durch das Internet? Eine kommunikationswissenschaftliche Untersuchung zur Wirkung eines neuen Mediums. München

Emmer, Martin und Angelika Füting (2007): ‚Lazy Modernists'? New Types of Political Communication in Changing Media Environments. Interactive Paper Session. International Communication Association, San Francisco. Online im Internet (PDF). Host: Technische Universität Ilmenau. URL: http://www.tu-ilmenau.de/fakmn/fileadmin/template/ifmk/fachgebiete/empk/Dokumente/Publikationen/ICA_Poster_ME_AF_2007.pdf

Emmer, Martin, Christoph Kuhlmann, Gerhard Vowe und Jens Wolling (2002): Der 11. September. Informationsverbreitung, Medienwahl, Anschlusskommunikation. Ergebnisse einer Repräsentativbefragung zu einem Ereignis mit extremem Nachrichtenwert. Media Perspektiven (4/2002). S. 166-177

Emmer, Martin, Markus Seifert und Gerhard Vowe (2006): Internet und politische Kommunikation: Die Mobilisierungsthese auf dem Prüfstand. Ergebnisse einer repräsentativen Panelstudie in Deutschland. In: Peter Filzmaier, Matthias Karmasin und Cornelia Klepp (Hrsg.): Politik und Medien. Medien und Politik. Wien. S. 170-187

Emmer, Martin und Gerhard Vowe (2002a): Digital Divide. Ein Mythos auf dem Prüfstand. In: Winand Gellner und Gerd Strohmeier (Hrsg.): Freiheit und Gemeinwohl. Politikfelder und Politikvermittlung zu Beginn des 21. Jahrhunderts. Baden-Baden. S. 179-193

Emmer, Martin und Gerhard Vowe (2002b): Elektronische Agora? Digitale Spaltung? Der Einfluss des Internet-Zugangs auf politische Aktivitäten der Bürger. In: Achim Baum und Siegfried J. Schmidt (Hrsg.): Fakten und Fiktionen. Über den Umgang mit Medienwirklichkeiten. Konstanz. S. 419-432

Emmer, Martin und Gerhard Vowe (2004): Mobilisierung durch das Internet? Ergebnisse einer empirischen Längsschnittuntersuchung zum Einfluss des Internets auf die politische Kommunikation der Bürger. Politische Vierteljahresschrift. Zeitschrift der deutschen Vereinigung für Politische Wissenschaft 45 (2). S. 191-212

Esser, Sebastian (2005): Vorsicht Fallen. V.i.S.d.P. Magazin für Medienmacher (6/2005). S. 29-31

Farrell, David M. (2002): Modernisierung westeuropäischer Parteien. Ideenkauf auf dem Markt der US-Politik? In: Matthias Machnig (Hrsg.): Politik, Medien, Wähler. Wahlkampf im Medienzeitalter. Opladen. S. 71-96

Faucheux, Ron (2004): Writing Your Campaign Plan. The Seven Components of Winning an Election. Campaigns & Elections (4/2004). S. 26-29

Felchner, Morgan E. (2004): '04 Democratic Presidential Web Sites. Campaigns & Elections (10-11/2004). S. 42-45

Finn, Mindy (2008): We the Web of the United States. Online im Internet (HTML). Host: Personal Democracy Forum. URL: http://www.techpresident.com/blog/entry/26354/we_the_web_of_the_united_states

Fisch, Martin und Christoph Gscheidle (2008): Mitmachnetz Web 2.0. Rege Beteiligung nur in Communitys. Ergebnisse der ARD/ZDF-Onlinestudie 2008. Media Perspektiven (7/2008). S. 356-364

Fischer, Kai (2005): Online-Fundraising im Wahlkampf. Segen für gebeutelte Parteienfinanzen? Online im Internet (HTML). Host: politik-digital.de. URL: http://www.politik-digital.de/edemocracy/wahlkampf/bundestagswahl05/fundraisingimwahlkampf050630.shtml

Forschungsgruppe Wahlen (2009): Internet-Strukturdaten. Repräsentative Umfrage. IV. Quartal 2008. Online im Internet (PDF). Host: Forschungsgruppe Wahlen. URL: http://www.fgw-online.de/Studien/Internet-Strukturdaten/web_IV_08_1.pdf

Franke, Nikolaus und Sonali Shah (2003): How Communities Support Innovative Activities. An Exploration of Assistance and Sharing Among End-Users. Research Policy 32 (1). S. 157-178

Freiburg, Friederike, Björn Hengst und Annett Meiritz (2008): Wahlkampf oder Wahrheit. Politiker auf Wikipedia. Online im Internet (HTML). Host: Spiegel Online. URL: http://www.spiegel.de/politik/deutschland/0,1518,590996,00.html

Fühles-Ubach, Simone (2001): Web-Statistik. Potenziale und Grenzen. BIT online. Zeitschrift für Bibliothek, Information und Technologie (4/2001). S. 367-376

Füller, Johann, Michael Bartl, Holger Ernst und Hans Mühlbacher (2006): Community Based Innovation. How to Integrate Members of Virtual Communities into New Product Development. Electronic Commerce Research 6 (1). S. 57-73

Füting, Angelika (2008): Wer ist die „Politische Online Elite" in Deutschland? In: Esra Aydin, Matthias Begenat, Christian Michalek, Jasmin Schemann und Ingo Stefes (Hrsg.): Düsseldorfer Forum Politische Kommunikation. Band 3. Berlin. S. 55-75

Gerhards, Maria und Annette Mende (2005): Offliner. Zwischen interessierter Annäherung und bewusster Distanz zum Internet. ARD/ZDF-Offline-Studie 2005. Media Perspektiven (8/2005). S. 380-395

Gerhards, Maria und Annette Mende (2008): Ein Drittel der Deutschen bleibt weiter offline. Ergebnisse der ARD/ZDF-Offlinestudie 2008. Media Perspektiven (7/2008). S. 365-376

Gerster, Martin (2002): Lokal, aber oho. Low-Budget-Wahlkampagnen für örtliche Kandidaten. In: Marco Althaus (Hrsg.): Kampagne! Neue Strategien für Wahlkampf, PR und Lobbying. Münster. S. 159-173

Gillmor, Dan (2004): We the Media. Grassroots Journalism by the People, for the People. Sebastopol

Grabner-Kräuter, Sonja und Christoph Lessiak (2002): Personalisierte Online-Kommunikation. Web-Mining. Voraussetzung für personalisiertes Online-Marketing. In: Dirk Frosch-Wilke und Christian Raith (Hrsg.): Marketing-Kommunikation im Internet. Theorie, Methoden und Praxisbeispiele vom One-to-One bis zum Viral-Marketing. Wiesbaden. S. 181-206

Graf, Joseph (2004): Nonpartisan Political Web Sites. Best Practices Primer. A handbook for individuals and small organizations publishing political information online. Published in conjunction with the Pioneers in Online Politics Project. Online im Internet (PDF). Host: George Washington University. URL: http://www.ipdi.org

Graf, Joseph (2006): The Audience for Political Blogs. New Research on Blog Readership. Online im Internet (PDF). Host: George Washington University. URL: http://www.ipdi.org

Graf, Joseph (2007): Demographics. In: Carol C. Darr und Joseph Graf (Ed.): Poli-fluentials. The New Political Kingmakers. Online im Internet (PDF). Host: George Washington University. URL: http://www.ipdi.org

Graf, Joseph und Carol C. Darr (2004a): Pioneers in Online Politics. Nonpartisan Political Web Sites in the 2000 Campaign. Online im Internet (PDF). Host: George Washington University. URL: http://www.ipdi.org

Graf, Joseph und Carol C. Darr (2004b): Political Influentials Online in the 2004 Presidential Campaign. Online im Internet (PDF). Host: George Washington University. URL: http://www.ipdi.org

Graf, Joseph, Grant Reeher, Michael J. Malbin und Costas Panagopoulos (2006): Small Donors and Online Giving. A Study of Donors to the 2004 Presidential Campaigns. Online im Internet (PDF). Host: George Washington University. URL: http://www.ipdi.org

Graner, Jürgen und Eva Stern (2002): It's the Candidate, Stupid? Personalisierung der bundesdeutschen Wahlkämpfe. In: Thomas Berg (Hrsg.): Moderner Wahlkampf. Blick hinter die Kulissen. Opladen. S. 145-170

Greenberg, Dave (2007): If the Shoe Fits. Finding an Open Source CRM Solution for Political Nonprofits. In: Julie Barko Germany und Peter Churchill (Ed.): Constituent Relationship Management. The New Little Black Book of Politics. Online im Internet (PDF). Host: George Washington University. URL: http://www.ipdi.org

Haas, Sabine, Thilo Trump, Maria Gerhards und Walter Klingler (2007): Web 2.0. Nutzung und Nutzertypen. Eine Analyse auf der Basis quantitativer und qualitativer Untersuchungen. Media Perspektiven (4/2007). S. 215-222

Hagel, John und Arthur G. Armstrong (1997): Net Gain. Expanding Markets Through Virtual Communities. Boston

Harms, Ilse, Werner Schweibenz und Johannes Strobel (2002): Usability Evaluation von Web-Angeboten mit dem Web Usability Index. Online im Internet (PDF). Host: Universität des Saarlandes. URL: http://usability.is.uni-sb.de/werkzeuge/wu_index.php

Hartmann, Peter H. und Ulrich Neuwöhner (1999): Lebensstilforschung und Publikums-segmentierung. Eine Darstellung der Mediennutzertypologie. Media Perspektiven (10/1999). S. 531-539

Hauptmanns, Peter und Bettina Lander (2003): Zur Problematik von Internet-Stichproben. In: Axel Theobald, Marcus Dreyer und Thomas Starsetzki (Hrsg.): Online-Marktfor-schung. Theoretische Grundlagen und praktische Erfahrungen. Wiesbaden. S. 27-39

Heltsche, Maren (2005): Weblogs im Dienst der politischen Kommunikation. Online im Internet (PDF). Host: politik-digital.de. URL: http://www.politik-digital.de/edemocracy/wahlkampf/bundestagswahl05/ausschnittwahlblogs051020.shtml

Hennewig, Stefan (2005): CDU-Online-Wahlkampf. Das teAM Zukunft. Das Interview führte Kendra Reinhardt. Online im Internet (HTML). Host: politik-digital.de. URL: http://www.politik-digital.de/edemocracy/wahlkampf/bundestagswahl05/InterviewmitChiefTeAMZukunft050818.shtml

Hermes, Sascha (2006): Weblogs im Bundestagswahlkampf. In: Florian Melchert, Fabian Ma-gerl und Mario Voigt (Hrsg.): In der Mitte der Kampagne. Grassroots und Mobilisierung im Bundestagswahlkampf 2005. Berlin. S. 127-136

Herold, Maik (2006): Die Homepage des teAM Zukunft. In: Florian Melchert, Fabian Magerl und Mario Voigt (Hrsg.): In der Mitte der Kampagne. Grassroots und Mobilisierung im Bundestagswahlkampf 2005. Berlin. S. 107-126

Heuke, Karsten (2003): Bürgersprechstunde im Chat. Internetkommunikation zwischen Politikern und Wählern. Diplomarbeit an der Friedrich-Alexander-Universität Erlangen-Nürnberg. Online im Internet (PDF). Host: Karsten Heuke. URL: http://www.kahbox.de/chat/diplchat.pdf

Hienzsch, Ulrich und Elizabeth Prommer (2004): Die Dean-Netroots. Die Organisation von interpersonaler Kommunikation durch das Web. In: Uwe Hasebrink, Lothar Mikos und Elizabeth Prommer (Hrsg.): Mediennutzung in konvergierenden Medienumgebungen. München. S. 147-169

Hom, James (1998): The Usability Methods Toolbox. Online im Internet (HTML). Host: James Hom. URL: http://jthom.best.vwh.net/usability

Horrigan, John B. (2004a): 55% of Adult Internet Users Have Broadband at Home or Work. Pew Internet Project Data Memo. Online im Internet (PDF). Host: The Pew Internet and American Life Project. URL: http://www.pewinternet.org/PPF/r/121/report_display.asp

Horrigan, John B. (2004b): Trends in Internet Adoption and Use. Comparing Minority Groups. Vortragsfolien. Online im Internet (PPT). Host: The Pew Internet and American Life Project. URL: http://www.pewinternet.org/PPF/r/10/presentation_display.asp

Horrigan, John B. (2005): Broadband Adoption at Home in the United States. Growing But Slowing. Online im Internet (PDF). Host: The Pew Internet and American Life Project. URL: http://www.pewinternet.org/PPF/r/164/report_display.asp

Horrigan, John B. (2008): Home Broadband Adoption 2008. Adoption stalls for low-income Americans even as many broadband users opt for premium services that give them more speed. Online im Internet (PDF). Host: The Pew Internet and American Life Project. URL: http://www.pewinternet.org/pdfs/PIP_Broadband_2008.pdf

Hübel, Anne-Katrin (2007): Der virtuelle Wahlkampf. Interaktivität und politische Partizipation auf Kandidatenwebsites. Saarbrücken

Ireland, Emilienne und Phil Tajitsu Nash (2001): Winning Campaigns Online. Strategies for Candidates and Causes. 2nd ed. Bethesda

Jacobsen, Jens (2005): Wahlkampf im Web. Online im Internet (HTML). Host: Jens Jacobsen. URL: http://www.benutzerfreun.de/newsletter/archiv/2005_08_WebWahlkampf.html

Jagoda, Karen (2008): Harnessing the Power of Social Networks. Campaign 2008 Taps Into the Virtual Grid. Online im Internet (HTML). Host: E-Voter Institute. URL: http://evoterinstitute.com/?p=181

Johnson, Dennis W. (2004): Congress Online. Bridging the Gap Between Citizens and Their Representatives. New York

Jordan, Ken, Jan Hauser und Steven Foster (2003): The Augmented Social Network. Building identity and trust into the next-generation Internet. First Monday. Peer-reviewed Journal on the Internet 8 (8). Online im Internet (HTML). Host: University of Illinois at Chicago Library. URL: http://www.firstmonday.org/issues/issue8_8/index.html

Karpf, Dave (2008): Measuring Influence in the Political Blogosphere. Who's Winning and How Can We Tell? In: Wimbush, Christopher (Ed.): Politics and Technology Review. Online im Internet (PDF). Host: George Washington University. URL: http://www.ipdi.org

Katz, Elihu (1957): The Two-Step-Flow of Communication. An Up-To-Date Report on a Hypothesis. Public Opinion Quarterly 21 (1). S. 61-78

Katz, Elihu und Paul F. Lazarsfeld (1955): Personal Influence. The Part Played by People in the Flow of Mass Communication. New York

Kaufmann, Noogie C. (2004): Serienbotschafter mit Hindernissen. Rechts-Knigge für Newsletter-Versender. c't. Magazin für Computer Technik (13/2004). S. 174-178

Kaye, Barbara K. und Thomas J. Johnson (2002): Online and in the Know. Uses and Gratifications of the Web for Political Information. Journal of Broadcasting & Electronic Media 46 (1). S. 54 -71

Kim, Amy Jo (2001): Community Building. Strategien für den Aufbau erfolgreicher Web-Communities. Bonn

Klaus, Elisabeth und Ulrike Röttger (1998): Medium, Organisation, Nutzung. Bedingungen erfolgreicher Öffentlichkeitsarbeit im Internet. In: Irene Neverla (Hrsg.): Das Netz-Medium. Kommunikationswissenschaftliche Aspekte eines Mediums in Entwicklung. Opladen. S. 219-243

Kleinsteuber, Hans J. (2004): Das Mediensystem der USA. In: Hans-Bredow-Institut (Hrsg.): Internationales Handbuch Medien 2004/2005. 27. Aufl. Baden-Baden. S. 1081-1094

Knobloch, Silvia, Matthias Hastall, Dolf Zillmann und Coy Callison (2003): Informations-selektion im Internetzeitalter. Eine web-experimentelle Überprüfung des Einflusses von Bildern auf die Zuwendung zu Online-Nachrichten in Deutschland und den USA. In: Wolfgang Donsbach und Olaf Jandura (Hrsg.): Chancen und Gefahren der Medien-demokratie. Konstanz. S. 279-291

Kotler, Philip (2003): Marketing Management. 11th ed. New Delhi

Krüger, Malte und Kay Leibold (2004): Internet Zahlungssysteme aus der Sicht der Verbrau-cher. Ergebnisse der Online-Umfrage IZV7. Nicht repräsentative Onlinebefragung. Online im Internet (PDF). Host: Universität Karlsruhe. URL: http://www.iww.uni-karlsruhe.de/izv/pdf/izv7_auswertung.pdf

Kuhlmann, Christoph und Jens Wolling (2003): Das Internet als Gegenstand und Instrument der empirischen Kommunikationsforschung. In: Martin Löffelholz und Thorsten Quandt (Hrsg.): Die neue Kommunikationswissenschaft. Theorien, Themen und Berufsfelder im Internet-Zeitalter. Eine Einführung. Wiesbaden. S. 131-161

Kuntz, Wolfgang (2000): Über die Erfahrungen der Bundestagsabgeordneten mit E-Mail. Auswertung einer von JurPC durchgeführten Umfrage unter den in der Online-Liste der Bundestagsverwaltung vertretenen Abgeordneten. JurPC. Internet-Zeitschrift für Rechts-informatik. Online im Internet (HTML). Host: Universität des Saarlandes. URL: http://www.jurpc.de/aufsatz/20000052.htm

Leitner, Helmut (2003): Online-Community, „Hands On"! In: Christian Eigner, Helmut Leitner und Peter Nausner (Hrsg.): Online-Communities, Weblogs und die soziale Rück-eroberung des Netzes. Graz. S. 11-51

Lenhart, Amanda und Susannah Fox (2006): Bloggers. A Portrait of the Internet's New Storytellers. Online im Internet (PDF). Host: The Pew Internet and American Life Project. URL: http://www.pewinternet.org/PPF/r/186/report_display.asp

Lynch, Patrick J. und Sarah Horton (2001): Web Style Guide. Basic Design Principles for Creating Web Sites. 2nd ed. New Haven

Maier, Juri (2004): E-Campaigning. Die neue Wunderwaffe der politischen Kommunikation? In: Steffen Dagger, Christoph Greiner, Kirsten Leinert, Nadine Meliß und Anne Menzel (Hrsg.): Politikberatung in Deutschland. Praxis und Perspektiven. Wiesbaden. S. 57-75

Martens, Dirk und Rolf Amann (2007): Podcast. Wear-out oder Habitualisierung? Paneluntersuchung zur Podcastnutzung. Media Perspektiven (11/2007). S. 538-551

Martens, Volker (2002): Online-Public Relation. In: Dirk Frosch-Wilke und Christian Raith (Hrsg.): Marketing-Kommunikation im Internet. Theorie, Methoden und Praxisbeispiele vom One-to-One bis zum Viral-Marketing. Wiesbaden. S. 129-168

May, Albert L. (2002): The Virtual Trail. Political Journalism on the Internet. Online im Internet (PDF). Host: George Washington University. URL: http://www.ipdi.org

Mayr, Philipp (2004): Entwicklung und Test einer logfilebasierten Metrik zur Analyse von Website Entries am Beispiel einer akademischen Universitäts-Website. Berliner Handreichungen zur Bibliotheks- und Informationswissenschaft (129). Online im Internet (PDF). Host: Humboldt-Universität zu Berlin. URL: http://www.ib.hu-berlin.de/inf/handrei.htm

McKenna, Katelyn Y. A. und Amie S. Green (2002): Virtual Group Dynamics. Group Dynamics. Theory, Research, and Practice 6 (1). S. 116-127

Melchert, Florian, Fabian Magerl und Mario Voigt (2006): Schlussfolgerungen aus der Kampagne für künftige Wahlkämpfe. In: Florian Melchert, Fabian Magerl und Mario Voigt (Hrsg.): In der Mitte der Kampagne. Grassroots und Mobilisierung im Bundestagswahlkampf 2005. Berlin. S. 219-222

Merz, Manuel, Stefan Rhein und Julia Vetter (2006): Wahlkampf im Internet. Handbuch für die politische Online-Kampagne. Public Affairs und Politikmanagement 9. Münster

Meyer, Erik und Christoph Bieber (2005): Podcasting. Eine neue Form politischer Öffentlichkeit? Telepolis. Magazin der Netzkultur. Online im Internet (HTML). Host: Heise Verlag. URL: http://www.heise.de/tp/r4/artikel/20/20833/1.html

Mezulianik, Manuela (2008): Analyse und Akzeptanz der Zahlungsmethoden im Internet. Magisterarbeit an der Universität Wien. Online im Internet (PDF). Host: Universität Wien. URL: http://othes.univie.ac.at/649/1/05-06-2008_0150552.pdf

Moorstedt, Tobias (2008): Jeffersons Erben. Wie die digitalen Medien die Politik verändern. Frankfurt am Main

Mortensen, Torill und Jill Walker (2002): Blogging thoughts. Personal publication as an online research tool. Beitrag zur Skikt-Researchers' Conference 2002 am 8. April 2002. Online im Internet (PDF). Host: University of Oslo. URL: http://www.intermedia.uio.no/konferanser/skikt-02

Müller, Claudia (2008): Analyse der Wissenskommunikation in wiki-basierten Netzwerken. In: Ansgar Zerfaß, Martin Welker und Jan Schmidt (Hrsg.): Kommunikation, Partizipation und Wirkungen im Social Web. Grundlagen und Methoden. Von der Gesellschaft zum Individuum. Köln. S. 348-369

Nardi, Bonnie A., Diane J. Schiano und Michelle Gumbrecht (2004): Blogging as social activity, or, would you let 900 million people read your diary? Computer Supported Cooperative

Work. Proceedings of the 2004 ACM conference on Computer supported cooperative work. Online im Internet (PDF). Host: ACM Press. URL: http://doi.acm.org/10.1145/1031607.1031643

Neuberger, Christoph, Christian Nuernbergk und Melanie Rischke (2008): Konkurrenz, Komplementarität, Integration? Zum Beziehungsgeflecht zwischen Weblogs, Wikipedia und Journalismus. Ergebnisse einer Befragung von Nachrichtenredaktionen. In: Johannes Raabe, Rudolf Stöber, Anna M. Theis-Berglmair und Kristina Wied (Hrsg.): Medien und Kommunikation in der Wissensgesellschaft. Konstanz. S. 105-117

Nielsen, Jakob (1997): Usability Testing. In: Gavriel Salvendy (Ed.): Handbook of Human Factors and Ergonomics. 2nd ed. S. 1543-1568

Page, Susan (2003): Dean draws fire for sealing some records. Online im Internet (HTML). Host: USA Today. URL: http://www.usatoday.com/news/politicselections/nation/2003-12-02-dean-under-fire_x.htm

Pannen, Ute (2008a): Campaigning Online. US-amerikanischer Präsidentschaftswahlkampf im Internet. Online im Internet (PDF). Host: Friedrich-Ebert-Stiftung. URL: http://library.fes.de/pdf-files/bueros/usa/05176.pdf

Pannen, Ute (2008b): Amerika im Dialog mit Hillary. Web 2.0. Mehr Bürgerbeteiligung im Wahlkampf. In: Neue Gesellschaft, Frankfurter Hefte (1-2/2008). S. 50-53

Pannen, Ute (2008c): Obamas Video Team. Online im Internet (PDF). Host: Ute Pannen. URL: http://apparent.typepad.com/apparent/2008/07/obamas-video-te.html

Pfleiderer, Rolf (2002): Using Market Research Techniques to Determine Campaign Effects. In: Hans-Dieter Klingemann und Andrea Römmele (Eds.): Public Information Campaigns & Opinion Research. A Handbook for the Student & Practitioner. London. S. 167-184

Picot, Arnold und Tim Fischer (Hrsg.) (2006): Weblogs professionell. Grundlagen, Konzepte und Praxis im unternehmerischen Umfeld. Heidelberg

Plasser, Fritz, Christian Scheucher und Christian Senft (1999): Is There a European Style of Political Marketing? A Survey of Political Managers and Consultants. In: Bruce I. Newman (Ed.): Handbook of Political Marketing. Thousand Oaks. S. 89-112

Pleil, Thomas (2008): McCain der Netzverschmutzer. Online im Internet (PDF). Host: Thomas Pleil. URL: http://thomaspleil.wordpress.com/2008/08/11/mccain-der-netzverschmutzer

Preece, Jenny und Diane Maloney-Krichmar (2003): Online Communities. Focusing on Sociability and Usability. In: Julie A. Jacko und Andrew Sears (Eds.): The Human-Computer Interaction Handbook. Fundamentals, Evolving Technologies and Emerging Applications. New York. S. 596-620

Rainie, Lee (2005): The State of Blogging. Online im Internet (PDF). Host: The Pew Internet and American Life Project. URL: http://www.pewinternet.org/pdfs/PIP_blogging_data.pdf

Raphael, Jordan (2002): Blogged Down in the PR Machine. Publicists Diss Niche Querries for Now, Citing Time Constraints. In: Rebecca Blood (Ed.): We've Got Blog. How Weblogs Are Changing Our Culture. Cambridge. S. 183-187

Reichart, Marcel, Artur Schmidt, Désirée Martin und Susann Remke (2009): DLD Internet Politics Studie. Eine Analyse der erfolgreichen Online-Wahlkampagne des US-Präsidenten Barack Obama und wie sich die deutschen Parteien im Internet für das Superwahljahr 2009 aufstellen. Online im Internet (PDF). Host: Hubert Burda Media. URL: http://www.dld-conference.com/2009/01/dld-internet-politics-study-re.php

Reichmayr, Ingrid Francisca (2002): Unser tägliches Blog gib uns heute. Jäger, Sammler, Zurschausteller, Freaks. Die Weblogger. Medienimpulse. Beiträge zur Medienpädagogik (41). S. 87-89

Reinhard, Britta (2002): Perfekte E-Mailings Schritt für Schritt. E-Mail Workshop Teil 1. Direkt Marketing. Zeitschrift für ganzheitliche Kundenorientierung (5/2002). S. 56-61

Rheingold, Howard (1993/2000): The Virtual Community. Homesteading on the Electronic Frontier. 2nd ed. Cambridge

Röhl, Bettina (2008): Fall Sarah Palin. Der Wikipedia-Skandal. Online im Internet (HTML). Host: Die Welt. URL: http://bettinaroehl.blogs.com/mainstream/2008/09/fall-sarah-pali.html

Römmele, Andrea (2002): Direkte Kommunikation zwischen Parteien und Wählern. Professionalisierte Wahlkampftechnologien in den USA und in der BRD. Wiesbaden

Rohwer, Lars und Christian H. Schuster (2006): Exkurs: Rote Grashalme. Online-Kämpfer an der SPD-Basis. In: Florian Melchert, Fabian Magerl und Mario Voigt (Hrsg.): In der Mitte der Kampagne. Grassroots und Mobilisierung im Bundestagswahlkampf 2005. Berlin. S. 75-88

Rosenblatt, Alan (2007): Party Poli-fluentials. Initial Thoughts on the Differences across Parties. In: Carol C. Darr und Joseph Graf (Ed.): Poli-fluentials. The New Political Kingmakers. Online im Internet (PDF). Host: George Washington University. URL: http://www.ipdi.org

Ruisinger, Dominik (2007): Online Relations. Leitfaden für moderne PR im Netz. Stuttgart

Rushkoff, Douglas (2008): Beyond Brand Obama. Online im Internet (HTML). Host: Personal Democracy Forum. URL: http://www.personaldemocracy.com/node/1962

Sauvant, Nicola (2002): Professionelle Online-PR. Die besten Strategien für Pressearbeit, Investor Relations, interne Kommunikation, Krisen-PR. Frankfurt

Schatilow, Lars Christian (2006): teAM Zukunft vor Ort. Die Partizipationsmöglichkeiten der Mitglieder in der Praxis. In: Florian Melchert, Fabian Magerl und Mario Voigt (Hrsg.): In der Mitte der Kampagne. Grassroots und Mobilisierung im Bundestagswahlkampf 2005. Berlin. S. 145-151

Schenk, Michael und Thomas Döbler (2002): Towards a Theory of Campaigns. The Role of Opinion Leaders. In: Hans-Dieter Klingemann und Andrea Römmele (Eds.): Public Information Campaigns & Opinion Research. A Handbook for the Student & Practitioner. London. S. 36-51

Scheucher, Christian und Klaus Weissmann (2002): Shopping in Übersee. Wissenstransfer aus den USA nach Österreich. In: Marco Althaus (Hrsg.): Kampagne! Neue Strategien für Wahlkampf, PR und Lobbying. Münster. S. 290-306

Schmidt, Jan, Klaus Schönberger und Christian Stegbauer (2005): Erkundungen von Weblog-Nutzungen. Anmerkungen zum Stand der Forschung. kommunikation@gesellschaft 6. Online im Internet (PDF). Host: Johann-Wolfgang-Goethe-Universität Frankfurt am Main. URL: http://www.kommunikation-gesellschaft.de

Scholz, Stefan (2003): Online-Kampagne der CDU 2002. Wahlfakten.de und mehr. In: Marco Althaus und Vito Cecere (Hrsg.): Kampagne! 2. Neue Strategien für Wahlkampf, PR und Lobbying. Münster. S. 385-398

Schulzki-Haddouti, Christiane und Jo Bager (2005): Bei Kommentar Spam. c't. Magazin für Computer Technik (2/2005). S. 41

Schwarz, Torsten (2003): E-Mail Newsletter Software. Marktübersicht für den Mittelstand. Tabelle. Online im Internet (PDF). Host: Torsten Schwarz. URL: http://www.absolit.de/studie_detail/newsletter-anbieter.pdf

Schweibenz, Werner und Frank Thissen (2002): Qualität im Web. Benutzerfreundliche Webseiten durch Usability Evaluation. Berlin

Schweitzer, Eva (2003): Wahlkampf im Internet. Eine Analyse der Internetauftritte von SPD, CDU, Bündnis '90/Die Grünen und FDP zur Bundestagswahl 2002. In: Christina Holtz-Bacha (Hrsg.): Die Massenmedien im Wahlkampf. Die Bundestagswahl 2002. Wiesbaden. S. 194-215

Schwellinger, Frank (2003): Humans only. Woran sich Computer die Zähne ausbeißen. c't. Magazin für Computer Technik (12/2003). S. 214-217

Shirky, Clay (2004): Exiting Deanspace. Extreme Democracy. The Book and Discussion Forum for Networked Activists. Chapter 15. Online im Internet (PDF). Host: Jon Lebkowsky und Mitch Ratcliffe. URL: http://www.extremedemocracy.com/chapters/Chapter15-Shirky.pdf

Shklovski, Irina, Sara Kiesler und Robert E. Kraut (2006): The Internet and Social Interaction. A Meta-analysis and Critique of Studies, 1995-2003. In: Robert E. Kraut, Malcolm Brynin und Sara Kiesler (Eds.): Computers, Phones, and the Internet. Domesticating Information Technology. New York. S. 251-264

Shklovski, Irina, Robert E. Kraut und Lee Rainie (2004): The Internet and Social Participation. Contrasting Cross-Sectional and Longitudinal Analyses. Journal of Computer-Mediated Communication 10 (1)

Sinico, Sean (2005): Blogs Making Baby Steps in German Politics. Online im Internet (PDF). Host: Deutsche Welle. URL: http://www.dw-world.de/dw/article/0,1564,1698221,00.html

Smith, Aaron und Lee Rainie (2008): The Internet and the 2008 Election. Online im Internet (PDF). Host: The Pew Internet and American Life Project. URL: http://www.pewinternet.org/pdfs/PIP_2008_election.pdf

Spließ, Christian (2006): Stolpersteine beim Podsafe-Music-Network. Der Fall Alice Cooper. Telepolis. Magazin der Netzkultur. Online im Internet (HTML). Host: Heise Verlag. URL: http://www.heise.de/tp/r4/artikel/23/23621/1.html

Stauffer, Todd (2002): Blog On. Building Online Communities with Web Logs. Emeryville

Stegbauer, Christian, Alexander Rausch und Elisabeth Bauer (2007): Die Bedeutung positionaler Netzwerke für die Sicherstellung der Online-Kooperation. Das Beispiel Wikipedia. Merz. Zeitschrift für Medienpädagogik 51(6). S. 59-72

Stone, Biz (2002): Blogging. Genius Strategies for Instant Web Content. Boston

Suter, Hansueli (2003): Wahlwerbung zwischen off- und online. Dissertation. Universität Zürich

TNS Emnid (2002): eCandidates2002. Online im Internet (PDF). Host: 3-point concepts. URL: http://www.3-point.de/downloads/ecandidates2002.pdf

Trammell, Kaye D. (2005): Blog Research and References. Online im Internet (HTML). Host: Kaye D. Trammell. URL: http://www.blogresearch.com/ref.htm

Trippi, Joe (2004): The Revolution Will Not Be Televised. Democracy, the Internet, and the Overthrow of Everything. New York

Trippi, Joe (2008): The Last Top-Down Campaign. In: Allison H. Fine, Micah Sifry, Andrew Rasiej und Josh Levy (Eds.): Rebooting America. Ideas for Redesigning American Democracy for the Internet Age. New York. S. 151-154

Vargas, Jose Antonio (2008): Campaigns Experimenting Online to See What Works. Online im Internet (HTML). Host: The Washington Post. URL: http://www.washingtonpost.com/wp-dyn/content/article/2008/02/02/AR20080 20202073.html

Voigt, Mario (2006): „Zurück in die Zukunft". Mobilisierung im amerikanischen Präsidentschaftswahlkampf. In: Florian Melchert, Fabian Magerl und Mario Voigt (Hrsg.): In der Mitte der Kampagne. Grassroots und Mobilisierung im Bundestagswahlkampf 2005. Berlin. S. 49-64

Vowe, Gerhard, Martin Emmer und Markus Seifert (2007): Abkehr oder Mobilisierung? Zum Einfluss des Internets auf die individuelle politische Kommunikation. Empirische Befunde zu alten Fragen im Kontext neuer Medien. In: Birgit Krause, Benjamin Fretwurst und Jens Vogelgesang (Hrsg.): Fortschritte der politischen Kommunikationsforschung. Festschrift für Lutz Erbring. Wiesbaden. S. 109-130

Vowe, Gerhard und Jens Wolling (2000): Amerikanisierung des Wahlkampfs oder Politisches Marketing? Zur Entwicklung der politischen Kommunikation. In: Klaus Kamps (Hrsg.): Trans-Atlantik – Trans-Portabel? Die Amerikanisierungsthese in der politischen Kommunikation. Wiesbaden. S. 57-92

Vowe, Gerhard und Jens Wolling (2002): Wollen, Können, Wissen. Was erklärt die Unterschiede in der Internetnutzung durch Studierende? Ein empirischer Theorietest. In: Achim Baum und Siegfried J. Schmidt (Hrsg.): Fakten und Fiktionen. Über den Umgang mit Medienwirklichkeiten. Konstanz. S. 379-391

Vowe, Gerhard und Jens Wolling (2004): Radioqualität. Was die Hörer wollen und was die Sender bieten. München

Wegmann, Tobias und Yvonne Mannan (2002): Erfolgsmessung von Internet-Werbekampagnen. In: Dirk Frosch-Wilke und Christian Raith (Hrsg.): Marketing-Kommunikation im Internet. Theorie, Methoden und Praxisbeispiele vom One-to-One bis zum Viral-Marketing. Wiesbaden. S. 60-79

Wendler, Markus (2004): Gewinner im Netz, Verlierer an der Urne. Online im Internet (HTML). Host: politik-digital.de. URL: http://www.politik-digital.de/edemocracy/wahlkampf/us04internet.shtml

Westermayer, Till (2007): Politische Wiki-Nutzung zwischen Groupware und Text-Event. Diskutiert an Fallbeispielen aus dem Umfeld von Bündnis 90/Die Grünen. In: Christian Stegbauer, Jan Schmidt, Klaus Schönberger (Hrsg.): Wikis. Diskurse, Theorien und Anwendungen. Sonderausgabe von kommunikation@gesellschaft 8. Online im Internet (PDF). Host: Johann-Wolfgang-Goethe-Universität Frankfurt am Main. URL: http://www.kommunikation-gesellschaft.de

Williams, Andrew P., Kaye D. Trammell, Monica Postelnicu, Kristen D. Landreville und Justin D. Martin (2005): Blogging and hyperlinking. Use of the Web to enhance viability during 2004 U. S. campaigns. Journalism Studies 6 (2). S. 177-186

Wimbush, Christopher (Ed.) (2008): Politics and Technology Review. Online im Internet (PDF). Host: George Washington University. URL: http://www.ipdi.org

Zerfaß, Ansgar und Dietrich Boelter (2005): Die neuen Meinungsmacher. Weblogs als Herausforderung für Kampagnen, Marketing, PR und Medien. Graz

Alle Weblinks wurden zuletzt am 13. Februar 2009 abgerufen.

Public Affairs und Politikmanagement
hrsg. vom Deutschen Institut für Public Affairs (Berlin)

Marco Althaus; Michael Geffken (Hg.)
Handlexikon Public Affairs
Viele Fachbegriffe in den Public Affairs sind wie Zahnräder: Nur zusammen bilden sie eine beachtens-
werte Mechanik. Darum ist die ausführliche Erläuterung im Kontext so wichtig. Das gilt auch für die
Themenfelder Politisches Management, Politische Kommunikation und Interessenrepräsentation. Die
fachliche Vorbereitung von Briefings, Kundengesprächen, Präsentationen, Pressekonferenzen, Parla-
mentarischen Abenden, Verhandlungen und Teambesprechungen erfordert oft die präzise Klärung von
Begriffen – insbesondere von international gebräuchlichen, aber im Deutschen nicht gängigen Vokabeln.
Fachsprache ist ein Entscheidungswerkzeug. Das Handlexikon Public Affairs ermöglicht das schnelle
Erschließen der wichtigsten Termini. Es wurde in Zusammenarbeit von Praktikern und Wissenschaftlern
entwickelt. Die Stichwörter werden kompakt in mehrseitigen Übersichtsartikeln erläutert und durch weiter
führende Literaturhinweise ergänzt. Es hat seinen festen Platz im Geschäftsalltag: In Konzernstäben und
Repräsentanzen, Verbandsgeschäftsstellen, Agenturen und Kanzleien, Regierungs- und Parlamentsbüros,
Partei- und Gewerkschaftszentralen, Think Tanks und Redaktionen.
Auch für die wissenschaftliche Politikberatung, für Weiterbildung und akademisches Studium ist das
Handlexikon Public Affairs ein unentbehrlicher Begleiter. Zum einen, um Sicherheit für den Umgang mit
dem Fachjargon der professionellen Berater und Manager zu erhalten. Zum anderen, um einen Beitrag zur
wissenschaftlichen Erforschung und kritischen Begleitung der wachsenden Professionalisierung zu leisten
und nicht zuletzt den Wissenskanon – den „body of knowledge" – systematisch weiter zu entwickeln.
Bd. 1, 2005, 304 S., 29,90 €, gb., ISBN 3-8258-8144-x

LIT Verlag Berlin – Münster – Wien – Zürich – London
Auslieferung Deutschland / Österreich / Schweiz: siehe Impressumsseite

Marco Althaus; Dominik Meier (Hg.)
Politikberatung: Praxis und Grenzen
Will Politik beraten sein?
Ja, aber nicht immer, nicht überall und nicht durch jeden, der Politikberatung professionell oder als Wissenschaftler anbietet. In der Berliner Republik hat sich die Nachfrage nach Politikberatung gewandelt. Ein klares Indiz hierfür ist die wachsende privatwirtschaftliche Politikberatung. Der Anspruch lautet heute: Zum einen zwischen Politik, Wirtschaft und Öffentlichkeit zu vermitteln; zum anderen die Brücke zwischen Wissenschaft und politischer Praxis zu schlagen.
Die deutsche Politikberaterszene sucht international nach Orientierungspunkten und ein neues Selbstverständnis, auch als Profession. Zur Professionalisierung gehört, angeheizt durch Affären und Skandale, die wachsende Debatte um Ethik, Verhaltensregeln, Selbstregulierung und die Grenzen von Lobbying, Spin und Kontaktgeschäft. Denn Politikberater bewegen sich oft auf dem schwierigen Gelände von Interessenkonflikten und geringer demokratischer Kontrolle.
Dieser Band dokumentiert zwei Berliner Fachtagungen der Friedrich-Ebert-Stiftung, der Deutschen Gesellschaft für Politikberatung und dem Deutschen Institut für Public Affairs. Zu Wort kommen Praktiker aus dem In- und Ausland. Ihre Analysen werden ergänzt durch eine bisher einmalige Dokumentation internationaler Beispiele für Verhaltensregeln für Politikberater und Politiker.
Bd. 2, 2004, 272 S., 19,90 €, br., ISBN 3-8258-8145-8

LIT Verlag Berlin – Münster – Wien – Zürich – London
Auslieferung Deutschland / Österreich / Schweiz: siehe Impressumsseite

Axel Balzer; Marvin Geilich; Shamim Rafat (Hg.)
Politik als Marke
Politikvermittlung zwischen Kommunikation und Inszenierung
In immer schnelllebigeren Zeiten verändert sich das Verhältnis der Politik zu Medien und Gesellschaft.
Immer komplexer werdende politische Inhalte erreichen die Öffentlichkeit als immer einfachere Bot-
schaften. Im Schatten der Diskussionen um Personalisierung, Mediatisierung und Infotainment fürchten
Kritiker einen Substanzverlust. Sie sehen die Glaubwürdigkeit von Politik auf dem Spiel.
Dieser Band greift die Ergebnisse des Kongresses „Politik als Marke" auf: Politikvermittlung bewegt sich
auf einem schmalen Grat zwischen Kommunikation und Inszenierung. Das komplexe Zusammenspiel
von Medien und Politik wird aus verschiedenen Perspektiven beleuchtet. Zu Wort kommen Experten aus
Politik, Medien, Wissenschaft, Wahlkampf und politischer PR.
Wie behauptet sich Qualitätsjournalismus in Zeiten der ökonomisierten Information? Wie entwickelt sich
die Wahlkampfkommunikation der politischen Parteien? Wird Markenführung wichtiger als Glaubwürdig-
keit in der Politik? Empören sich die Bürger zu recht über ihre Politiker?
Inwieweit und unter welchen Bedingungen erreichen Politik und politische Kommunikation ihre Ziele?
Mit Beiträgen u. a. von Sabine Christiansen, Andreas Dörner, Volker Kauder, Karl-Rudolf Korte, Hans
Leyendecker, Sandra Maischberger, Coordt von Mannstein, Johannes Rau, Ulrich Sarcinelli und Rüdiger
Schmitt-Beck.
Bd. 3, 3. Aufl., 2009, 312 S., 19,90 €, br., ISBN 3-8258-8146-6

LIT Verlag Berlin – Münster – Wien – Zürich – London
Auslieferung Deutschland / Österreich / Schweiz: siehe Impressumsseite

Lars Rademacher
Politik nach Drehbuch
Von der Politischen Kommunikation zum Politischen Marketing
Wer betreibt heute noch Politik? Und was ist das? Ein Theaterstück für Bürger, die als hilflose Zuschauer das Geschehen auf der Bühne betrachten? Während auf der Vorderbühne politische Konflikte medial inszeniert werden und die Aufmerksamkeit auf sich ziehen, findet hinter der Bühne die Realpolitik statt: in Ausschüssen und Hinterzimmern. Aber ohne den Bürger. Ist Politik also nur noch Inszenierung von politischem Handeln? Oder ist Inszenierung gar nicht das Problem? Ist sie nicht sogar notwendig, um mit politischen Botschaften die heute geltenden Aufmerksamkeitsbeschränkungen zu überwinden? Die Politische Kommunikation hat sich stark professionalisiert. Sie steht an der Schwelle zum Politischen Marketing. Das provoziert neue Fragen: Ist Politik ein Programm, das im politischen System entwickelt wird und mit den Mitteln der Kommunikation lediglich „umgesetzt" werden muss? Oder ist Politik ein Produkt wie jedes andere, das man in einem gesättigten Markt möglichst punktgenau an den Erwartungen der potenziellen Zielgruppe auszurichten hat? Wird sie unabhängig von einem Politikmarkt gestaltet und muss dann vorsichtig auf Marktgängigkeit getestet werden? Falls ja, wer bestimmt dann, was marktgängig ist und was nicht? Politik nach Drehbuch setzt auf die Praktikerperspektive. Denn: Die Praxis ist häufig wesentlich weiter, als es sich die Theorie einzugestehen wagt. Umgekehrt kann die Praxis vom reflexiven Moment der Theorie profitieren. Dieser Blickwechsel ist konstitutiv für den vorliegenden Band. Denn Praktiker - Berater, Pressesprecher, Wahlkämpfer und Journalisten - sind hier zur Theoriebildung angehalten. Die Beiträge liefern Bausteine für eine Theorie des professionellen Handelns für Politische Kommunikation und Politisches Marketing. Lars Rademacher, M.A., ist Leiter Kommunikation und Unternehmensbeziehungen des Science Centers phæno in Wolfsburg und Research Fellow am Deutschen Institut für Public Affairs, Potsdam/Berlin.
Bd. 6, 2005, 240 S., 19,90 €, br., ISBN 3-8258-7899-6

LIT Verlag Berlin – Münster – Wien – Zürich – London
Auslieferung Deutschland / Österreich / Schweiz: siehe Impressumsseite

Ina Elisabeth Bieber
Die Macht ist weiblich
Frauen als Zielgruppe in Wahlkämpfen?
In Deutschland gibt es 2,6 Millionen mehr wahlberechtigte Frauen als Männer. Und es waren die Frauen, die bei der Bundestagswahl 2002 mehrheitlich für eine rot-grüne Koalition stimmten – ganz im Gegensatz zu den Männern, die eine schwarz-gelbe präferierten. Daher stellt sich für die Parteien und ihre Wahlkampfstrategen die Frage, wie gerade Frauen im Wahlkampf lebensnah angesprochen und umworben werden können. Sind Frauen aus Sicht des Politischen Marketings überhaupt eine geeignete Zielgruppe für Wahlkämpfe? Auf diese und weitere strategische Fragen versucht das Buch Antworten zu geben.
„Ina Bieber liefert den Nachweis einer sehr systematischen Vorgehensweise, einer sauberen empirischen Überprüfung, einer außerordentlich guten Kenntnis der Literatur, die Fähigkeit analytisch zu denken und dies auch sprachlich anspruchsvoll, variationsreich und trotzdem präzise auszudrücken." — Prof. Dr. Dieter Roth, Ruprecht-Karls-Universität Heidelberg, Forschungsgruppe Wahlen e.V.
Ina E. Bieber wurde für ihre an der Universität Heidelberg eingereichte Magisterarbeit 2005 ausgezeichnet mit dem Discorsi-Förderpreis des Deutschen Instituts für Public Affairs und des Fachmagazins politik & kommunikation, unter der Schirmherrschaft von Regierungssprecher Béla Anda, Chef des Presse- und Informationsamts der Bundesregierung.
Bd. 7, 2005, 176 S., 19,90 €, br., ISBN 3-8258-8591-7

LIT Verlag Berlin – Münster – Wien – Zürich – London
Auslieferung Deutschland / Österreich / Schweiz: siehe Impressumsseite

Marco Althaus
Kampagne! 3
Neue Strategien im Grassroots Lobbying für Unternehmen und Verbände
Dr. Marco Althaus ist Wissenschaftlicher Geschäftsführer des Deutschen Instituts für Public Affairs (DI-PA) in Berlin.
Was haben die deutsche Bauindustrie, Billigfluggesellschaften, private Krankenversicherer, kleine Softwarefirmen und industrieller Chemie-Mittelstand gemeinsam? Sie – und viele andere – haben die Hebelwirkung des Grassroots Lobbying entdeckt. Diesen strategischen Hebel setzt die US-Wirtschaft seit langem ein, um ihre Märkte zu schützen oder auszuweiten.
Grassroots Lobbying rekrutiert und mobilisiert Führungskräfte, Mitarbeiter, Vertriebspartner und Kunden. Sie flankieren die herkömmliche Interessenvertretung und setzen Politik und Verwaltung unter Druck – und zwar dort, wo die Politik immer noch ihre empfindlichste Stelle hat: an der lokalen Basis.
Der Schlüssel sind nicht unbedingt die Massenmedien. Die Wirtschaft nutzt ihre eigenen Ressourcen: Intranets und Personalentwicklung, Standort- und Stakeholder- Netzwerke, Direktmarketing und Datenbanken. Professionell geführt, bringen solche Kampagnen EU-Richtlinien zu Fall oder helfen Mehrheiten für neue Gesetze zu bauen. Sie machen den Weg für Großprojekte frei oder lösen beengende Regulierung. Lobbying setzt auf Profis mit Kenntnis von Verfahren, Fachleuten und Überzeugungskunst. Kampagnen setzen auf Amateure, Beteiligung und Druck.
Wie sieht die Synthese aus? Das Buch zeigt es in Fallstudien. Es diskutiert ebenso die Schwierigkeiten, die Grauzonen der Glaubwürdigkeit und die Anfälligkeit des Modells für Manipulationen.
Bd. 10, 2008, 464 S., 19,90 €, br., ISBN 978-3-8258-0970-6

LIT Verlag Berlin – Münster – Wien – Zürich – London
Auslieferung Deutschland / Österreich / Schweiz: siehe Impressumsseite

Michael Buchner; Fabian Friedrich;
Dino Kunkel (Hg.)
Zielkampagnen für NGO: Strategische Kommunikation und Kampagnenmanagement im Dritten Sektor
„Liebe ist kein Verbrechen" und „Unterstützt Brüste, keine Diktatoren"... Zielkampagnen für NGO analysiert diese und andere internationale Kampagnen und geht ihrem Erfolg auf den Grund. Ergebnis ist ein einzigartiges Bausteinsystem als Leitfaden für das Campaining.
Zielkampagnen für NGO gibt Ihnen das Werkzeug in die Hand, trotz knapper finanzieller und personeller Ressourcen erfolgreich und effizient zu kampagnisieren.
Wer mit NGO und Kampagnen zu tun hat bzw. hinter die Kulissen blicken will, kommt an diesem Buch nicht vorbei. Praxisbeispiele und Kommentare von Experten aus Deutschland, der Schweiz und Österreich sowie viele nützliche Checklisten machen das leidenschaftliche Plädoyer für und über NGO zu einem lesbaren und lesenswerten Handbuch.
Bd. 8, 2006, 304 S., 19,90 €, br., ISBN 3-8258-9069-4

Jan Siedentopp
Public Affairs-Management von Großunternehmen
Markt- versus Nichtmarktstrategien
Immer mehr Unternehmen vertreten aktiv ihre Interessen gegenüber Politik und Öffentlichkeit – genannt Public Affairs (PA). Der Autor untersucht auf Basis einer breiten Befragung von 102 Großunternehmen deren PA-Strategien, die Arbeit und Organisation von PA-Abteilungen sowie die Auswirkungen auf die Gesamtstrategie. So wird u.a. ein Messmodell zur Bestimmung des PA-Grades eines Unternehmens entwickelt, das auch für die Erfolgsmessung geeignet ist. Potentiell negative Auswirkungen von PA, wie sinkende Kundenzufriedenheit, werden aufgedeckt und Handlungsempfehlungen für Unternehmenspraktiker abgeleitet. Der betriebswirtschaftliche Blick auf die PA schließt eine Lücke in Wissenschaft und Praxis.
Bd. 11, 2010, 368 S., 39,90 €, br., ISBN 978-3-643-10130-3

LIT Verlag Berlin – Münster – Wien – Zürich – London
Auslieferung Deutschland / Österreich / Schweiz: siehe Impressumsseite